U0165677

林賢宗 著

正當法律程序
在實務上的運用

五南圖書出版公司 印行

自 序

　　我國最高法院在104年度台非字第222號判決中明白指出：「刑事訴訟法上之證據排除原則，係指將具有證據價值之證據因取得程序之違法，而予以排除之法則。偵查機關違法偵查蒐證適用證據排除原則之主要目的，在於抑制並嚇阻犯罪偵查機關之不法作為，其理論基礎，來自於憲法上正當法律程序之實踐，透過證據之排除，使人民免於遭受國家機關非法偵查之侵害、干預，防止政府濫權，藉以保障人民之基本權。」可見透過憲法對正當法律程序的要求，使一些違法取得的證據縱使與事實相符亦必須捨棄，藉此以保障人民在憲法上的基本自由及權利，雖然與維持治安防止犯罪的國家整體利益上有其扞格之處，然在民主社會裡，維護人權及保護自由民主的基本價值仍被視為法治國的根本。如果連此等基本權都無法獲得保障，則社會秩序的存在價值，終將無法附麗。因此維護人民民主自由及生命財產之安全即被視為民主法治社會的基石，偵查犯罪違法取得之證據可因違反正當法律程序而被排除，則依法偵查取證乃至審判，人民才會服判，法治才得發揚。基此筆者在寫完《自由心證法制新趨勢——從自由心證主義之發展軌跡談起》一書之後，覺得有必要在「正當法律程序」方面稍作延伸，使讀者將此二相關問題連結觀察及思考，因此選擇從實務上整理「正當法律程序在實務上的運用」以與讀者共同分享此一子題在實務上運作之狀況，若能因此與「自由心證」之趨勢產生連結，而得窺此證據法兩大支柱之現況，則為幸甚！

　　惟關於資料之來源，因此一子題源起於英國大憲章，而發揚於美國對其憲法的解釋，隨著戰後對日本法制的影響而擴及於我國，又因筆者冀求從先民的智慧及各國的經驗尋找解決司法難題的方法，於留日期間深入研究證據法學，受精通英、日、德語的恩師內田一郎教授及英美法老師土屋眞一教授指導研讀美國最高法院相關判例，而得以接觸美日此方面的文獻，雖因家庭因素於結束博士課程未待取得學位即束裝返國，惟多年以來，工作之餘仍不忘恩師教誨，繼續所學。茲值我國司法改革

之聲風起雲湧，美國法中甚多的證據法則被引進國內，爲使國內法學研究能像日本那樣的蓬勃發展，有助於司法改革的成功，又由於此一子題引起討論形成理論由來已久，縱然電腦搜尋技術發達，近來生成式AI軟體已有長足的進步，類似的資料搜尋已不困難，惟在龐雜資料瀚海中如何找出其發展脈絡及法則的精髓因應環境與時俱進，仍須借助學者從蒐集的資料參酌各方的意見，綜觀全局作進一步分析及研究，方能得到客觀可行的結論。加上規範憲法審查及裁判的前《司法院大法官審理案件法》及《司法院大法官會議法》新修正爲《憲法訴訟法》，已於民國111（2022）年1月4日施行，從其公布的條文內容、修正理由，及判決形式觀之，除法律命令以外增加判決爲其審查之對象外，其捨會議改採法庭公開審判、法庭之友之制，並於判決內容明示主筆大法官之人名等處，可以看出我國新的違憲審查制度多少參照美德（日）的制度改革而來，則代表英美法系及大陸法系的美日兩國關於此問題的實務運作狀況即值參考。因此覺得有必要將過去累積的資料更新整理選輯出版，提供國內學界或實務界先進參考指教及利用，擴大該等資料的功效，也方便自己往後的進修，如能有助於方家們節省一些搜索或閱讀及取捨的時間，也算了卻自己學法多年回饋社會的小小心願。

再者，本人蒐集的資料均是我國及美日司法機關形成判例的智慧結晶，其中美國判例資料更有部分引用自學者W. Allan Wilbur發表於美國國會季刊關於該國最高法院相關的指引「Congressional Quarterly's Guide to the U.S. Supreme Court, 1979」及1997年經Joan Biskupic、Elder Witt兩位法學家修訂的部分內容，該部分縱經美國國會季刊事後修訂出版多次，惟依個人所見應仍是美國關於此一子題較爲完整的歷史記述，曾經筆者的指導教授內田一郎先生以日文翻譯出版其1979年版，也是早年筆者留學期間憑以研讀的教材之一，茲爲使其接續近年以來新發布的判例產生連結，再經筆者補充該書出版至今多年來之新例，如本書第七章卷首所述，使之結合時代趨勢，得觀該國對此問題運用之全貌，而

免缺漏。另本書雖有時於各個章節之後略舒筆者之感想，惟均是彼等先進及法學家之智慧，不敢擅專。

　　又本書得以出版，尚得力於五南圖書繼出版筆者前著《自由心證法制新趨勢——從自由心證主義之發展軌跡談起》之後，願意不惜成本、一本貢獻我國司法法制之初衷斥資刊印發行，由編輯部同仁群策群力詳為校勘、設計封面及美編，特別是副總編輯劉靜芬女士、責任編輯呂伊真小姐、排版鄭美香小姐，以及文字校稿楊婷竹小姐不厭其煩再三校正，讓筆者心無旁騖得以編輯的角色為本書盡力。縱然如此，惟以新例日新月異，網羅資料恐有遺珠之憾，加上個人才疏學淺，語文能力及閱讀時間有限，語意不精及疏漏難免，除請各界先進見諒並賜予指正之外，謹藉此向五南圖書同仁致上由衷之謝忱與敬意。

　　行文至此，不能不提及家父林啓興先生及母親林張罕女士生前對筆者的期許與鼓勵，使我能持續進修不斷，一心想給社會盡點綿薄之力，並庇佑我於退休之後能有時間及體力，無後顧之憂地完成此一工作，謹許我以此書呈現於彼等之靈前向彼等回報我於世間的近況。是為序！

林賢宗　謹述
2024年12月18日

編輯緣起

一、我國司法院自民國111（2022）年1月4日成立憲法法庭模仿美國最高法院以裁判之方式取代大法官會議解釋憲法爭議事件之後，日本引進美國此一裁判形式之釋憲狀況，以及美國本身的運作情形如何，備受關注。由於此二國有關違憲審查的權責落在彼等最高法院法官之身上，因此該等法院有關違憲審查的情形，自然須從其判例中搜尋整理比較研究，才能得知我國與彼邦間對於保護國民基本人權有如何的差別，適逢筆者甫完成我國與彼等有關「自由心證」趨勢之研究新書發表，該書內容甚多問題涉及「正當法律程序」（due process of law）的解釋，與彼等大法官在裁判上對該問題所採取之態度，因此覺得有必要繼續從此一問題上將該二國最高法院實務上的運作狀況介紹於國人，使國人藉此掌握有關此問題之一些原理原則，作為自身工作或研究之參考！

二、美、日兩國可以說是英美法系及大陸法系的代表，彼等碰到攸關憲法基本人權保障的問題時該如何解決，對逐漸走近彼等路線之我國而言，在行政、立法、司法、考試、監察各方面之法制及施政該如何對應，應有參考的價值。所謂「他山之石可以攻錯」，借重他們長期以來實施的經驗，自然可以避免重蹈錯誤，執行起來可以更加省力。

三、雖然近年來AI搜尋技術突飛猛進，有關此問題透過網路搜尋引擎已不難獲得相關資料，但如何在浩瀚的寶石中揀選出精準度合宜之物，以解決當前的問題，則有賴人工智慧費時費力從發展的歷程及脈絡中整理尋找及過濾，因此筆者覺得為讓國人可以在龐雜的資料中節省一些精力及時間，有必要奉獻出自己在此方面所費之心力，將代表英美及大陸兩法系的美日對「正當法律程序」的歷來解釋，透過排列組合揀選等方法以快速發現其演變進程，除作為自己繼續進修的參考之外，亦可有助國人在碰到問題時如何引據憲法保護自身的權益，給學生們在學習上提高此問題的國際視野，各級公務人員在研擬及適用各項法規時可以掌握適合時宜的方向，立法機

關在制定法律時得知至今爲止司法最高機關的看法及他國可資借鏡之處，甚至有助於從事法律工作人員在解釋及適用各項法規時能有較客觀的立場下較正確之決定，……因此不揣簡陋，不計個人毀譽得失，不爲商業利益，徵得相同理念的出版社協助出版，希望給各界有些微的幫助！

目　錄

第一章
前言

　　我國憲法第8條規定，人民身體之自由應予保障。除現行犯之逮捕由法律另定外，非經司法或警察機關依「**法定程序**」，不得逮捕拘禁。非由法院依「**法定程序**」，不得審問處罰。……人民因犯罪嫌疑被逮捕拘禁時，其逮捕拘禁機關應將逮捕拘禁之原因，以書面告知本人及其本人指定之親友，並至遲於24小時內移送該管法院審問。所謂之「**法定程序**」如刑事訴訟法第一編第八章至第十一章有關逮捕羈押、搜索、被告之訊問；第二編第一章第一節至第三節有關偵查、起訴、審判等規定即是。

　　至於有關人民之自由及權利，除憲法所列舉者外，如立法機關欲以法律限制之，則依憲法第23條規定：「以上各條列舉之自由權利，除為防止妨礙他人自由、避免緊急危難、維持社會秩序，或增進公共利益所必要者外，不得以法律限制之。」換言之，新制定之法律其有關限制人民自由及權利者，須以防止妨礙他人自由、避免緊急危難、維持社會秩序，或增進公共利益所必要者為限，否則即不得為之。因此如果有人以某法規定之內容有違此規定而聲請釋憲時，釋憲機關即得以上開規定衡量立法機關制定之法律是否合乎此一標準，作成該規定適法與否之解釋，以為執法之準繩。而該條揭示限制基本權之合憲「目的」、限制之程度僅得止於「必要」之範圍（比例原則），以及必須以「法律」（法律保留原則）作為限制之形式等，乃為當然之結果。

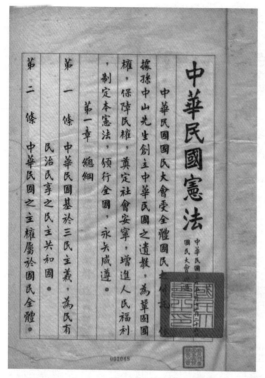

圖1-1　我國憲法

圖片來源：司法院網站，https://www.judicial.gov.tw/tw/cp-3-58205-78046-1.
html。

　　從而可以演繹出憲法的三個主要基本要求，即所謂之「法定程序」，此法定程序又必須適法，即美國憲法第5條修正案、第14條修正案第1項所謂的「due process of law」；也就是日本學界所謂的「適正的法律程序」；而如何使之能合乎「適正的法律程序」？依憲法上開規定，必須形式上是依法律（由立法機關依立法之程序制定之法律）者，若法律未有規定，亦必須合於防止妨礙他人自由、避免緊急危難、維持社會秩序，或增進公共利益所必要之限制下（法律之實質內容）所規範者，始得限制人民之自由權利，逾此範圍所爲對人民自由權之限制，均屬違憲。

　　因此吾人可以嘗試循此標準尋找我國實務上在此標準以上之所謂「法定程序」爲何？又與美日的「正當法律程序」保障有何程度之差別，作爲衡量我國民主法治進步的指針。

第二章
美國憲法與我國憲法規定的差別

　　首先要知道正當的法定程序所保障者，參照美國憲法增修條款第4條規定稱：「人民有保護其身體、文件與財物之權，不受無理拘捕、搜索與扣押，並不得非法侵犯。除有正當理由，經宣誓或代誓宣言，並詳載搜索之地點、拘捕之人或收押之物外，不得頒發搜索票、拘票或扣押狀。」第5條規定：「非經大陪審團提起公訴，人民不受死罪或污辱罪之審判，惟發生於戰時或國難時，服現役之陸海軍中或民團中之案件不在此限。受同一犯罪處分者，不得令其受兩次性命或身體上之危險、不得強迫刑事罪犯自證其罪，亦不得未經『**正當法律程序**』使其喪失生命、自由或財產。非有相當賠償，不得將私產收為公用。」第14條第1項規定：「凡出生或歸化於合眾國（美國）並受管轄之人，皆為合眾國（美國）及其所居之州之公民。無論何州不得制定或執行剝奪合眾國（美國）公民之特權或赦免之法律，亦不得於未經『**正當法律程序**』使任何人喪失其生命、自由或財產。並須予該州管轄區域內之任何人以法律上之同等保護。」

　　從此等規定可以看出，美國憲法規定「**正當法律程序**」所保障者，除「**人身自由**」之外，尚及於生命及財產。由此可知美國的正當法律程序條款，乃在保障人民之生命、自由與財產，免於遭受國家權力（含立法、行政、司法）恣意暨不合理之侵害。其內涵包括實質的正當程序及程序的正當程序，前者在確保國家權力作用之實質公平，與我國憲法第23條的訓示規定相當；後者在確保國家權力行使之程序公平，與我國憲法第8條的規定相當；惟我國憲法第8條僅規定「**人民身體之自由**」非經司法或警察機關依「法定程序」，不得逮捕拘禁。非由法院依「法定程序」，不得審問處罰。比較美國憲法保障人民之生命、自由與財產權而言似有不足，因此**司法院**多年來透過憲法第22條：「人民之其他自由及權利，不妨害社會秩序、公共利益者，均受憲法之保護。」及第23條：「以上各條列舉之自由權利，除為防止防礙他人自由、避免緊急危難、維持社會秩序，或增進公共利益所必要者外，不得以法律限制之。」等規定，將人民之其他自由及權利，於不妨害社會秩序、公共利益者，均列入受憲

法保護之範圍。換言之,所有不妨害社會秩序、公共利益之權利雖非憲法條文明列,均受憲法之保護。進一步言之,所有人民不妨害社會秩序、公共利益之權利,包括上開「法定程序」,均受憲法之保障;所有剝奪人民自由、生命、財產權之公權力均須經一定且正當之「法定程序」,否則均屬違憲。透過此等規定使我國之「法定程序」與外國的「正當法律程序」均獲得憲法同等級的保護,雖然用語略有差異,惟從大法官的解釋趨勢、射程範圍及引用來源觀之,應與美國的「正當法律程序」,也就是日譯的「適正的法律程序」同其意義。茲為延續學界慣用之上開各別稱呼,本文以下仍約定從俗,依各國之慣用稱呼及解釋文或判例內所稱之用語引述此一名稱。因此前後或有不一致之情形(如我國大法官解釋文於引用憲法條文作解釋時,慣依憲法文字稱「法定程序」,於解釋其他法律時有稱「正當法律程序」一般),敬請讀者諒察。

圖2-1　我國司法大廈

圖片來源:司法院網站,https://www.judicial.gov.tw/tw/cp-3-58205-78046-1.
　　　　html。

第三章
我國大法官歷來關於「正當法律程序」在實務上的解釋狀況

　　追溯我國大法官歷來關於「正當法律程序」的解釋，最早出現於**釋字第271號**解釋中吳庚大法官所提之不同意見書，而此不同意見最後在**釋字第384號**解釋成為多數意見，該號解釋稱：「憲法第八條第一項規定：『人民身體之自由應予保障。除現行犯之逮捕由法律另定外，非經司法或警察機關依法定程序，不得逮捕拘禁。非由法院依法定程序，不得審問處罰。非依法定程序之逮捕、拘禁、審問、處罰，得拒絕之。』其所稱之**『依法定程序』**，係指凡限制人民身體自由之處置，不問其是否屬於刑事被告之身分，國家機關所依據之程序，須以法律規定，其內容更須實質正當，並符合憲法第二十三條所定相關之條件。檢肅流氓條例第六條及第七條授權警察機關得逕行強制人民到案，無須踐行必要之司法程序；第十二條關於秘密證人制度，剝奪被移送裁定人與證人對質詰問之權利，並妨礙法院發見真實；第二十一條規定使受刑之宣告及執行者，無論有無特別預防之必要，有再受感訓處分而喪失身體自由之虞，均逾越必要程度，欠缺實質正當，與首開憲法意旨不符。又同條例第五條關於警察機關認定為流氓並予告誡之處分，人民除向內政部警政署聲明異議外，不得提起訴願及行政訴訟，亦與憲法第十六條規定意旨相違。均應自本解釋公布之日起，至遲於中華民國八十五年十二月三十一日失其效力。」其理由書略以：「憲法第八條對人民身體自由之保障，特詳加規定。該條第一項規定係指凡限制人民身體自由之處置，在一定限度內為憲法保留之範圍，不問是否屬於刑事被告身分，均受上開規定之保障。除現行犯之逮捕，由法律另定外，其他事項所定之程序，亦須以法律定之，且立法機關於制定法律時，其內容更須合於實質正當，並應符合憲法第二十三條所定之條件，此乃屬人身自由之制度性保障。舉凡憲法施行以來已存在之保障人身自由之各種建制，及現代法治國家對於人身自由所普遍賦予之權利與保護，均包括在內。……檢肅流氓條例第五條與憲法第十六條保障人民訴願及訴訟之權有違，第六條、第七條、第十二條及

第二十一條則與憲法第八條第一項保障人民身體自由之意旨不符，均應自本解釋公布之日起，至遲於中華民國八十五（1996）年十二月三十一日失其效力。在此期間有關機關應本於保障個人權利及維護社會秩序之均衡觀點，對檢肅流氓條例通盤檢討。」等語。其中孫森焱大法官協同意見書稱：「**所謂『法定程序』必須『實質正當』**，此概念的形成，可溯源於英國大憲章，然後移植於美國[1]。查美國憲法修正第五條及修正第十四條規定：非經正當法定程序不得剝奪任何人之生命、自由或財產；無論何州，非經正當法定程序，不得剝奪任何人之生命、自由或財產。惟在美國憲法制定之後一百年間，對於『**正當法定程序**』一詞皆解釋爲對於程序法的限制；僅自行政及司法方面保障人民之生命、自由及財產不受非法程序之侵犯。迨十九世紀後葉，始經法院之判例擴大其意義及於實體法之範圍；對於各州及聯邦之立法機關制定之實定法亦加以限制。亦即爲符合正當的法定程序，法律的規定內容必須是合理者，方屬正當……」等語[2]，因此才與美國的「正當法律程序」產生連結。

　　隨後**釋字第574號**解釋文明示，憲法第16條所規定之訴訟權，係以人民於其權利遭受侵害時，得依正當法律程序請求法院救濟爲其核心內容，國家應提供有效之制度保障，以謀其具體實現，除立法機關須制定法律，爲適當之法院組織及訴訟程序之規定外，法院於適用法律時，亦須以此爲目標，俾人民於其權利受侵害時，有及時、充分回復並實現其權利之可能。可知大法官們已接受正當法律程序爲適用法律的最高指導原則，甚至提醒立法機關於制定法律時，亦須以之爲準繩。

　　經**釋字第585號**解釋文強調限制人民權利，應符合正當法律程序的要求，並將正當法律程序與比例原則及法律明確性原則等憲法諸原則同視；至**釋字第610號**解釋，許玉秀、林子儀、許宗力大法官協同意見書提及：「正當法律程

1　湯德宗教授指出，「正當程序」（due process），或稱「正當法律程序」（due process of law）之理念源於英國法上的「自然正義法則」（rules of natural justice）。見李仁淼教授：正當行政程序之憲法依據，頁67。

2　按孫大法官雖提及「法定程序」一語之來源，同意解釋文所謂：憲法第8條第1項「依法定程序」係指國家機關所依據之程序，須以法律規定，其內容更須實質正當，並符合憲法第23條所定相關之條件。惟關於解釋理由則認爲：檢肅流氓條例有關規定是否牴觸憲法第8條第1項規定，抑或逾越第23條所定必要程度而失其效力，應於我國憲法規定之體制下分析判斷之。外國法制如何，究僅供思維方法之參考而已，不宜直接爲「異種移植」，致鬆動本國現行法律體系之基本架構，發生法律的矛盾現象，製造新問題。本解釋文既謂所稱「法定程序」須實質正當，並符合憲法第23條所定相關之條件，於解釋理由書復多處述及有關規定逾越必要程度，乃於理由結論未引述憲法第23條規定，說理欠周，難予贊同等語。特予註明。

序原則的原始意涵是：**關涉人民權利的公權力運作，應該設置合理正當的法定程序，俾保障人民有合理、公平參與及異議的權利。**」始對正當法律程序直接定義，而使人們對於正當法律程序有較具體之概念。**釋字第636號**認為，對人民訴訟上防禦權的過度限制，為違背正當法律程序原則。凡此種種，均顯示大法官已然將正當法律程序視為違憲審查之原理原則之一，與美國憲法第5條修正案將生命（life）、自由（liberty）、財產（property）視為人民之基本權（fundamental right）；正當法律程序則係剝奪、限制該等基本權應遵守的原則，違反正當法律程序使人喪失生命、自由、財產者均須被禁止同其意義。

第一節　正當法律程序之定義

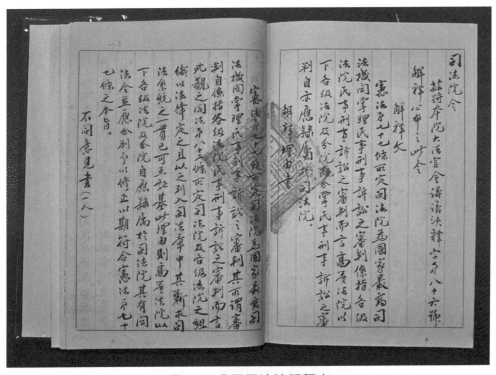

圖3-1　我國司法院解釋文

圖片來源：司法院網站，https://www.judicial.gov.tw/tw/cp-3-58205-78046-1.html。

　　茲整理歷年來我國大法官關於「正當法律程序」有關的解釋約如下述，或可從中了解所謂正當法律程序之內容及樣貌。

一、凡限制人民身體自由之處置，國家須依下列程序為之

（一）須以法律規定。
（二）內容須實質正當。
（三）合於憲法第23條所定之條件。
　　檢肅流氓條例第6條、第7條、第12條、第21條、第5條與上開憲法意旨不符均應自本解釋公布之日起，至遲於民國85年12月31日失其效力（84年釋字第384號）。

二、制定法律須符明確性原則

　　檢肅流氓條例關於欺壓善良之規定，以及第2條第5款關於**品行惡劣、遊蕩無賴之規定，與法律明確性原則不符。**
（一）關於流氓之認定，於審查程序中，被提報人應享有到場陳述意見之權利。對於限制被移送人對證人之對質詰問及閱卷權，顯已對被移送人之訴訟防禦權造成過度之限制，均有違憲法正當法律程序。又**毋庸諭知感訓期間之規定，有導致受感訓處分人身體自由遭受過度剝奪之虞，**相關機關應予以檢討修正之。
（二）本條例第2條第3款關於欺壓善良，第5款關於品行惡劣、遊蕩無賴之規定，及第12條第1項關於過度限制被移送人對證人之對質、詰問權與閱卷權之規定，與憲法意旨不符部分，應至遲於本解釋公布之日起一年內失其效力（97年釋字第636號）。

三、剝奪人身自由應遵循「正當法律程序」原則

　　本於憲法第8條及第16條人身自由及訴訟權應予保障之意旨，對人身自由之剝奪尤應遵循「**正當法律程序**」原則。
（一）偵查中之羈押審查程序，應以適當方式及時使犯罪嫌疑人及其辯護人獲知檢察官據以聲請羈押之理由；除有事實足認有湮滅、偽造、變造證據

或勾串共犯或證人等危害偵查目的或危害他人生命、身體之虞，得予限制或禁止者外，並使其獲知**聲請羈押之有關證據**，俾利其有效行使防禦權，始符憲法**正當法律程序**原則之要求。

（二）其獲知之方式，不以檢閱卷證並抄錄或攝影爲必要。（舊）刑事訴訟法第33條第1項規定：「辯護人於審判中得檢閱卷宗及證物並得抄錄或攝影。」同法第101條第3項規定：「第一項各款**所依據之事實**，應告知被告及其辯護人，並記載於筆錄。」整體觀察，**偵查中之犯罪嫌疑人及其辯護人僅受告知羈押事由所據之事實，與上開意旨不符**。

（三）有關機關應於本解釋公布之日起一年內，基於本解釋意旨，修正刑事訴訟法妥爲規定。逾期未完成修法，法院之偵查中羈押審查程序，應依本解釋意旨行之（105年釋字第737號）。

（四）槍砲彈藥刀械管制條例第19條所定之罪，不問對行爲人有無預防矯治其社會危險性之必要，一律宣付強制工作三年之部分，限制其中不具社會危險性之受處分人之身體、自由部分，其所採措施與所欲達成預防矯治之目的及所需程度，不合憲法第23條所定之比例原則：人民身體之自由應予保障，憲法第8條設有明文。限制人身自由之法律，其內容須符合憲法第23條所定要件。保安處分係對受處分人將來之危險性所爲拘束其身體、自由等之處置，以達教化與治療之目的，爲刑罰之補充制度。本諸法治國家保障人權之原理及刑法之保護作用，其法律規定之內容，應受比例原則之規範，使保安處分之宣告，與行爲人所爲行爲之嚴重性、行爲人所表現之危險性，及對於行爲人未來行爲之期待性相當。（舊）槍砲彈藥刀械管制條例第19條第1項規定：「犯第七條、第八條、第十條、第十一條、第十二條第一項至第三項、第十三條第一項至第三項之罪，經判處有期徒刑者，應於刑之執行完畢或赦免後，令入勞動場所，強制工作，其期間爲三年。」此項規定不問對行爲人有無預防矯治其社會危險性之必要，一律宣付強制工作三年，限制其中不具社會危險性之受處分人之身體、自由部分，其所採措施與所欲達成預防矯治之目的及所需程度，不合憲法第23條所定之比例原則。犯上開條例第19條所定之罪，不問對行爲人有無預防矯治其社會危險性之必要，一律宣付強制工作三年之部分，與本解釋意旨不符，應自本解釋公布之日起不予適用。犯該條例第19條第1項所列舉之罪，依個案情節符合比例原則部分，固應適用該條例宣告保安處分；至不符合部分而應宣告保安處分者，則仍

由法院斟酌刑法第90條第1項規定之要件，依職權爲之，於此，自無刑法第2條第2項之適用，亦即仍有從新從輕原則之適用（87年釋字第471號）。

（五）刑事訴訟程序中不利於被告之合法上訴，上訴法院誤爲不合法，而從程序上爲駁回上訴之判決確定者，其判決固屬重大違背法令，惟既具有判決之形式，仍應先依非常上訴程序將該確定判決撤銷後，始得回復原訴訟程序，就合法上訴部分進行審判，否則即與憲法第8條第1項規定人民非依法定程序不得審問處罰之意旨不符。最高法院25年上字第3231號判例，於上開解釋範圍內，應不再援用（79年釋字第271號）。

（六）公職人員選舉罷免法就選舉訴訟二審終結不得再審之規定，係立法機關自由形成之範圍，符合選舉訴訟事件之特性，於憲法保障之人民訴訟權尚無侵害，且爲增進公共利益所必要，與憲法第23條亦無牴觸：憲法第16條規定人民有訴訟之權，旨在確保人民得依法定程序提起訴訟及受公平之審判。至於訴訟救濟應循之審級制度及相關程序，立法機關自得衡量訴訟性質以法律爲合理之規定。中華民國83年7月23日修正公布之公職人員選舉罷免法第109條規定，選舉訴訟採二審終結不得提起再審之訴，係立法機關自由形成之範圍，符合選舉訴訟事件之特性，於憲法保障之人民訴訟權尚無侵害，且爲增進公共利益所必要，與憲法第23條亦無牴觸（86年釋字第442號）。

（七）凡限制人民身體自由之處置，不問其是否屬於刑事被告之身分，國家機關所依據之程序，須依法律規定，其內容更須實質正當，並符合憲法第23條所定相關之條件，方符憲法第8條保障人身自由之意旨，迭經司法院解釋（釋字第384號、第471號解釋）在案。（舊）檢肅流氓條例第11條第1項規定：「法院對被移送裁定之人，得予留置，其期間不得逾一月。但有繼續留置之必要者，得延長一月，以一次爲限。」此項留置處分，係爲確保感訓處分程序順利進行，於被移送裁定之人受感訓處分確定前，拘束其身體自由於一定處所之強制處分，乃對人民人身自由所爲之嚴重限制，惟同條例對於法院得裁定留置之要件並未明確規定，其中除第6條、第7條所定之事由足認其有逕行拘提之原因，而得推論具備留置之正當理由外，不論被移送裁定之人是否有繼續嚴重破壞社會秩序之虞，或有逃亡、湮滅事證，或對檢舉人、被害人或證人造成威脅等，足以妨礙後續審理之虞，均委由法院自行裁量，逕予裁定留置被移送裁定

之人。上開條例第11條第1項之規定，就此而言已逾越必要程度，**與憲法第8條、第23條及前揭本院解釋意旨不符**，應於本解釋公布之日起一年內失其效力。於相關法律爲適當修正前，法院爲留置之裁定時，應依本解釋意旨妥爲審酌，併予指明（90年釋字第523號）。

（八）警察勤務條例第11條第3款關於臨檢之規定，於符合本解釋意旨範圍內，予以適用，現行警察執行職務法規有欠完備，有關機關應於本解釋公布之日起二年內依解釋意旨，且參酌社會實際狀況，賦予警察人員執行勤務時應付突發事故之權限，俾對人民自由與警察自身安全之維護兼籌並顧，通盤檢討訂定：警察勤務條例規定警察機關執行勤務之編組及分工，並對執行勤務得採取之方式加以列舉，已非單純之組織法，實兼有行爲法之性質。依該條例第11條第3款，臨檢自屬警察執行勤務方式之一種。臨檢實施之手段：檢查、路檢、取締或盤查等不問其名稱爲何，均屬對人或物之查驗、干預，影響人民行動自由、財產權及隱私權等甚鉅，應恪遵法治國家警察執勤之原則。實施臨檢之要件、程序及對違法臨檢行爲之救濟，均應有法律之明確規範，方符憲法保障人民自由權利之意旨。上開條例有關臨檢之規定，並無授權警察人員得不顧時間、地點及對象任意臨檢、取締或隨機檢查、盤查之立法本意。除法律另有規定外，警察人員執行場所之臨檢勤務，應限於已發生危害或依客觀、合理判斷易生危害之處所、交通工具或公共場所爲之，其中處所爲私人居住之空間者，並應受住宅相同之保障；對人實施之臨檢則須以有相當理由足認其行爲已構成或即將發生危害者爲限，且均應遵守比例原則，不得逾越必要程度。臨檢進行前應對在場者告以實施之事由，並出示證件表明其爲執行人員之身分。臨檢應於現場實施，非經受臨檢人同意或無從確定其身分，或現場爲之對該受臨檢人將有不利影響或妨礙交通、安寧者，不得要求其同行至警察局、所進行盤查。其因發現違法事實，應依法定程序處理者外，身分一經查明，即應任其離去，不得稽延。前述條例第11條第3款之規定，於符合上開解釋意旨範圍內，予以適用，始無悖於維護人權之憲法意旨。現行警察執行職務法規有欠完備，有關機關應於本解釋公布之日起二年內依解釋意旨，且參酌社會實際狀況，賦予警察人員執行勤務時應付突發事故之權限，俾對人民自由與警察自身安全之維護兼籌並顧，通盤檢討訂定，併此指明（90年釋字第535號）。

四、法定程序須符比例原則

　　請求賠償之權利應以情節是否重大，有無逾越社會通念所能忍受之程度為衡量標準，單純違反公序良俗不符憲法比例原則。（舊）冤獄賠償法第2條受害人違反公序良俗者不可冤獄賠償之規定違憲（88年釋字第487號）。

五、正當法律程序之最低要求

　　軍事審判機關所行使者亦屬國家刑罰權之一種，其發動與運作必須符合下列**正當法律程序**之最低要求：
（一）獨立公正之審判機關與程序。
（二）不得違背憲法第77條、第80條等有關司法權建制之憲政原理。
（三）規定軍事審判程序之法律涉及軍人權利之限制者，亦須遵守憲法第23條
　　　比例原則。
（四）本於憲法保障人身自由、人民訴訟權利及第77條之意旨，平時宣告有期
　　　徒刑以上之案件，應許被告直接向普通法院以判決違背法令為由請求救
　　　濟（86年釋字第436號）。

六、憲法第8條「司法機關」與「法院」的意涵

（一）憲法第8條第1項所規定之「司法機關」，自非僅指同法第77條規定之司
　　　法機關而言，而係包括檢察機關在內之廣義司法機關。
（二）憲法第8條第1項、第2項所規定之「審問」，係指法院審理之訊問，其
　　　無審判權者既不得為之，則此兩項所稱之「法院」，當指有審判權之法
　　　官所構成之獨任或合議之法院之謂。法院以外之逮捕拘禁機關，依上開
　　　憲法第8條第2項規定，應至遲於24小時內，將因犯罪嫌疑被逮捕拘禁
　　　之人民移送該管法院審問。是（84年）刑事訴訟法第101條、第102條
　　　第3項準用第71條第4項及第120條等規定，於法院外賦予檢察官羈押被
　　　告之權；同法第105條第3項賦予檢察官核准押所長官命令之權；同法第
　　　121條第1項、第259條第1項賦予檢察官撤銷羈押、停止羈押、再執行羈
　　　押、繼續羈押暨其他有關羈押被告各項處分之權，與前述憲法第8條第2
　　　項規定之意旨均有不符。

（三）憲法第8條第2項僅規定：「人民因犯罪嫌疑被逮捕拘禁時，其逮捕拘禁機關應將逮捕拘禁原因，以書面告知本人及其本人指定之親友，並至遲於二十四小時內移送該管法院審問。本人或他人亦得聲請該管法院，於二十四小時內向逮捕之機關提審。」並未以「非法逮捕拘禁」為聲請提審之前提要件，乃（84年）提審法第1條規定：「人民被法院以外之任何機關非法逮捕拘禁時，其本人或他人得向逮捕拘禁地之地方法院或其所隸屬之高等法院聲請提審。」以「非法逮捕拘禁」為聲請提審之條件，與憲法前開之規定有所違背（84年釋字第392號）。

第二節　立法機關的正當法律程序

一、88年9月15日修正公布之憲法增修條文，違憲

（一）憲法為國家根本大法，其修改關係憲政秩序之安定及全國國民之福祉至鉅，應由修憲機關循正當修憲程序為之。又修改憲法乃最直接體現國民主權之行為，應公開透明為之，以滿足理性溝通之條件，方能賦予憲政國家之正當性基礎。國民大會依憲法第25條、第27條第1項第3款及中華民國86年7月21日修正公布之憲法增修條文第1條第3項第4款規定，係代表全國國民行使修改憲法權限之唯一機關。其依修改憲法程序制定或修正憲法增修條文須符合公開透明原則，並應遵守憲法第174條及國民大會議事規則有關之規定，俾符全國國民之合理期待與信賴。是國民大會依83年8月1日修正公布憲法增修條文第1條第9項規定訂定之國民大會議事規則，其第38條第2項關於無記名投票之規定，於通過憲法修正案之讀會時，適用應受限制。而修改憲法亦係憲法上行為之一種，如有重大明顯瑕疵，即不生其應有之效力。所謂明顯，係指事實不待調查即可認定；所謂重大，就議事程序而言則指瑕疵之存在已喪失其程序之正當性，而違反修憲條文成立或效力之基本規範。國民大會於88年9月4日三讀通過修正憲法增修條文，其修正程序牴觸上開公開透明原則，且衡諸當時有效之國民大會議事規則第38條第2項規定，亦屬有違。依其議事錄及速紀錄之記載，有不待調查即可發現之明顯瑕疵，國民因而不能知

悉國民大會代表如何行使修憲職權，國民大會代表依憲法第133條規定或司法院釋字第331號解釋對選區選民或所屬政黨所負政治責任之憲法意旨，亦無從貫徹。此項修憲行為有明顯重大瑕疵，已違反修憲條文發生效力之基本規範。

（二）國民大會為憲法所設置之機關，其具有之職權亦為憲法所賦予，基於修憲職權所制定之憲法增修條文與未經修改之憲法條文雖處於同等位階，惟憲法中具有本質之重要性而為規範秩序存立之基礎者，如聽任修改條文予以變更，則憲法整體規範秩序將形同破毀，該修改之條文即失其應有之正當性。憲法條文中，諸如第1條所樹立之民主共和國原則、第2條國民主權原則、第二章保障人民權利，以及有關權力分立與制衡之原則，具有本質之重要性，亦為憲法整體基本原則之所在。基於前述規定所形成之自由民主憲政秩序，乃現行憲法賴以存立之基礎，凡憲法設置之機關均有遵守之義務。

（三）第三屆國民大會88年9月4日通過之憲法增修條文第1條，國民大會代表第四屆起依比例代表方式選出，並以立法委員選舉各政黨所推薦及獨立參選之候選人得票之比例分配當選名額，係以性質不同、職掌互異之立法委員選舉計票結果，分配國民大會代表之議席，依此種方式產生之國民大會代表，本身既未經選舉程序，僅屬各黨派按其在立法院席次比例指派之代表，與憲法第25條國民大會代表全國國民行使政權之意旨，兩不相容，明顯構成規範衝突。若此等代表仍得行使憲法增修條文第1條以具有民選代表身分為前提之各項職權，將牴觸民主憲政之基本原則，是增修條文有關修改國民大會代表產生方式之規定，與自由民主之憲政秩序自屬有違。

（四）上開增修條文第1條第3項後段規定：「第三屆國民大會代表任期至第四屆立法委員任期屆滿之日止。」復於第4條第3項前段規定：「第四屆立法委員任期至中華民國九十一年六月三十日止。」計分別延長第三屆國民大會代表任期二年又42天及第四屆立法委員任期五個月。按國民主權原則，民意代表之權限，應直接源自國民之授權，是以代議民主之正當性，在於民意代表行使選民賦予之職權須遵守與選民約定，任期屆滿，除有不能改選之正當理由外應即改選，乃約定之首要者，否則將失其代表性。司法院釋字第261號解釋：「民意代表之定期改選，為反映民意，貫徹民主憲政之途徑」亦係基於此一意旨。所謂不能改選之正當理

由，須與司法院釋字第31號解釋所指：「國家發生重大變故，事實上不能依法辦理次屆選舉」之情形相當。本件關於國民大會代表及立法委員任期之調整，並無憲政上不能依法改選之正當理由，逕以修改上開增修條文方式延長其任期，與首開原則不符。而國民大會代表之自行延長任期部分，於利益迴避原則亦屬有違，俱與自由民主憲政秩序不合。

（五）第三屆國民大會於88年9月4日第四次會議第十八次大會以無記名投票方式表決通過憲法增修條文第1條、第4條、第9條暨第10條之修正，其**程序違背公開透明原則及當時適用之國民大會議事規則第38條第2項規定，其瑕疵已達明顯重大之程度，違反修憲條文發生效力之基本規範；其中第1條第1項至第3項、第4條第3項內容並與憲法中具有本質重要性而為規範秩序賴以存立之基礎，產生規範衝突，為自由民主憲政秩序所不許。**上開修正之第1條、第4條、第9條暨第10條應自本解釋公布之日起失其效力，86年7月21日修正公布之原增修條文繼續適用（89年釋字第499號）。

二、舊行政執行法拘提管收事由相關規定違憲

　　立法機關基於重大之公益目的，藉由限制人民自由之強制措施，以貫徹其法定義務，於符合憲法上比例原則之範圍內，應為憲法之所許。行政執行法關於「管收」處分之規定，係在貫徹公法上金錢給付義務，於法定義務人確有履行之能力而不履行時，拘束其身體所為間接強制其履行之措施，尚非憲法所不許。惟（舊）行政執行法第17條第2項依同條第1項規定得聲請法院裁定管收之事由中，除第1項第1款、第2款、第3款規定：「顯有履行義務之可能，故不履行者」、「顯有逃匿之虞」、「就應供強制執行之財產有隱匿或處分之情事者」，難謂其已逾必要之程度外，其餘同項第4款、第5款、第6款事由：「於調查執行標的物時，對於執行人員拒絕陳述者」、「經命其報告財產狀況，不為報告或為虛偽之報告者」、「經合法通知，無正當理由而不到場者」，顯已逾越必要程度，與憲法第23條規定之意旨不能謂無違背。

　　行政執行法第17條第2項：依同條第1項得聲請拘提之各款事由中，除第1項第2款、第6款：「顯有逃匿之虞」、「經合法通知，無正當理由而不到場」之情形，可認其確係符合比例原則之必要條件外，其餘同項第1款、第3款、第4款、第5款：「顯有履行義務之可能，故不履行者」、「就應供強制執行之財

產有隱匿或處分之情事者」、「於調查執行標的物時，對於執行人員拒絕陳述者」、「經命其報告財產狀況，不為報告或為虛偽之報告者」規定，**顯已逾越必要程度，與前揭憲法第23條規定意旨亦有未符。**

人身自由乃人民行使其憲法上各項自由權利所不可或缺之前提，憲法第8條第1項規定所稱**「法定程序」**，係指凡限制人民身體自由之處置，不問其是否屬於刑事被告之身分，除須有法律之依據外，尚須分別踐行必要之司法程序或**其他正當法律程序**，始得為之。此項程序固屬憲法保留之範疇，**縱係立法機關亦不得制定法律而遽予剝奪**；惟刑事被告與非刑事被告之人身自由限制，畢竟有其本質上之差異，是其必須踐行之司法程序或其他正當法律程序，自非均須同一不可。管收係於一定期間內拘束人民身體自由於一定之處所，亦屬憲法第8條第1項所規定之「拘禁」，其於**決定管收之前，自應踐行必要之程序，即由中立、公正第三者之法院審問，並使法定義務人到場為程序之參與**，除藉之以明管收之是否合乎法定要件暨有無管收之必要外，並使法定義務人得有防禦之機會，提出有利之相關抗辯以供法院調查，期以實現憲法對人身自由之保障。行政執行法關於管收之裁定，依同法第17條第3項，法院對於管收之聲請應於五日內為之，亦即可於管收聲請後，不予即時審問，其於人權之保障顯有未周，該「五日內」裁定之規定難謂周全，應由有關機關檢討修正。又（舊）行政執行法第17條第2項：「義務人逾前項限期仍不履行，亦不提供擔保者，行政執行處得聲請該管法院裁定拘提管收之。」第19條第1項：「法院為拘提管收之裁定後，應將拘票及管收票交由行政執行處派執行員執行拘提並將被管收人逕送管收所。」之規定，其於行政執行處合併為拘提且管收之聲請，法院亦為拘提管收之裁定時，該被裁定拘提管收之義務人既尚未拘提到場，自不可能踐行審問程序，乃法院竟得為管收之裁定，尤有違前述**正當法律程序**之要求。另依行政執行法第17條第2項及同條第1項第6款：「經合法通知，無正當理由而不到場」之規定聲請管收者，該義務人既猶未到場，法院自亦不可能踐行審問程序，乃竟得為管收之裁定，亦有悖於前述**正當法律程序**之憲法意旨**（行政執行法第17條已於99年修正）**。

憲法第8條第1項所稱「非經司法或警察機關依法定程序，不得逮捕、拘禁」之「警察機關」，並非僅指組織法上之形式「警察」之意，凡法律規定，以維持社會秩序或增進公共利益為目的，賦予其機關或人員得使用干預、取締之手段者均屬之，是以行政執行法第19條第1項關於拘提、管收交由行政執行處派執行員執行之規定，核與憲法前開規定之意旨尚無違背。

上開行政執行法有違憲法意旨之各該規定，均應自本解釋公布之日起至遲於屆滿六個月時失其效力（94年釋字第588號）。

三、法律案之立法程序有違反法律成立基本規定之明顯重大瑕疵者，則釋憲機關得宣告其為無效

立法院行使職權之程序，憲法雖未詳加規定，惟其審議法律案，須依議事規範為之，而議事規範係由立法院組織法、議事規則及議事慣例等構成，與一般民主憲政國家國會所享有之自律權，並無二致。立法院於審議法律案過程中，曾否踐行其議事規範所定程序乃其內部事項，除牴觸憲法者外，屬於議會依自律原則應自行認定之範圍，並非釋憲機關審查之對象，此在各國實務上不乏可供參考之先例。嚴格要求司法權給予立法權最大的尊重；惟為確保人民意志之正當形成，應設定符合程序正義的界線。因此該號解釋在尊重立法權之基礎上，仍堅持司法審查的底線，即「法律案之立法程序有不待調查事實即可認定為牴觸憲法，亦即有違反法律成立基本規定之明顯重大瑕疵者，則釋憲機關仍得宣告其為無效。」（83年釋字第342號）。

四、有關「三一九槍擊事件真相調查特別委員會條例」之違憲審查

立法院為有效行使憲法所賦予之立法職權，本其固有之權能自得享有一定之調查權，主動獲取行使職權所需之相關資訊，俾能充分思辯，審慎決定，以善盡民意機關之職責，發揮權力分立與制衡之機能。立法院調查權乃立法院行使其憲法職權所必要之輔助性權力，基於權力分立與制衡原則，**立法院調查權所得調查之對象或事項，並非毫無限制**。除所欲調查之事項必須與其行使憲法所賦予之職權有重大關聯者外，**凡國家機關獨立行使職權受憲法之保障者，即非立法院所得調查之事物範圍**。又如行政首長依其行政權固有之權能，對於可能影響或干預行政部門有效運作之資訊，均有決定不予公開之權力，乃屬行政權本質所具有之行政特權。立法院行使調查權如涉及此類事項，即應予以適當之尊重。如於具體案件，就所調查事項是否屬於國家機關獨立行使職權或行政特權之範疇，或就屬於行政特權之資訊應否接受調查或公開而有爭執時，立法院與其他國家機關宜循合理之途徑協商解決，或以法律明定相關要件與程序，

由司法機關審理解決之。**立法院調查權行使之方式，並不以要求有關機關就立法院行使職權所涉及事項提供參考資料，或向有關機關調閱文件原本之文件調閱權爲限，必要時並得經院會決議，要求與調查事項相關之人民或政府人員，陳述證言或表示意見，並得對違反協助調查義務者，於科處罰鍰之範圍內，施以合理之強制手段，**司法院釋字第325號解釋應予補充。惟其程序，如調查權之發動及行使調查權之組織、個案調查事項之範圍、各項調查方法所應遵守之程序與司法救濟程序等，應以法律爲適當之規範。於特殊例外情形，就特定事項之調查有委任非立法委員之人士協助調查之必要時，則須制定特別法，就委任之目的、委任調查之範圍、受委任人之資格、選任、任期等人事組織事項、特別調查權限、方法與程序等妥爲詳細之規定，並藉以爲監督之基礎。各該法律規定之組織及議事程序，必須符合民主原則。其個案調查事項之範圍，不能違反權力分立與制衡原則，亦不得侵害其他憲法機關之權力核心範圍，或對其他憲法機關權力之行使造成實質妨礙。如就各項調查方法所規定之程序，有涉及限制人民權利者，必須符合憲法上比例原則、法律明確性原則及**正當法律程序**之要求。茲就中華民國93年9月24日公布施行之「三一九槍擊事件眞相調查特別委員會條例」（以下稱眞調會條例），有關三一九槍擊事件眞相調查特別委員會（以下稱眞調會）之組織、職權範圍、行使調查權之方法、程序與強制手段等相關規定，是否符合上開憲法意旨，分別指明如下：

（一）眞調會條例第2條第1項前段「本會置委員十七人，由第五屆立法院各政黨（團）推薦具有專業知識、聲譽卓著之公正人士組成之，並由總統於五日內任命」、第2項後段「各政黨（團）應於本條例公布後五日內提出推薦人選，逾期未提出者，視爲放棄推薦，其缺額由現額委員選出之召集委員於五日內逕行遴選後，由總統任命」、第15條第2項「本會委員除名或因故出缺時，由原推薦之政黨（團）於五日內推薦其他人選遞補之；其逾期未提出推薦人選者，由召集委員逕行遴選後，總統於五日內任命之」暨第16條「第二條及第十五條應由總統任命者，總統應於期限內任命；逾期未任命，視爲自動生效」等規定**有關眞調會委員之任命，應經立法院院會決議，並由立法院院長爲之，方爲憲法之所許。**

（二）同條例雖未規定眞調會委員之任期，惟於符合立法院屆期不連續原則之範圍內，尚不生違憲問題。第11條第2項規定「本會所需經費由行政院第二預備金項下支應，行政院不得拒絕」，於符合預算法令規定範圍內，亦不生違憲問題。

（三）同條例第4條規定「本會及本會委員須超出黨派以外，依法公正獨立行使職權，對全國人民負責，不受其他機關之指揮監督，亦不受任何干涉」，其中「不受其他機關之指揮監督」，係指「不受立法院以外機關之指揮監督」之意；第15條第1項「本會委員有喪失行為能力、違反法令或其他不當言行者，得經本會全體委員三分之二以上同意，予以除名」，關於真調會委員除名之規定，並非排除立法院對真調會委員之免職權，於此範圍內，核與憲法尚無違背。

（四）同條例第15條第1項「本會委員有喪失行為能力、違反法令或其他不當言行者，得經本會全體委員三分之二以上同意，予以除名」之規定，以「違反法令或其他不當言行」為除名事由，與法律明確性原則不盡相符，應予檢討修正。

（五）同條例第8條第1項前段「三一九槍擊事件所涉及之刑事責任案件，其偵查專屬本會管轄」、同條第2項「本會於行使前項職權，有檢察官、軍事檢察官依據法律所得行使之權限」；第13條第1項「本會調查結果，如有涉及刑事責任者，由調用之檢察官或軍事檢察官逕行起訴」等規定，**逾越立法院調查權所得行使之範圍，違反權力分立與制衡原則。**

（六）同條例第13條第3項規定「本會調查結果，與法院確定判決之事實歧異者，得為再審之理由」，**違反法律平等適用之法治基本原則，並逾越立法院調查權所得行使之範圍。**

（七）同條例第12條第1項規定「本會對於調查之事件，應於三個月內向立法院提出書面調查報告，並公布之。如真相仍未查明，應繼續調查，每三個月向立法院及監察院提出報告，並公布之」，其中關於向監察院報告部分，與憲法機關各有所司之意旨不盡相符，應予檢討修正。

（八）同條例第8條第3項規定「本條例公布之日，各機關所辦理專屬本會管轄案件，應即檢齊全部案卷及證物移交本會」、同條第4項規定「本會行使職權，不受國家機密保護法、營業秘密法、刑事訴訟法及其他法律規定之限制。受請求之機關、團體或人員不得以涉及國家機密、營業秘密、偵查保密、個人隱私或其他任何理由規避、拖延或拒絕」、同條第6項規定「本會或本會委員行使職權，得指定事項，要求有關機關、團體或個人提出說明或提供協助。受請求者不得以涉及國家機密、營業秘密、偵查保密、個人隱私或其他任何理由規避、拖延或拒絕」，其中**關於專屬管轄、移交卷證與涉及國家機關獨立行使職權而受憲法保障者**

之部分，**有違權力分立與制衡原則，並逾越立法院調查權所得行使之範圍**。

（九）同條例第8條第6項規定「本會或本會委員行使職權，得指定事項，要求有關機關、團體或個人提出說明或提供協助。受請求者不得以涉及國家機密、營業秘密、偵查保密、個人隱私或其他任何理由規避、拖延或拒絕」，其中規定涉及國家機密或偵查保密事項，一概不得拒絕之部分，應予適當修正。

（十）同條例第8條第4項前段規定「本會行使職權，不受國家機密保護法、營業秘密法、刑事訴訟法及其他法律規定之限制」、同條第6項規定「本會或本會委員行使職權，得指定事項，要求有關機關、團體或個人提出說明或提供協助。受請求者不得以涉及國家機密、營業秘密、偵查保密、個人隱私或其他任何理由規避、拖延或拒絕」，**其中規定涉及人民基本權利者，有違正當法律程序、法律明確性原則**。

（十一）同條例第8條第7項「違反第一項、第二項、第三項、第四項或第六項規定者，處機關首長及行為人新臺幣十萬元以上一百萬元以下罰鍰，經處罰後仍繼續違反者，得連續處罰之」及第8項前段關於機關首長、團體負責人或有關人員拒絕真調會或其委員調查，影響重大，或為虛偽陳述者，依同條第7項之規定處罰等規定，**有違正當法律程序及法律明確性原則**。

（十二）同條例第8條第8項後段規定「機關首長、團體負責人或有關人員拒絕本會或本會委員調查，影響重大，或為虛偽陳述者……並依刑法第一百六十五條、第二百十四條等相關規定追訴處罰」，係指上開人員若因受調查而涉有犯罪嫌疑者，應由檢察機關依法偵查追訴，由法院依法審判而言；上開規定應本此意旨檢討修正。

（十三）同條例第8條第9項規定「本會或本會委員行使職權，認有必要時，得禁止被調查人或與其有關人員出境」，**逾越立法院之調查權限，並違反比例原則**。

上開第（五）、（六）、（八）、（十）、（十一）、（十三）項有違憲法意旨部分，均自本解釋公布之日起失其效力。司法院大法官依憲法規定獨立行使憲法解釋及憲法審判權，為確保其解釋或裁判結果實效性之保全制度，乃司法權核心功能之一，不因憲法解釋、審判或民事、刑事、行政訴訟之審判而有異。本件暫時處分之聲請，雖非憲法所不許，惟本案業經作成解釋，已無須

予以審酌（94年釋字第588號）。

　　參照本節上開解釋文等，足以顯示：立法程序仍有違反「程序性正當法律程序」之可能。此與美日大法官的解釋功能及範圍相同。

第三節　關於刑事之正當法律程序

一、關於偵查之正當程序

（一）**監聽之程序應由法官核發通訊監察書**：憲法第12條規定「人民有秘密通訊之自由」，旨在確保人民就通訊之有無、對象、時間、方式及內容等事項，有不受國家及他人任意侵擾之權利。國家採取限制手段時，除應有法律依據外，限制之要件應具體、明確，不得逾越必要之範圍，所踐行之程序並應合理、正當，方符憲法保護人民秘密通訊自由之意旨。中華民國88年7月14日制定公布之通訊保障及監察法第5條第2項規定：「前項通訊監察書，偵查中由檢察官依司法警察機關聲請或依職權核發。」未要求通訊監察書原則上應由客觀、獨立行使職權之法官核發，而使職司犯罪偵查之檢察官與司法警察機關，同時負責通訊監察書之聲請與核發，難謂為合理、正當之程序規範，而與憲法第12條保障人民秘密通訊自由之意旨不符，應自本解釋公布之日起，至遲於96年7月11日修正公布之通訊保障及監察法第5條施行之日失其效力（96年釋字第631號）。

（二）**汽車駕駛人肇事拒絕接受或肇事無法實施血液酒精濃度測試，應報請檢察官核發鑑定許可書：**

　　1. 中華民國102年1月30日修正公布之道路交通管理處罰條例第35條第5項規定：「汽車駕駛人肇事拒絕接受或肇事無法實施第一項測試之檢定者，應由交通勤務警察或依法令執行交通稽查任務人員，將其強制移由受委託醫療或檢驗機構對其實施血液或其他檢體之採樣及測試檢定。」（108年4月17日修正，僅微調文字，規範內容相同，並移列為同條第6項；111年1月28日修正同條規定，本項未修正）牴觸憲法第8條保障人身自由、第22條保障身體權及資訊隱私權之意旨，應自本判決公告之日

　　起，至遲於屆滿二年時失其效力。又本判決公告前，已依上開規定實施相關採證程序而尚未終結之各種案件，仍依現行規定辦理。

2. 相關機關應自本判決公告之日起二年內，依本判決意旨妥適修法。自本判決公告之日起二年期間屆滿前或完成修法前之過渡階段，交通勤務警察就駕駛人肇事拒絕接受或肇事無法實施吐氣酒測，認有對其實施血液酒精濃度測試，以檢定其體內酒精濃度值之合理性與必要性時，其強制取證程序之實施，應報請檢察官核發鑑定許可書始得為之。情況急迫時，交通勤務警察得將其先行移由醫療機構實施血液檢測，並應於實施後24小時內陳報該管檢察官許可，檢察官認為不應准許者，應於三日內撤銷之；受測試檢定者，得於受檢測後10日內，聲請該管法院撤銷之（憲法法庭111年憲判字第1號判決）。

（三）**刑事訴訟法第205條之2規定就檢察事務官、司法警察官或司法警察以非侵入性方式採取尿液之規定，不符憲法正當法律程序原則之要求，牴觸憲法第22條保障資訊隱私權，及免於身心受傷害身體權之意旨：**

1. 刑事訴訟法第205條之2規定：「檢察事務官、司法警察官或司法警察因調查犯罪情形及蒐集證據之必要，對於經拘提或逮捕到案之犯罪嫌疑人或被告，得違反犯罪嫌疑人或被告之意思，……有相當理由認為採取……尿液……得作為犯罪之證據時，並得採取之。」係就檢察事務官、司法警察官或司法警察以非侵入性方式採取尿液而為規範。惟其規定不符憲法**正當法律程序**原則之要求，牴觸憲法第22條保障資訊隱私權及免於身心受傷害之身體權之意旨，應自本判決公告之日起，至遲於屆滿二年時失其效力。又本判決公告前，已依上開規定採取尿液而尚未終結之各種案件，仍依現行規定辦理。

2. 相關機關應自本判決公告之日起二年內，依本判決意旨妥適修法；自本判決公告之日起至完成修法前，檢察事務官、司法警察官或司法警察依刑事訴訟法第205條之2規定以非侵入性方式採取尿液之實施，應報請檢察官核發鑑定許可書始得為之；情況急迫時，得依刑事訴訟法第205條之2規定以非侵入性方式採取尿液，並應於採尿後24小時內陳報該管檢察官許可；檢察官認為不應准許者，應於三日內撤銷之；受採尿者得於受採取尿液後10日內，聲請該管法院撤銷之（憲法法庭111年憲判字第16號判決）。

二、關於採證之正當程序

（一）被告之自白，不得作為有罪判決之唯一證據，仍應調查其他必要之證據，以察其是否與事實相符

　　刑事審判基於憲法正當法律程序原則，對於犯罪事實之認定，採證據裁判及自白任意性等原則。刑事訴訟法據以規定嚴格證明法則，必須具證據能力之證據，經合法調查，使法院形成該等證據已足證明被告犯罪之確信心證，始能判決被告有罪；為避免過分偏重自白，有害於真實發見及人權保障，並規定被告之自白，不得作為有罪判決之唯一證據，仍應調查其他必要之證據，以察其是否與事實相符。基於上開嚴格證明法則，及對自白證明力之限制規定，所謂「其他必要之證據」，自亦須具備證據能力，經合法調查，且就其證明力之程度，非謂自白為主要證據，其證明力當然較為強大，其他必要之證據為次要，或補充性之證據，證明力當然較為薄弱，而應依其他必要證據之質量，與自白相互印證，綜合判斷，足以確信自白犯罪事實之真實性，始足當之。最高法院30年上字第3038號、73年台上字第5638號及74年台覆字第10號等三判例，旨在闡釋「其他必要之證據」之意涵、性質、證明範圍及程度，暨其與自白之相互關係，且強調該等證據須能擔保自白之真實性，俾自白之犯罪事實臻於確信無疑，核其及其他判例相同意旨部分，與前揭憲法意旨，尚無牴觸（93年釋字第582號後段）。

（二）共同被告證言有效之正當法律程序

　　共同被告不利於己之陳述，須賦予共同被告詰問之權利。共同被告不利於己之陳述得採為其他共同被告犯罪事實認定，對其他共同被告案件之審判而言，未使該共同被告立於證人之地位而為陳述，逕以其依共同被告身分所為陳述採為不利於其他共同被告之證據，乃否定共同被告於其他共同被告案件之證人適格。憲法第16條保障人民之訴訟權，就刑事被告而言，包含其在訴訟上應享有充分之防禦權。刑事被告詰問證人之權利，即屬該等權利之一，且屬憲法第8條第1項規定「非由法院依法定程序，不得審問處罰」之正當法律程序所保障之權利。為確保被告對證人之詰問權，證人於審判中，應依法定程序，到場具結陳述，並接受被告之詰問，其陳述始得作為認定被告犯罪事實之判斷依據。刑事審判上之共同被告，係為訴訟經濟等原因，由檢察官或自訴人合併或

追加起訴，或由法院合併審判所形成，其間各別被告及犯罪事實仍獨立存在。故共同被告對其他共同被告之案件而言，爲被告以外之第三人，本質上屬於證人，自不能因案件合併關係而影響其他共同被告原享有之上開憲法上權利。最高法院31年上字第2423號及46年台上字第419號判例所稱：共同被告不利於己之陳述得採爲其他共同被告犯罪（事實認定）之證據一節，對其他共同被告案件之審判而言，未使該共同被告立於證人之地位而爲陳述，逕以其依共同被告身分所爲陳述，採爲不利於其他共同被告之證據，乃否定共同被告於其他共同被告案件之證人適格，排除人證之法定調查程序，與當時有效施行中之中華民國24年1月1日修正公布之刑事訴訟法第273條規定牴觸，並已不當剝奪其他共同被告對該實具證人適格之共同被告詰問之權利，核與首開憲法意旨不符。該二判例及其他相同意旨判例，與上開解釋意旨不符部分，應不再援用（93年釋字第582號前段）。

（三）性侵被害人於警詢之陳述，須有確實之補強證據，不得以警詢陳述爲被告有罪判決之唯一或主要證據

中華民國94年2月5日修正公布之性侵害犯罪防治法第17條第1款規定：「被害人於審判中有下列情形之一，其於檢察事務官、司法警察官或司法警察調查中所爲之陳述，經證明具有可信之特別情況，且爲證明犯罪事實之存否所必要者，得爲證據：一、因性侵害致身心創傷無法陳述者。」旨在兼顧性侵害案件發現眞實與有效保護性侵害犯罪被害人之正當目的，爲訴訟上採爲證據之例外與最後手段，其解釋、適用應從嚴爲之。法院於訴訟上以之作爲證據者，爲避免被告訴訟上防禦權蒙受潛在不利益，基於憲法公平審判原則，應採取有效之訴訟上補償措施，以適當平衡被告無法詰問被害人之防禦權損失。包括在調查證據程序上，強化被告對其他證人之對質、詰問權；在證據評價上，**法院尤不得以被害人之警詢陳述爲被告有罪判決之唯一或主要證據，並應有其他確實之補強證據，以支持警詢陳述所涉犯罪事實之眞實性。**於此範圍內，系爭規定與憲法第8條正當法律程序及第16條訴訟權之保障意旨均尚無違背（109年釋字第789號）。

（四）被告得請求付與卷內筆錄以外之卷宗及證物影本之權利

刑事訴訟法第33條第2項前段規定：「無辯護人之被告於審判中得預納費

用請求付與卷內筆錄之影本。」未賦予有辯護人之被告直接獲知卷證資訊之權利，且未賦予被告得請求付與卷內筆錄以外之卷宗及證物影本之權利，妨害被告防禦權之有效行使，於此範圍內，與憲法第16條保障訴訟權之正當法律程序原則意旨不符。有關機關應於本解釋公布之日起一年內，依本解釋意旨妥為修正。逾期未完成修正者，法院應依審判中被告之請求，於其預納費用後，付與全部卷宗及證物之影本（107年釋字第762號）。該項規定嗣於108年6月19日修正許可，但亦規定與被告犯罪事實無關者，或足以妨害另案偵查，或涉及他人隱私或業務秘密者許法院限制之。

（五）法院於適用刑事訴訟法第159條之3第1款及第3款規定時，除應從嚴審認法定要件外，並應確保被告於訴訟程序上獲得相當之防禦權補償

刑事訴訟法第159條之3第1款及第3款規定：「被告以外之人於審判中有下列情形之一，其於檢察事務官、司法警察官或司法警察調查中所為之陳述，經證明具有可信之特別情況，且為證明犯罪事實之存否所必要者，得為證據：一、死亡者。……三、……所在不明而無法傳喚或傳喚不到者。」係刑事訴訟上為追求發現真實而將未到庭證人之法庭外陳述採為證據，致減損被告防禦權之例外規定。法院於適用上開規定時，除應從嚴審認法定要件外，並應確保被告於訴訟程序上獲得相當之防禦權補償，使被告於訴訟程序整體而言，仍享有充分防禦權之保障；且未經被告當庭對質、詰問之未到庭證人於檢察事務官、司法警察官或司法警察調查中所為之陳述，不得為法院論斷被告有罪之唯一或主要證據，俾使發現真實之重大公益與被告於刑事訴訟程序受法院公平審判權利之保障間獲致平衡。於此範圍內，上開規定尚不牴觸憲法第8條正當法律程序原則與第16條訴訟權保障之意旨（憲法法庭112年憲判字第12號判決）。

（六）少年事件處理法第36條及其他相關規定，未賦予被害人有到庭陳述意見之機會，不符憲法正當法律程序原則之要求，違憲

少年事件處理法第36條規定：「審理期日訊問少年時，應予少年之法定代理人或現在保護少年之人及輔佐人陳述意見之機會。」及其他少年保護事件之相關條文，整體觀察，均未明文規範被害人（及其法定代理人）於少年保護事

件處理程序中得到庭陳述意見，於此範圍內，不符憲法**正當法律程序**原則之要求，有違憲法保障被害人程序參與權之意旨。有關機關應自本解釋公布之日起二年內，依本解釋意旨及少年事件處理法保障少年健全自我成長之立法目的，妥適修正少年事件處理法。於完成修法前，少年法院於少年保護事件處理程序進行中，除有正當事由而認不適宜者外，應傳喚被害人（及其法定代理人）到庭並予陳述意見之機會（110年釋字第805號）。

三、與選任辯護人相關之訴訟權的保障

（一）應賦予性侵害防治之受處分人於宣告或停止強制治療程序，得親自或委任辯護人到庭陳述意見之機會

刑事訴訟法及性侵害犯罪防治法均未規定應賦予受處分人於法院就聲請宣告或停止強制治療程序，得親自或委任辯護人到庭陳述意見之機會，以及如受治療者為精神障礙或其他心智缺陷無法為完全之陳述者，應有辯護人為其辯護，於此範圍內，均不符憲法正當法律程序原則之意旨。有關機關應自本解釋公布之日起二年內檢討修正。完成修正前，有關強制治療人民之其他自由及權利，不妨害社會秩序、公共利益者，均受憲法之保護之宣告及停止程序，法院應依本解釋意旨辦理（109年釋字第799號）。

（二）刑事訴訟法禁止或限制辯護人於訊問時在場、筆記或陳述意見之處分，未賦予被告、犯罪嫌疑人或其辯護人享有向法院聲明不服、請求救濟之機會，違反憲法第16條保障訴訟權之意旨

1. 刑事訴訟法第416條第1項及其他規定，就檢察官依同法第245條第2項但書規定，禁止或限制辯護人於訊問時在場、筆記或陳述意見之處分，未賦予被告、犯罪嫌疑人或其辯護人享有向法院聲明不服、請求救濟之機會，於此範圍內，與有權利即有救濟之憲法原則不符，違反憲法第16條保障訴訟權之意旨。相關機關應於本判決公告之日起二年內，依本判決意旨修正刑事訴訟法，妥為規定。

2. 於完成修法前，被告、犯罪嫌疑人或其辯護人，得準用刑事訴訟法第416條所定程序，就檢察官依同法第245條第2項但書規定，所為限制或禁止辯護

人於訊問被告或犯罪嫌疑人時在場、筆記或陳述意見之處分，聲請所屬法院撤銷之（憲法法庭111年憲判字第7號判決）。

（三）被告之辯護人對於法院羈押或延長羈押之裁定，除與被告明示意思相反外，自得為被告之利益而抗告

　　刑事訴訟法第403條規定：「當事人對於法院之裁定有不服者，除有特別規定外，得抗告於直接上級法院。證人、鑑定人、通譯及其他非當事人受裁定者，亦得抗告。」及同法第419條規定：「抗告，除本章有特別規定外，準用第三編第一章關於上訴之規定。」整體觀察，關於抗告權人之範圍，仍應準用同法第三編第一章關於上訴權人之規定。就被告之辯護人而言，為有效保障被告之訴訟權，被告之辯護人對於法院羈押或延長羈押之裁定，除與被告明示意思相反外，自得為被告之利益而抗告，始與憲法第8條保障人身自由及第16條保障訴訟權之意旨無違（憲法法庭111年憲判字第3號判決）。

（四）得扣押或沒收之證據物品應排除律師或辯護人與被告、犯罪嫌疑人、潛在犯罪嫌疑人間基於憲法保障秘密自由溝通權之行使而生之文件資料（如文書、電磁紀錄等）

1. 刑事訴訟法第122條第2項規定：「對於第三人之身體、物件、電磁紀錄及住宅或其他處所，以有相當理由可信為⋯⋯應扣押之物或電磁紀錄存在時為限，得搜索之。」同法第133條第1項規定：「可為證據或得沒收之物，得扣押之。」及其他相關規定整體觀察，未將律師或辯護人與被告、犯罪嫌疑人、潛在犯罪嫌疑人間基於憲法保障秘密自由溝通權之行使而生之文件資料（如文書、電磁紀錄等），排除於得搜索、扣押之外，於此範圍內，與憲法第15條保障律師之工作權及憲法第16條保障被告之訴訟權之意旨不符，相關機關應於本判決宣示之日起二年內，依本判決意旨修正刑事訴訟法，妥為規定。於修法完成前，法官、檢察官及相關人員辦理搜索、扣押事務，應依本判決意旨為之。

2. 由刑事訴訟法上開二規定及其他有關搜索、扣押之規定整體觀察，法官得對有關機關搜索律師事務所之聲請予以審查，且對搜索、扣押之裁定及執行已設有監督及救濟機制，從而刑事訴訟法未對律師事務所之搜索、扣押設有特別之程序規定，與憲法第10條保障人民居住自由、第15條保障律師

工作權以及**正當法律程序**原則之意旨尚屬無違（憲法法庭112年憲判字第9號判決）。

四、關於執行刑之正當程序

監獄行刑法關於執行期滿者，應於其刑期終了次日午前釋放之規定有違正當法律程序。

監獄行刑法第83條第1項關於執行期滿者，應於其刑期終了之次日午前釋放之規定部分，使受刑人於刑期執行期滿後，未經法定程序仍受拘禁，侵害其人身自由，**有違正當法律程序**，且所採取限制受刑人身體自由之手段亦非必要，牴觸憲法第8條及第23條之規定，與本解釋意旨不符部分，應自中華民國99年6月1日起失其效力。有關機關應儘速依本解釋意旨，就受刑人釋放事宜予以妥善規範。相關規定修正前，受刑人應於其刑期終了**當日之午前釋放**（99年釋字第677號）。

第四節　關於民事之正當法律程序

一、限制人民之訴訟權及認可防止防礙他人自由、避免緊急危難、社會秩序、公共利益等基本權之範圍

憲法第16條所規定之訴訟權，係以人民於其權利遭受侵害時，得依正當法律程序請求法院救濟為其核心內容。而訴訟救濟應循之審級、程序及相關要件，則由立法機關衡量訴訟案件之種類、性質、訴訟政策目的，以及訴訟制度之功能等因素，以法律為正當合理之規定。民事訴訟法第466條對於有關財產權訴訟上訴第三審之規定，以第二審判決後，當事人因上訴所得受之利益是否逾一定之數額，而決定得否上訴第三審之標準，即係立法者衡酌第三審救濟制度之功能及訴訟事件之屬性，避免虛耗國家有限之司法資源，促使私法關係早日確定，以維持社會秩序所為之正當合理之限制，與憲法第16條、第23條尚無違背（93年釋字第574號）。

二、人民所有之土地，因逾土地總登記期限，致登記為國有，在人民以該土地所有人地位，請求塗銷登記時，無民法消滅時效規定之適用

最高法院70年台上字第311號民事判例關於「……系爭土地如尚未依吾國法令登記爲被上訴人所有，而登記爲國有後，迄今已經過十五年，被上訴人請求塗銷此項國有登記，上訴人既有時效完成拒絕給付之抗辯，被上訴人之請求，自屬無從准許」部分，不符憲法第15條保障人民財產權之意旨。

判決理由稱：國家基於公權力主體地位行使統治高權，致與人民發生財產權爭執時，國家本非憲法第15條財產權保障之主體，從而不生基本權衝突之情事。且考量臺灣因政權更迭而辦理土地權利憑證繳驗及換發土地權利書狀，當時之時空環境，若使國家仍得主張民法消滅時效，從而透過時效制度維持私有土地登記爲國有之狀態，不僅與誠實信用原則有違，且形成國家對人民財產權之侵害。故在憲法上，人民財產權之保障，相較於逕行承認土地登記爲國有之狀態，更具值得保護之價值。是容許國家在此主張消滅時效，並無正當性可言（第33段）。

綜上，系爭判例關於國家得依消滅時效規定，爲時效完成之抗辯部分，不當限制人民之財產權，與憲法第15條規定之意旨不符（憲法法庭112年憲判字第20號判決）。

第五節　關於非訟的正當法律程序

一、概說

關於法院之裁判被列爲違憲審查之對象，係在民國111年1月4日施行憲法訴訟法之後，依據該法第1條第1款後段而來，在此以前之大法官會議解釋文只能看到其對於法律及命令有無違憲之解釋狀況，有關訴訟案件上有無違憲的情形，對當事人的權益保障至關重要，也往往成爲雙方爭議之焦點，其所涉及之問題有無違憲，因憲法如俗諺所云爲「人權之保障書」，自然與憲法所保障之各項基本權有關，惟由於該法甫施行未久，案例尚少，因此特將此例除主文之

外，連同理由予以節錄引述於後，其中有關受理之理由可以了解聲請釋憲新制之條件，俾有助於讀者對新法運作門檻之了解。

圖3-2　我國憲法法庭

圖片來源：憲法法庭網站，https://cons.judicial.gov.tw/。

二、憲法法庭111年憲判字第8號判決

（一）判決之主文

　　系爭裁定（最高法院111年度台簡抗字第13號民事裁定）二關於未成年子女丙最佳利益之判斷，有應予審酌而未予審酌之情形，牴觸憲法保障未成年子女丙人格權及人性尊嚴之意旨。又未於裁定前使未成年子女丙有**陳述意見之機會**，侵害未成年子女丙受憲法正當法律程序保障之權利。系爭裁定三維持系爭裁定二前開見解，亦應認為與憲法**維護未成年子女最佳利益**，保障未成年子女人格權及人性尊嚴之意旨及正當法律程序原則，有所牴觸，且因而影響聲請人親權之行使，系爭裁定三應予廢棄，發回最高法院（憲法法庭111年憲判字第8號判決）。

（二）判決之理由

1. 受理之理由

　　人民聲請裁判憲法審查案件，於具憲法重要性，或為貫徹聲請人基本權利所必要者，受理之，憲法訴訟法第61條第1項定有明文。系爭裁定三涉及法院

為跨國父母交付未成年子女之暫時處分時，如何根據憲法課予國家對兒童之保護義務規定，判斷未成年子女之最佳利益，以及於此程序中，是否應給予未成年子女如何之陳述意見機會，始符憲法正當程序要求等基本權。又此等問題於往後案件均可能一再發生，且無法從憲法規定文字直接獲得解答，是有澄清必要，因而具憲法重要性。再者，法院酌定或改定父母對於未成年子女權利義務之行使或負擔之程序，或於此程序中所為交付子女之暫時處分程序，固不必出於父母一方之聲請（民法第1069條之1準用第1055條規定參照），惟一旦發動該程序，父母及該未成年子女，即為該程序之實質當事人（家事法第97條準用非訟事件法第10條規定參照）。於父、母之一方對於確定終局裁定聲請憲法審查者，該未成年子女應受憲法保障之基本權，亦在審查範圍內。**本件裁判憲法審查聲請，除涉及聲請人受憲法保障之親權外，亦涉及未成年子女丙受憲法保障之人格權及人性尊嚴之基本權利。從而，系爭裁定三憲法審查之聲請，符合憲法訴訟法第59條第1項及第61條第1項之規定，應予受理。**

2. 本案憲法法庭之判斷

圖3-3 我國憲法法庭另一布置

圖片來源：司法院網站，https://www.judicial.gov.tw/tw/cp-3-58205-78046-1.html。

(1) 系爭裁定三認為，原法院以：丙由兩造約定共同監護，甲前已同意乙於106年12月20日至107年1月10日期間帶同丙返回義大利，雖乙提前於106年12月12日即帶同丙出境，惟難認有何不法考量，甲於兩造約定返臺日即107年1月10日前之同年月3日即向臺北地院聲請暫時處分（107年度家全字第2號），已與其同意內容有違。至乙雖於107年1月10日後仍與丙留滯義大利，然兩造仍互有訊息往來聯繫，甲為達帶同丙返臺之目的，利用乙善意配合其赴義大利探視丙之機會，以丙護照遺失為由，向我國駐義大利代表處申請補發後，逕於108年1月20日攜其返臺，不應被鼓勵。審酌丙在義大利、臺灣均能適應良好，兩造與丙之親子聯繫及家族系統之支持均佳，有義大利心理醫師出具之訪視報告及照片等可稽，且丙在義大利已生活一年，適應良好，義大利已屬其之新慣居地，又兩造關於親權行使方式意見不一，對立嚴重，甲曾將審理中事件訴諸媒體並在社群媒體公開播放關於丙之影片，確有以暫時處分訂立依循之急迫性與必要性。因而維持臺北地院所為系爭處分，裁定駁回甲之抗告。經核並無適用法規顯有錯誤。

(2) 按法律之解釋與適用，包括事實之認定與構成要件之涵攝，其正確與否，**一般而言係屬各級法院及其審級救濟之權責，原則上應不受憲法法院之審查**。憲法法院僅得於法律之解釋與適用構成違憲時，始得介入審查。如何判斷是否構成違憲，難有如水晶般透明之標準，基本上應許憲法法庭擁有一定裁量餘地，俾能顧及個案特殊情況所需。惟一般而言，**當各級法院對於法律之解釋或適用係基於對基本權根本上錯誤之理解，且該錯誤將實質影響具體個案之裁判；或於解釋與適用法律於具體個案時，尤其涉及概括條款之適用，若有應審酌之基本權重要事項而漏未審酌，或未能辨識出其間涉及基本權衝突，致發生應權衡而未權衡，或其權衡有明顯錯誤之情形，即可認定構成違憲**。至訴訟程序中之指揮進行，原則上屬各級法院權責，惟若**違反憲法正當法律程序之要求者，亦應同受裁判違憲審查**。

(3) 基於維護未成年子女最佳利益，為憲法保障未成年子女人格權及人性尊嚴之重要內涵；且：①判斷未成年子女最佳利益，應審酌一切有利與不利之因素；②法院為交付未成年子女之暫時處分，亦應以子女最佳利益為前提；③尊重未成年子女之意願，係保障未成年子女最佳利益之重要原則；④跨國父母交付子女事件之暫時處分，繼續性原則（或維持現狀原則）亦為判斷未成年子女最佳利益之重要原則；⑤系爭裁定三**就尊重未成年子女意願及繼續性原則，有應審酌而未審酌之情形，牴觸憲法保障未成年子女**

人格權及人性尊嚴之意旨；⑥系爭裁定三就未成年子女意見陳述權之判斷，亦與憲法**正當法律程序**之保障，有所牴觸。

(4) 足認系爭裁定三關於未成年子女最佳利益之判斷，與憲法保障未成年子女人格權及人性尊嚴之意旨，有所牴觸。

第六節　關於行政之正當法律程序

我國司法院大法官審查行政機關所為關係人民權益之行政措施是否違憲，從下列所舉諸例，可以看出與美日等國之違憲審查標準所遵循之「告知、聽證（公聽）、主張、舉證」等程序相同：

一、行政文書寄存送達

行政程序法第74條關於寄存送達於依法送達完畢時即生送達效力之程序規範，尚屬正當，與憲法**正當法律程序**原則之要求無違（109年釋字第797號）。

二、對於人民之處分應給予申辯之機會，限制人身自由須經法律明確授權，並由法院審查決定

（一）稅捐稽徵法第19條第3項對公同共有人一人為送達，效力及於全體，違憲：稅捐稽徵法第19條第3項規定，為稽徵稅捐所發之各種文書，「對共同共有人中之一人為送達者，其效力及於全體。」此一規定，關於稅捐稽徵機關對公同共有人所為核定稅捐之處分，以對公同共有人中之一人為送達，即對全體公同共有人發生送達效力之部分，不符憲法**正當法律程序**之要求，致侵害未受送達之公同共有人之訴願、訴訟權，與憲法第16條之意旨有違，應自本解釋公布日起，至遲於屆滿二年時，失其效力（98年釋字第663號）。

（二）教育部於中華民國93年12月22日修正發布之公立學校教職員敘薪辦法（含附表及其所附說明），關於公立高級中等以下學校教師部分之規定，與憲法上法律保留原則有違，應自本解釋公布之日起，至遲於屆滿

三年時失其效力（101年釋字第707號）。

（三）臺灣地區與大陸地區人民關係條例第18條第1項對於經許可合法入境之大陸地區人民，而有法定情形，未予申辯之機會，即得逕行強制出境部分，有違憲法**正當法律程序**原則。同條第二項：「前項大陸地區人民，於強制出境前，得暫予收容……」（即98年7月1日修正公布之第3項），未能顯示應限於非暫予收容顯難強制出境者，始得暫予收容之意旨，亦未明定暫予收容之事由，**有違法律明確性原則**；於因執行遣送所需合理作業期間內之暫時收容部分，未予受暫時收容人即時之司法救濟；於逾越前開暫時收容期間之收容部分，未由法院審查決定，均有違憲法**正當法律程序**原則，不符憲法第8條保障人身自由之意旨。又同條例關於暫予收容未設期間限制，有導致受收容人身體自由遭受過度剝奪之虞，**有違憲法第23條比例原則，亦不符憲法第8條保障人身自由之意旨**。前揭第18條第1項與本解釋意旨不符部分及第二項關於暫予收容之規定，均應自本解釋公布之日起，至遲於屆滿二年時失其效力。

（四）88年10月27日訂定發布之**大陸地區人民及香港澳門居民強制出境處理辦法第5條**規定：「強制出境前，有下列情形之一者，得暫予收容。一、前條第二項各款所定情形。二、因天災或航空器、船舶故障，不能依規定強制出境者。三、得逕行強制出境之大陸地區人民、香港或澳門居民，無大陸地區、香港、澳門或第三國家旅行證件者。四、其他因故不能立即強制出境者。」（99年3月24日修正發布移列為同辦法第6條：「執行大陸地區人民、香港或澳門居民強制出境前，有下列情形之一者，得暫予收容：一、因天災或航空器、船舶故障，不能依規定強制出境。二、得逕行強制出境之大陸地區人民、香港或澳門居民，無大陸地區、香港、澳門或第三國家旅行證件。三、其他因故不能立即強制出境。」）**未經法律明確授權，違反法律保留原則，應自本解釋公布之日起，至遲於屆滿二年時失其效力**（102年釋字第710號）。

（五）道路交通管理處罰條例**已給予當事人申辯，及提出證據之機會，符合正當法律程序**：憲法第16條保障人民有訴訟之權，旨在確保人民有依法定程序提起訴訟及受公平審判之權利。至於訴訟救濟，究應循普通訴訟程序抑依行政訴訟程序為之，則由立法機關依職權衡酌訴訟案件之性質及既有訴訟制度之功能等而為設計。道路交通管理處罰條例第87條規定，受處分人因交通違規事件，不服主管機關所為之處罰，得向管轄地方法

院聲明異議；不服地方法院對聲明異議所爲之裁定，得爲抗告，但不得再抗告。此項程序，既已給予當事人申辯及提出證據之機會，符合**正當法律程序**，與憲法第16條保障人民訴訟權之意旨尚無牴觸（85年釋字第418號）。

（六）關於人民財產權之保障：

1. 經濟部禁止探採礦產申請之釋示及對下級主管機關就臺灣地區煤礦之探採所爲之準則性釋示，乃主管機關之裁量權與憲法尚無牴觸：經濟部或省（直轄市）主管機關，認爲礦業申請地有妨害公益或無經營之價值時，得不予核准；經濟部爲探勘礦產調整礦區或調節產銷時，得指定某區域內之礦，停止接受申請，礦業法第34條有明文規定，是對於探採礦產之申請，主管機關本有准駁之裁量權。經濟部61年8月4日經（61）礦字第21516號令稱：今後凡被撤銷或註銷礦業權之煤礦，除有特殊原因，可予單獨開放人民申領者，一律應予暫行保留，以備有礦利關係之鄰接礦區調整增區促使擴大規模，趨於合理化經營，而增加保安之管理等語；復於75年8月15日以經（75）礦字第35906號函，就礦種中包含煤礦者，一併暫予保留，不開放人民申請一事，重申前令，均係中央主管機關依上開規定，對下級主管機關就臺灣地區煤礦之探採所爲之準則性釋示，與憲法尚無牴觸（84年釋字第383號）。

2. 土地法、都市計畫法就徵收目的及用途之規定有欠周延：人民之財產權應受國家保障，惟國家因公用需要得依法限制人民土地所有權或取得人民之土地，此觀憲法第23條及第143條第1項之規定自明。徵收私有土地，給予相當補償，即爲達成公用需要手段之一種，而徵收土地之要件及程序，憲法並未規定，係委由法律予以規範，此亦有憲法第108條第1項第14款可資依據。土地法第208條第9款及都市計畫法第48條係就徵收土地之目的及用途所爲之概括規定，但並非謂合於上述目的及用途者，即可任意實施徵收，仍應受土地法相關規定及土地法施行法第49條比例原則之限制。是上開土地法第208條第9款及都市計畫法第48條，與憲法保障人民財產權之意旨尚無牴觸。然徵收土地究對人民財產權發生嚴重影響，法律就徵收之各項要件，自應詳加規定，前述土地法第208條各款用語有欠具體明確，徵收程序之相關規定亦不盡周全，有關機關應檢討修正，併此指明（85年釋字第409號）。

3. 緝私條例概括處罰虛報貨物原產地之規定，要屬執行海關緝私及貿易管

制法規所必須，至於依海關緝私條例第36條、第37條規定之處罰，仍應以行為人之故意或過失為其責任條件：法律明確性之要求，非僅指法律文義具體詳盡之體例而言，立法者仍得衡酌法律所規範生活事實之複雜性及適用於個案之妥當性，運用概括條款而為相應之規定，業經本院釋字第432號解釋闡釋在案。為確保進口人對於進口貨物之相關事項為誠實申報，以貫徹有關法令之執行，海關緝私條例第37條第1項除於前三款處罰虛報所運貨物之名稱、數量及其他有關事項外，並於第4款以概括方式規定「其他違法行為」亦在處罰之列，此一概括規定，係指報運貨物進口違反法律規定而有類似同條項前三款虛報之情事而言。就中關於虛報進口貨物原產地之處罰，攸關海關緝私、貿易管制有關規定之執行，觀諸海關緝私條例第1條、第3條、第4條、貿易法第5條、第11條及台灣地區與大陸地區人民關係條例第35條之規定自明，要屬執行海關緝私及貿易管制法規所必須，符合海關緝私條例之立法意旨，在上述範圍內，與憲法第23條並無牴觸。至於依海關緝私條例第36條、第37條規定之處罰，仍應以行為人之故意或過失為其責任條件，本院釋字第275號解釋應予以適用，併此指明（90年釋字第521號）。

4. 都市更新條例關於都市更新事業概要及計畫審核程序之規定，與憲法要求之正當行政程序不符，違憲：中華民國87年11月11日制定公布之都市更新條例第10條第1項有關主管機關核准都市更新事業概要之程序規定，未設置適當組織以審議都市更新事業概要，且未確保利害關係人知悉相關資訊及適時陳述意見之機會，與憲法要求之正當行政程序不符。同條第2項（於97年1月16日修正，同意比率部分相同）有關申請核准都市更新事業概要時應具備之同意比率之規定，不符憲法要求之**正當行政程序**。92年1月29日修正公布之都市更新條例第19條第3項前段（該條於99年5月12日修正公布將原第3項分列為第3項、第4項）規定，並未要求主管機關應將該計畫相關資訊，對更新單元內申請人以外之其他土地及合法建築物所有權人分別為送達，且**未規定由主管機關以公開方式舉辦聽證**，使利害關係人得到場以言詞為意見之陳述及論辯後，斟酌全部聽證紀錄，說明採納及不採納之理由作成核定，連同已核定之都市更新事業計畫，**分別送達**更新單元內各土地及合法建築物所有權人、他項權利人、囑託限制登記機關及預告登記請求權人，亦不符憲法要求之**正當行政程序**。上開規定均有違憲法保障人民財產權與居住自由之意旨。相關

機關應依本解釋意旨就上開違憲部分，於本解釋公布之日起一年內檢討修正，逾期未完成者，該部分規定失其效力（102年釋字第709號）。

5. 獎勵土地所有權人辦理市地重劃辦法第8條發起人申請核定成立籌備會之要件，**與憲法要求之正當行政程序不符，又第9條、第20條、第26條屬重劃會之職權交由籌備會爲之，與平均地權條例第58條第1項規定不符，違反法律保留原則**；同辦法關於主管機關核定擬辦重劃範圍之程序，未要求主管機關應設置適當組織爲審議、於核定前**未予利害關係人陳述意見之機會並以公開方式舉辦聽證**，均不符**憲法要求之正當行政程序**。獎勵土地所有權人辦理市地重劃辦法第8條第1項發起人申請核定成立籌備會之要件，未就發起人於擬辦重劃範圍內所有土地面積之總和應占擬辦重劃範圍內土地總面積比率爲規定；於以土地所有權人七人以上爲發起人時，復未就該人數與所有擬辦重劃範圍內土地所有權人總數之比率爲規定，**與憲法要求之正當行政程序不符**。同辦法第9條第3款、第20條第1項規定由籌備會申請核定擬辦重劃範圍，以及同辦法第9條第6款、第26條第1項規定由籌備會爲重劃計畫書之申請核定及公告，並通知土地所有權人等，均屬重劃會之職權，卻交由籌備會爲之，與平均地權條例第58條第1項規定意旨不符，且超出同條第2項規定之授權目的與範圍，**違反法律保留原則**。同辦法關於主管機關核定擬辦重劃範圍之程序，**未要求主管機關應設置適當組織爲審議、於核定前予利害關係人陳述意見之機會**，以及分別送達核定處分於重劃範圍內申請人以外之其他土地所有權人；同辦法關於主管機關核准實施重劃計畫之程序，未要求主管機關應設置適當組織爲審議、將重劃計畫相關資訊分別送達重劃範圍內申請人以外之其他土地所有權人，**及以公開方式舉辦聽證**，使利害關係人得到場以言詞爲意見之陳述及論辯後，斟酌全部聽證紀錄，說明採納及不採納之理由作成核定，連同已核准之市地重劃計畫，分別送達重劃範圍內各土地所有權人及他項權利人等，均不符**憲法要求之正當行政程序**。上開規定，均有違憲法保障人民財產權與居住自由之意旨。相關機關應依本解釋意旨就上開違憲部分，於本解釋公布之日起一年內檢討修正，逾期未完成者，該部分規定失其效力（105年釋字第739號）。

6. **辦理市地重劃辦法第8條第1項與憲法要求之正當行政程序不符**。辦理市地重劃辦法第8條第1項發起人申請核定成立籌備會之要件，未就發起人於擬辦重劃範圍內所有土地面積之總和，應占擬辦重劃範圍內土地總面

積比率為規定；於以土地所有權人七人以上為發起人時，復未就該人數與所有擬辦重劃範圍內土地所有權人總數之比率為規定，與憲法要求之**正當行政程序**不符（105年釋字第739號）。

7. 土地法第219條第1項規定逕以「徵收補償發給完竣屆滿一年之次日」為收回權之時效起算點，並未規定該管直轄市或縣（市）主管機關就被徵收土地之後續使用情形，應定期通知原土地所有權人或依法公告，致其無從及時獲知充分資訊，俾判斷是否行使收回權，**不符憲法要求之正當行政程序**，於此範圍內，有違憲法第15條保障人民財產權之意旨，應自本解釋公布之日起二年內檢討修正。於本解釋公布之日，原土地所有權人之收回權時效尚未完成者，時效停止進行；於該管直轄市或縣（市）主管機關主動依本解釋意旨通知或公告後，未完成之時效繼續進行；修法完成公布後，依新法規定（107年釋字第763號）。

8. 土地所有人，如因定著於其土地上之建造物及附屬設施，被登錄為歷史建築，致其就該土地原得行使之使用、收益、處分等權能受到限制，究其性質，屬國家依法行使公權力，致人民財產權遭受逾越其社會責任所應忍受範圍之損失，而形成個人之特別犧牲，國家應予相當補償。文化資產保存法第9條第1項及第18條第1項關於歷史建築登錄部分規定，於歷史建築所定著之土地為第三人所有之情形，未以取得土地所有人同意為要件，尚難即認與憲法第15條保障人民財產權之意旨有違。惟上開情形之土地所有人，如因定著於其土地上之建造物及附屬設施，被登錄為歷史建築，致其就該土地原得行使之使用、收益、處分等權能受到限制，究其性質，屬國家依法行使公權力，致人民財產權遭受逾越其社會責任所應忍受範圍之損失，而形成個人之特別犧牲，國家應予相當補償。文化資產保存法第9條第1項及第18條第1項規定，構成對上開情形之土地所有人之特別犧牲者，同法第99條第2項及第100條第1項規定，未以金錢或其他適當方式給予上開土地所有人相當之補償，於此範圍內，不符憲法第15條保障人民財產權之意旨。有關機關應自本解釋公布之日起二年內，依本解釋意旨，修正文化資產保存法妥為規定（110年釋字第813號）。

9. 銀行法、信用合作社法及金融機構監管接管辦法等法規未明定作成行政處分前應聽取股東、社員等之意見及考慮股東、社員大會決議之可行性及解決資產不足清償債務之有效方法等問題違憲。憲法第15條規定，人

民財產權應予保障。對人民財產權之限制，必須合於憲法第23條所定必要程度，並以法律定之，其由立法機關明確授權行政機關以命令訂定者，須據以發布之命令符合立法意旨，且未逾越授權範圍時，始為憲法之所許，信用合作社法第27條第1項及銀行法第62條第1項係為保障存款人權益，並兼顧金融秩序之安定而設，金融機構監管接管辦法第11條第1項第3款，及第14條第4款雖亦有銀行法第62條第3項授權之依據，惟基於保障人民權利之考量，法律規定之實體內容固不得違背憲法，其為實施實體內容之程序，及提供適時之司法救濟途徑，亦應有合理規定，方符憲法維護人民權利之意旨；法律授權行政機關訂定之命令，為適當執行法律之規定，尤須對採取影響人民權利之行政措施時，其應遵行之程序作必要之規範。

前述銀行法、信用合作社法及金融機構監管接管辦法所定之各種措施，對銀行、信用合作社之股東（社員）、經營者及其他利害關係人，既皆有重大影響，該等法規僅就主管機關作成**行政處分**加以規定，**未能對作成處分前，如何情形須聽取股東、社員、經營者或利害關係人陳述之意見，或徵詢地方自治團體相關機關之意見設置明文**。又允許主管機關逕行指派機關或人員為監管人或接管人，並使接管人取得經營權及財產管理處分權，復由接管人及主管機關決定概括讓與全部或部分業務及資產負債，或與他金融機構合併，無須斟酌受接管之金融機構股東或社員大會決議之可行性，亦不考慮該金融機構能否適時提供相當資金、擔保或其他解決其資產不足清償債務之有效方法，**皆與憲法保障人民財產權之意旨未盡相符**（88年釋字第488號）。

（七）關於婚姻自由與訴訟權之保障：

本國（籍）配偶以其與外籍配偶共同經營婚姻生活之婚姻自由受限制為由，得例外依行政訴訟法第4條規定提起撤銷訴訟。最高行政法院103年8月份第一次庭長法官聯席會議決議：「外籍配偶申請居留簽證經主管機關駁回，本國配偶……提起課予義務訴訟，行政法院應駁回其訴」，僅係就是否符合提起課予義務訴訟之要件所為決議，其固未承認本國（籍）配偶得以自己名義提起課予義務訴訟，惟並未排除本國（籍）配偶以其與外籍配偶共同經營婚姻生活之婚姻自由受限制為由，例外依行政訴訟法第4條規定提起撤銷訴訟之可能。於此範圍內，上開決議尚未牴觸憲法第22條保障本國（籍）配偶之婚姻自由與第16條保障訴訟權之

意旨（憲法法庭111年憲判字第20號判決）。

（八）關於憲法學術自由及訴訟權之保障：

1. 教師升等資格評審程序除應有法律規定之依據外，所訂定之實施程序，尚須保證能對升等申請人專業學術能力及成就作成客觀可信、公平正確之評量，始符憲法第23條之比例原則：

大學教師升等資格之審查，關係大學教師素質與大學教學、研究水準，並涉及人民工作權與職業資格之取得，**除應有法律規定之依據外，主管機關所訂定之實施程序，尚須保證能對升等申請人專業學術能力及成就作成客觀可信、公平正確之評量，始符合憲法第23條之比例原則**。且教師升等資格評審程序既為維持學術研究與教學之品質所設，其決定之作成應基於客觀專業知識與學術成就之考量，此亦為憲法保障學術自由真諦之所在。故各大學校、院、系（所）教師評審委員會，本於專業評量之原則，應選任各該專業領域具有充分專業能力之學者專家先行審查，將其結果報請教師評審委員會評議。教師評審委員會除能提出具有專業學術依據之具體理由，動搖該專業審查之可信度與正確性，否則即應尊重其判斷。受理此類事件之行政救濟機關及行政法院自得據以審查其是否遵守相關之程序，或其判斷、評量有無違法或顯然不當之情事。現行有關各大學、獨立學院及專科學校教師資格及升等評審程序之規定，應本此解釋意旨通盤檢討修正（87年釋字第462號）。

2. 大學就碩士生學科考兩次未過，以退學論之校規未違憲：

憲法第11條之講學自由賦予大學教學、研究與學習之自由，並於直接關涉教學、研究之學術事項，享有自治權。國家對於大學之監督，依憲法第162條規定，應以法律為之，惟仍應符合大學自治之原則。是立法機關不得任意以法律強制大學設置特定之單位，致侵害大學之內部組織自主權；行政機關亦不得以命令干預大學教學之內容及課程之訂定，而妨礙教學、研究之自由，立法及行政措施之規範密度，於大學自治範圍內，均應受適度之限制（參照本院釋字第380號及第450號解釋）大學學生退學之有關事項，83年1月5日修正公布之大學法未設明文。為維持學術品質，健全學生人格發展，大學有考核學生學業與品行之權責，其依規定程序訂定有關章則，使成績未符一定標準或品行有重大偏差之學生予以退學處分，亦屬大學自治之範疇；國立政治大學暨同校民族學系訂定該系碩士候選人資格考試要點規定，民族學系碩士候選人兩次未通過

學科考試者以退學論處，係就該校之自治事項所爲之規定，與前開憲法意旨並無違背（92年釋字第563號）。

3. 最高行政法院中華民國106年6月份第二次庭長法官聯席會議決議，關於公立大學就不予維持其不續聘教師措施之再申訴決定，不得循序提起行政訴訟部分，牴觸憲法第11條保障學術自由及第16條保障訴訟權之意旨，應自本判決公告之日起不再援用（憲法法庭111年憲判字第11號）。

（九）關於人民其他自由及權利之保障：

1. 個人資料保護法第6條第1項但書第4款規定：「有關病歷、醫療、基因……健康檢查……之個人資料，不得蒐集、處理或利用。但有下列情形之一者，不在此限：……四、公務機關或學術研究機構基於醫療、衛生……之目的，爲統計或學術研究而有必要，且資料經過提供者處理後或經蒐集者依其揭露方式無從識別特定之當事人。」與法律明確性原則、比例原則尚屬無違，不牴觸憲法第22條保障人民資訊隱私權之意旨（憲法法庭111年憲判字第13號判決主文1）。

2. **由個人資料保護法或其他相關法律規定整體觀察，欠缺個人資料保護之獨立監督機制，對個人資訊隱私權之保障不足，而有違憲之虞**，相關機關應自本判決宣示之日起三年內，制定或修正相關法律，建立相關法制，以完足憲法第22條對人民資訊隱私權之保障（憲法法庭111年憲判字第13號判決主文2）。

3. **就個人健康保險資料得由衛生福利部中央健康保險署以資料庫儲存、處理、對外傳輸及對外提供利用之主體、目的、要件、範圍及方式暨相關組織上及程序上之監督防護機制等重要事項，於全民健康保險法第79條、第80條及其他相關法律中，均欠缺明確規定，於此範圍內，不符憲法第23條法律保留原則之要求，違反憲法第22條保障人民資訊隱私權之意旨**。相關機關應自本判決宣示之日起三年內，修正全民健康保險法或其他相關法律，或制定專法明定之（憲法法庭111年憲判字第13號判決主文3）。

4. 衛生福利部中央健康保險署就**個人健康保險資料之提供公務機關或學術研究機構於原始蒐集目的外利用**，由相關法制整體觀察，**欠缺當事人得請求停止利用之相關規定**；於此範圍內，違反憲法第22條保障人民資訊隱私權之意旨。相關機關應自本判決宣示之日起三年內制定或修正相關

法律，明定請求停止及例外不許停止之主體、事由、程序、效果等事項。逾期未制定或修正相關法律者，當事人得請求停止上開目的外利用（憲法法庭111年憲判字第13號判決主文4）。

圖3-4　我國大法官會議現憲法法庭評議室一景

圖片來源：憲法法庭網站，https://cons.judicial.gov.tw/。

圖3-5　我國憲法法庭評議室之穹頂

圖片來源：憲法法庭網站，https://cons.judicial.gov.tw/。

三、與懲戒處分相關者

（一）懲戒機關應採法院之體制，且懲戒案件之審議，亦應本正當法律程序之原則，對被付懲戒人予以充分之程序保障

憲法第16條規定人民有訴訟之權，惟保障訴訟權之審級制度，得由立法機關視各種訴訟案件之性質定之。公務員因公法上職務關係而有違法失職之行

為，應受懲戒處分者，憲法明定為司法權之範圍；公務員懲戒委員會對懲戒案件之議決，公務員懲戒法雖規定為終局之決定，然尚不得因其未設通常上訴救濟制度，即謂與憲法第16條有所違背。懲戒處分影響憲法上人民服公職之權利，懲戒機關之成員既屬憲法上之法官，依憲法第82條及本院釋字第162號解釋意旨，**則其機關應採法院之體制，且懲戒案件之審議，亦應本正當法律程序之原則，對被付懲戒人予以充分之程序保障**，例如採取直接審理、言詞辯論、對審及辯護制度，並予以被付懲戒人最後陳述之機會等，以貫徹憲法第16條保障人民訴訟權之本旨。有關機關應就公務員懲戒機關之組織、名稱與懲戒程序，併予檢討修正（85年釋字第396號）。

（二）公務員懲戒法就起算移請再審議期間，應自裁判書送達之日起算

公務員懲戒法第34條第2款規定移請或聲請再審議，應自相關之刑事裁判確定之日起30日內為之。其期間之起算點，就得聲明不服之第一審及第二審裁判言，固應自裁判確定之日起算；惟對於第一審、第二審不得聲明不服之裁判或第三審之裁判，因一經宣示或經評決而為公告，不待裁判書之送達，即告確定，受懲戒處分人即難依首開規定為聲請。是其聲請再審議之期間，應自裁判書送達之日起算，方符憲法第16條保障人民訴訟權之意旨。公務員懲戒委員會再審字第431號議決案例及其他類似案例與此意旨不合部分，應不再援用（87年釋字第446號）。

（三）受懲戒處分人以相關之刑事確定裁判聲請再審議之法定期間，應自其知悉該裁判確定之日起算

公務員懲戒法第34條第2款規定，依同法第33條第1項第4款為原因，移請或聲請再審議者，應自相關之刑事裁判確定之日起30日內為之。該期間起算日之規定未區分受懲戒處分人於相關刑事確定裁判之不同訴訟地位，及其於該裁判確定時是否**知悉此事實**，一律以該裁判確定日為再審議聲請期間之起算日，與憲法第7條及第16條**人民訴訟權之平等保障意旨**不符。

上開受懲戒處分人以相關之刑事確定裁判聲請再審議之法定期間，應自其**知悉**該裁判確定之日起算，方符上開憲法規定之本旨。首開規定與此解釋意旨不符部分，應不再適用。本院釋字第446號解釋，應予補充（95年釋字第610號）。

（四）限制公務員就懲戒提訴願之判例違憲

　　各大學校、院、系（所）教師評審委員會關於教師升等評審之權限，係屬法律在特定範圍內授予公權力之行使，其對教師升等通過與否之決定，與教育部學術審議委員會對教師升等資格所為之最後審定，於教師之資格等身分上之權益有重大影響，均應為訴願法及行政訴訟法上之行政處分。受評審之教師於依教師法或訴願法用盡行政救濟途徑後，仍有不服者，自得依法提起行政訴訟，以符憲法保障人民訴訟權之意旨。行政法院51年判字第398號判例，與上開解釋不符部分，應不再適用（87年釋字第462號）。

（五）與免職處分有關者

　　憲法第18條規定人民有服公職之權利，旨在保障人民有依法令從事於公務之權利，其範圍不惟涉及人民之工作權及平等權，國家應建立相關制度，用以規範執行公權力及履行國家職責之行為，亦應兼顧對公務人員之權益之保護。公務人員之懲戒乃國家對其違法、失職行為之制裁。此項懲戒得視其性質，於合理範圍內，以法律規定由其長官為之。中央或地方機關依公務人員考績法或相關法規之規定對公務人員所為免職之懲處處分，為限制人民服公職之權利，實質上屬於懲戒處分，其構成要件應由法律定之，方符憲法第23條之意旨。公務人員考績法第12條第1項第2款規定各機關辦理公務人員之專案考績，一次記二大過者免職。同條第2項復規定一次記二大過之標準由銓敘部定之，與上開解釋意旨不符。又懲處處分之構成要件，法律以抽象概念表示者，其意義須非難以理解，且為一般受規範者所得預見，並可經由司法審查加以確認，方符法律明確性原則。對於公務人員之免職處分既係限制憲法保障人民服公職之權利，自應踐行正當法律程序，諸如作成處分**應經機關內部組成立場公正之委員會決議，處分前並應給予受處分人陳述及申辯之機會，處分書應附記理由，並表明救濟方法、期間及受理機關等**，設立相關制度予以保障。復依公務人員考績法第18條規定，服務機關對於專案考績應予免職之人員，在處分確定前得先行停職。受免職處分之公務人員既得依法提起行政爭訟，則免職處分自應於確定後方得執行。相關法令應依本解釋意旨檢討改進，其與本解釋不符部分，應自本解釋公布之日起，至遲於屆滿二年時失其效力（88年釋字第491號）。

第七節　我國大法官所形塑的正當法律程序樣貌

由以上各節列舉之大法官對「正當法律程序」所為之解釋，可歸納出所謂的**正當法律程序樣貌**，約如下述。

一、限制人民之自由權利之正當法律程序

（一）透過法律規定的證據能力要件、一定的調查程序、給予當事人親自或委任辯護人陳述意見之機會，適用依法制定，且實質正當**符比例原則**之法律，或合於法律要件之規範，給予當事人及時的防禦權，始得限制人民之自由權利。

（二）軍事審判機關及審判程序須係獨立公正，並須遵守憲法第23條比例原則，對於平時宣告有期徒刑以上之案件應給予被告直接向普通法院以判決違背法令為由請求救濟之機會。

（三）限制人民自由之強制措施，需符合憲法上比例原則，管收之事由不得逾必要之程度，且應即時訊問，不得未經審問先行裁定。

（四）對於經許可合法入境之大陸地區人民，而有法定情形，應予申辯之機會，始得強制出境。

（五）關於刑事訴訟，下列之程序乃憲法保障之正當程序：1.共同被告不利於己之陳述，應予共同被告詰問之權利；2.被告之自白，不得作為有罪判決之唯一證據；3.性侵之被害人於警詢之陳述，須有確實之補強證據始得採用；4.被告得請求付與卷內筆錄以外之卷宗及證物影本；5.應賦予性侵害防治之受處分人得親自或委任辯護人到庭陳述意見之機會；6.監聽之程序應由法官核發通訊監察書。

二、限制人民財產權之正當法律程序

（一）必須合於憲法第23條所定必要程度，並以法律定之。

（二）其由立法機關明確授權行政機關以命令訂定者，須據以發布之命令符合立法意旨，且未逾越授權範圍。

（三）有關主管機關核准都市更新事業概要之程序，未設置適當組織以審議都市更新事業概要，且未確保利害關係人知悉相關資訊及適時陳述意見之

　　機會，與憲法要求之正當行政程序不符。

（四）辦理市地重劃辦法第8條第1項發起人申請核定成立籌備會之要件，未就
　　　發起人於擬辦重劃範圍內所有土地面積之總和，應占擬辦重劃範圍內土
　　　地總面積比率為規定；於以土地所有權人七人以上為發起人時，復未就
　　　該人數與所有擬辦重劃範圍內土地所有權人總數之比率為規定，與憲法
　　　要求之**正當行政程序**不符。

（五）銀行法、信用合作社法及金融機構監管接管辦法所定之各種措施，僅就
　　　主管機關作成行政處分加以規定，未能對作成處分前，如何情形須聽取
　　　股東、社員、經營者或利害關係人陳述之意見，或徵詢地方自治團體相
　　　關機關之意見設置明文。又允許主管機關逕行指派機關或人員為監管人
　　　或接管人，並使接管人取得經營權及財產管理處分權，復由接管人及主
　　　管機關決定概括讓與全部，或部分業務及資產負債，或與他金融機構合
　　　併，無須斟酌受接管之金融機構股東或社員大會決議之可行性，亦不考
　　　慮該金融機構能否適時提供相當資金、擔保或其他解決其資產不足清償
　　　債務之有效方法，皆與憲法保障人民財產權之意旨未盡相符。

三、懲戒處分之正當法律程序

（一）中央或地方機關依公務人員考績法或相關法規之規定，對公務人員所為
　　　免職之懲處處分，其構成要件應由法律定之。

（二）受評審之教師於依教師法或訴願法用盡行政救濟途徑後，仍有不服者，
　　　得依法提起行政訴訟。

（三）教師升等資格評審程序，**除應有法律規定之依據外，所訂定之實施程
　　　序，尚須保證能對升等申請人專業學術能力及成就，作成客觀可信、公
　　　平正確之評量，始符憲法第23條之比例原則。**

（四）受懲戒處分人以相關之刑事確定裁判聲請再審議之法定期間，**應自其知
　　　悉該裁判確定之日起算。**

第四章
我國最高法院於刑事訴訟程序
主張正當法律程序之狀況

圖4-1　我國最高法院大樓外觀

圖片來源：維基百科，https://zh.wikipedia.org/zh-tw/%E6%9C%80%E9%AB%9
8%E6%B3%95%E9%99%A2_(%E4%B8%AD%E8%8F%AF%E6%B
0%91%E5%9C%8B)。

　　我國司法院大法官關於**正當法律程序**之解釋，在民國111年憲法訴訟法制
定以前，依《司法院大法官審理案件法》及《司法院大法官會議法》僅限於對
法律及命令之審查，未及於法院之判決，因此欲了解在此以前關於此問題之實
務運作之狀況，則須從最高法院之判例上去搜尋，而本書對於在此以前之實務
運作狀況，已有前舉有關立法、刑事、民事、非訟、行政相關法令的代表性解
釋，可以作爲了解我國大法官審查各級機關制定及施行法令是否符合正當法律

程序之參考，為免過於冗長，且於國內透過司法院網站搜尋並不困難，因此以下僅就與美日兩國憲法中，特別強調之人權保障條款有關之**最高法院於刑事訴訟程序主張正當法律程序之審判實務狀況**，加以整理舉例，以便與代表英美及大陸兩法系之該二國法制作比較，俾了解我國目前之法制趨勢，敬請讀者諒察。

第一節　決定是否賦予證據能力時應考慮之狀況

一、對於違法搜索、扣押所取得之證據能力

對於違法搜索、扣押所取得之證據，其證據能力，應由法院於個案審理中，就個人基本人權之保障及公共利益之均衡維護，依比例原則及法益權衡原則，予以客觀之判斷。

刑事訴訟，係以確定國家具體之刑罰權為目的，為保全證據並確保刑罰之執行，於訴訟程序之進行，固有許實施強制處分之必要，惟強制處分之搜索、扣押，足以侵害個人之隱私權及財產權，若為達訴追之目的而漫無限制，許其不擇手段為之，於人權之保障，自有未周。故基於維持**正當法律程序**、司法純潔性及抑止違法偵查之原則，實施刑事訴訟程序之公務員不得任意違背法定程序實施搜索、扣押；至於違法搜索、扣押所取得之證據，**若不分情節，一概以程序違法為由，否定其證據能力，從究明事實真相之角度而言，難謂適當，且若僅因程序上之瑕疵，致使許多與事實相符之證據，無例外地被排除而不用，例如案情重大，然違背法定程序之情節輕微，若遽捨棄該證據不用，被告可能逍遙法外，此與國民感情相悖，難為社會所接受，自有害於審判之公平正義。**因此，對於違法搜索、扣押所取得之證據，除法律另有規定外，為兼顧程序正義及發現實體真實，應由法院於個案審理中，就個人基本人權之保障及公共利益之均衡維護，依比例原則及法益權衡原則，予以客觀之判斷，亦即宜就：（一）違背法定程序之程度；（二）違背法定程序時之主觀意圖（即實施搜索、扣押之公務員是否明知違法並故意為之）；（三）違背法定程序時之狀況（即程序之違反是否有緊急或不得已之情形）；（四）侵害犯罪嫌疑人或被告權益之種類及輕重；（五）犯罪所生之危險或實害；（六）禁止使用證據對於

預防將來違法取得證據之效果；（七）偵審人員如依法定程序，有無發現該證據之必然性；（八）證據取得之違法對被告訴訟上防禦不利益之程度等情狀予以審酌，以決定應否賦予證據能力（最高法院93年台上字第664號判例。本則裁判，依據最高法院95年度第18次刑事庭會議決議，選編為判例）。

二、搜索之方式

按搜索程式，區分為要式搜索與非要式搜索。要式搜索應由實施搜索之人出具搜索票始得為之（刑事訴訟法第128條），搜索票應記載：（一）案由；（二）應搜索之被告；（三）應加搜索之處所、身體、物件或電磁紀錄；（四）有效期間。非要式搜索又區分為附帶搜索、同意搜索、緊急搜索，此觀刑事訴訟法第130條、第131條、第130條之1之規定自明，上開各項搜索有其法定要件及程序。其中同意搜索應經受搜索人出於自願性同意，**此所謂「自願性」同意，係指同意必須出於同意人之自願，非出自於明示、暗示之強暴、脅迫**。法院對於證據取得係出於同意搜索時，自應審查同意之人是否具同意權限，有無將同意意旨記載於筆錄，由受搜索人簽名或出具書面表明同意之旨，**並應綜合一切情狀，包括徵求同意之地點、徵求同意之方式是否自然而非具威脅性、同意者主觀意識之強弱、教育程度、智商、自主之意志是否已為執行搜索之人所屈服等加以審酌，遇有被告抗辯其同意搜索非出於自願性同意時，更應於理由詳述審查之結果，否則即有判決理由不備之違法。**

三、認定公文書證據能力之標準

為保障被告之反對詰問權，並符合直接審理主義之要求，被告以外之人於審判外之言詞或書面陳述，原則屬於傳聞證據，除法律另有規定外，無證據能力，不得作為證據使用。刑事訴訟法第159條之4對於具有高度特別可信之文書如公務文書等，**在兼具公示性、例行性或機械性、良心性及制裁性等原則下，雖屬傳聞證據，例外容許作為證據使用**。因此，採取容許特信性文書作為證據，應注意該文書之製作，是否係於例行性的公務或業務過程中，**基於觀察或發現而當場或即時記載之特徵**。原判決以法務部調查局所為鑑定報告，係公務員職務上所製作之紀錄文書、證明文書，未就該審判外之書面陳述是否**具備前**

揭要件加以審認說明，尚嫌理由欠備（最高法院94年度台上字第1361號刑事判決）。

四、傳聞陳述

「傳聞陳述」，若無從傳喚該第三人以直接及言詞審理之方式，並進行反對詰問予以調查，即應無證據能力。

我國刑事審判，採直接審理原則及言詞審理原則，使法官從直接審理及言詞審理中有關人員之陳述，獲致態度證據，以形成正確之心證。若偵查機關訊問證人後製作之筆錄，係該證人轉述傳聞自第三人之陳述，法院就該「傳聞陳述」無從傳喚該第三人以直接及言詞審理之方式，予以調查而形成正確之心證，復不能使被告行使正當法律程序所保障之反對詰問權，該「傳聞陳述」即應無證據能力（最高法院94年度台上字第3171號刑事判決）。

五、被告對於證人所為不利於己之陳述

被告對於證人所為不利於己之陳述，有詰問究明真偽之權利，此為正當法律程序所保障。刑事訴訟法為避免訴訟程序受不當之延宕，及證人因反覆作證致受累，於該法第196條規定：「證人已由法官合法訊問，且於訊問時予當事人詰問之機會，其陳述明確別無訊問之必要者，不得再行傳喚。」惟刑事訴訟之目的，在於憑藉對證據之綜合研判，以確定國家刑罰權之存否及其範圍，為期發見真實，同法第163條第1項規定：「當事人、代理人、辯護人或輔佐人得聲請調查證據，並得於調查證據時，詢問證人、鑑定人或被告。審判長除認為不當者外，不得禁止之。」且被告對於證人所為不利於己之陳述，有詰問究明真偽之權利，此項憲法第16條所保障之訴訟權及同法第8條第1項實質**正當法律程序**所保障之權利，亦不得任意剝奪。是當事人對業經詰問之證人聲請再為傳喚調查，若卷內資料已顯見該證人先前之陳述存在足以影響事實認定之疑義，自不得以該證人業經詰問且事證已明為由，逕予駁回其聲請（最高法院100年度台上字第419號刑事判決）。

六、被告對證人之詰問權乃正當的法律程序

　　刑事被告對證人之詰問權，乃憲法第16條保障人民之訴訟權利之一，且屬憲法第8條第1項規定之**正當法律程序**所保障之權利。爲確保被告對證人行使反對詰問權，證人於審判中，應依法定程序，到場具結陳述，並就其陳述被告不利之事項，接受被告之反對詰問，其陳述始得作爲認定被告犯罪事實之判斷依據。例外的情形，僅在被告未行使詰問權之不利益，經由法院採取衡平之措施，其防禦權業經程序上獲得充分保障時，始容許援用未經被告詰問之證詞，採爲認定被告犯罪事實之證據。而被告之防禦權是否已獲程序保障，亦即有無「詰問權之容許例外」情形，應審查：

（一）事實審法院爲促成證人到庭接受詰問，是否已盡傳喚、拘提證人到庭之義務（即學理上所謂之義務法則）。

（二）未能予被告對爲不利陳述之證人行使反對詰問權，是否非肇因於可歸責於國家機關之事由所造成，例如證人逃亡或死亡（歸責法則）。

（三）被告雖不能行使詰問，惟法院已踐行現行之法定調查程序，給予被告充分辯明之防禦機會，以補償其不利益（防禦法則）。

（四）系爭未經對質詰問之不利證詞，不得據以作爲認定被告犯罪事實之唯一證據或主要證據，仍應有其他補強證據佐證該不利證述之眞實性（佐證法則）。

　　在符合上揭要件時，被告雖未行使對不利證人之詰問權，應認合於「詰問權之容許例外」，法院採用該未經被告詰問之證言，即不得指爲違法（最高法院105年度台上字第757號判決）。

七、證人不得拒絕被告之反對詰問

　　證人不得拒絕被告之反對詰問，此爲憲法保障之詰問權益，乃正當法律程序之一環。按刑事審判基於憲法**正當法律程序**，對於犯罪事實之認定，採證據裁判原則，以嚴格證明法則爲核心，亦即無證據能力、未經合法調查之證據，不得作爲認定犯罪事實之依據。而所謂證據能力，係指證據得提出於法庭調查，以供作認定犯罪事實之用所應具備之資格，如證言須經具結、自白須出於任意性等；所謂合法調查，係指法院依法律所定各種證據之調查方式，踐行調

查之程序。就證人而言，除有客觀上不能受詰問，或被告明示捨棄詰問，抑或性質上無行詰問必要性者外，於審判中，皆應依法定程序，到場具結陳述，並接受被告適當且充足之詰問，其陳述始得作爲認定被告犯罪事實之判斷依據。是有證據能力，並經合法調查，乃嚴格證明之兩大支柱，缺一不可。又刑事訴訟法於民國92年修正時，除引進傳聞法則，就人證之調查亦改採英美法系之交互詰問制度，以期透過詰問程序之運作，使眞實呈現。而主詰問係以引出積極性證據之陳述爲其目的，反詰問則係在彈劾證人陳述之憑信性，並引出主詰問所未揭露或被隱瞞之另一部分事實。惟立法者基於保護特定關係或利益，於刑事訴訟法規定特定業務、身分或利害關係之人，得拒絕證言以保護其權利。然拒絕證言權利並非不可拋棄，倘證人於審判中經法院告知得拒絕證言之後，猶決意爲證述，於交互詰問中，若准其於主詰問陳述完畢後，反詰問時主張拒絕證言，將無法達到交互詰問之目的。爲發現眞實，並保障被告之反對詰問權，刑事訴訟法第181條之1乃規定：「被告以外之人於反詰問時，就主詰問所陳述有關被告本人之事項，不得拒絕證言。」以免造成無效之反詰問。從而證人於偵查中爲不利於被告之陳述，且被告及其辯護人未曾有詰問該證人之機會。而檢察官起訴並援引該不利於被告之陳述，作爲證明被告犯罪事實之證據時，倘被告於審判中否認犯罪，復未捨棄詰問權，參諸前述說明，如無客觀上不能受詰問之情形存在，自應踐行詰問程序。此時若准許該證人於審判中行使拒絕證言權，將使被告無彈劾該證人供述之憑信性，及引出其於偵查證述中所未揭露或被隱瞞之另一部分事實之機會，自侵害被告受憲法保障之詰問權，而對被告可能有利部分，則因證人拒絕證言而無法知悉，非但程序上對被告極不公平，且自發現眞實之角度，證人的信用性及陳述之眞實性均無法經由詰問獲得擔保。就此情形，應類推適用刑事訴訟法第181條之1規定之法理，證人不得行使拒絕證言權。如審判長許可拒絕證言，自有害於被告之司法人權及眞實之發現（最高法院108年度台上字第3204號刑事判決）。

八、對質與詰問權同爲正當法律程序保障之內容

應對質而不對質，不足爲供證明之資料，即不得爲判決之基礎。「對質」係法院爲發現眞實，命二人以上在場彼此面對面，互爲質問、解答之法庭活動。法院於對質程序上，乃命對質者互爲質問、解答者，則互屬對質者與被對質者關係，形成命對質者、對質者與被對質者之三面關係。法院藉由此等三面

關係之互動情形，求其證實或否認，俾就問答之內容，察其詞色，親身感受獲得正確心證。此與由被告或辯護人主導之詰問不同，訴訟上，倘被告或辯護人提出詰問權之主張，因屬憲法層次之保障，法院不得無端剝奪。又對質權與詰問權之內涵，固有不同，惟因同為正當法律程序保障之內容，法院為利於釐清真實，應適時介入或依被告之請求實施對質，並積極與詰問交互運用，補充詰問之不足。法院遇得否命對質之疑義，應受裁量權一般原則之拘束，非可任意為之或不為，且命對質，係調查證據之程序，如因發現真實之必要，且有調查之可能而未命對質，以致證據之本身對於待證事實尚不足為供證明之資料，而事實審仍採為判決基礎，則其自由判斷之職權行使，自與採證法則有違，併有應於審判期日調查之證據而未予調查之違背法令（最高法院106年台上字第116號刑事判決）。

九、可信性之特別情況

因性侵害致身心創傷無法陳述，其警詢中之陳述，經證明具有可信性之特別情況，且為證明犯罪事實之存否所必要者，固得為證據，法院於訴訟上以之作為證據者，為避免被告訴訟上防禦權蒙受潛在不利益，除應從嚴解釋、適用外，並應採取有效之訴訟上補償措施，以適當平衡被告無法詰問被害人之防禦權損失，不得以被害人之警詢陳述作為論罪之唯一或主要依據。

被告以外之人於審判中因所在不明傳喚不到者，其於司法警察調查中所為之陳述，經證明具有可信性之特別情況，且為證明犯罪事實之存否所必要者，得為證據，刑事訴訟法第159條之3第3款，定有明文；性侵害犯罪防治法第17條第1款亦明定：性侵害犯罪之被害人，因性侵害致身心創傷無法陳述，其警詢中之陳述，經證明具有可信性之特別情況，且為證明犯罪事實之存否所必要者，得為證據。又司法院釋字第789號解釋，就性侵害犯罪防治法第17條第1款規定作出合憲性限縮解釋，解釋文略以：上開規定旨在兼顧性侵害案件發現真實與有效保護性侵害犯罪被害人之正當目的，為訴訟上採為證據之例外與最後手段，其解釋、適用應從嚴為之。法院於訴訟上以之作為證據者，為避免被告訴訟上防禦權蒙受潛在不利益，基於憲法公平審判原則，應採取有效之訴訟上補償措施，以適當平衡被告無法詰問被害人防禦權之損失。包括在調查證據程序上，強化被告對其他證人之對質、詰問權；在證據評價上，法院尤不得以被害人之警詢陳述為被告有罪判決之唯一或主要證據，並應有其他確實之補強證

據，以支持警詢陳述所涉犯罪事實之真實性。於此範圍內，系爭規定與憲法第
8條正當法律程序及第16條訴訟權之保障意旨均尚無違背；且上開規定係刑事
訴訟法第159條第1項「被告以外之人於審判外之言詞或書面陳述，除法律有規
定者外，不得作為證據」之特別規定，具有例外規定之性質，其解釋、適用，
應依循相關憲法意旨，從嚴為之。換言之，被告以外之人，如為性侵害犯罪之
被害人，且因性侵害致身心創傷而無法陳述時，其警詢中陳述之證據能力有無
之判斷，法院於性侵害犯罪防治法第17條第1款規定除應從嚴解釋、適用外，
並於調查證據程序上採取有效之訴訟上補償措施；於證據評價上尤應注意**不得
以被害人之警詢陳述作為論罪之唯一或主要依據**。然被告以外之人於審判外陳
述，得例外容許為證據者，除刑事訴訟法第159條之1至第159條之5之規定外，
性侵害犯罪防治法第17條第1款同為刑事訴訟法第159條第1項所稱「除法律有
規定者外」之例外規定。亦即，當被告以外之人係性侵害犯罪之被害人，而有
因性侵害致身心創傷而無法陳述情形時，其警詢中陳述之證據能力之有無，
因性侵害犯罪防治法第17條第1款屬特殊性規定，自應依該規定及前述解釋意
旨，從嚴解釋、適用；若該被害人並無因性侵害致身心創傷而無法陳述情形，
而係因所在不明傳喚不到者，法院仍得依刑事訴訟法第159條之3第3款規定，
判斷其警詢陳述得否為證據。否則，被害人警詢陳述後死亡、罹患重疾、身心
障礙致記憶喪失等情形，將因與性侵害犯罪防治法第17條第1款至第3款規定不
合而應一律排除，顯不切實際，亦有礙國家刑罰權之實現及真實之發現，於法
規範意旨亦屬有違（最高法院110年度台上字第1548號判決）。

十、檢察官、司法警察（官）未依規定全程連續錄音或錄影所進行之訊（詢）問筆錄

　　檢察官、司法警察（官）未依規定全程連續錄音或錄影所進行之訊（詢）
問筆錄，其有無證據能力，仍應由法院適用同法第158條之4規定，依個案之具
體情狀，審酌人權保障及公共利益之均衡維護，予以客觀權衡判斷之。

　　依刑事訴訟法第100條之1第1項、第100條之2規定，檢察官訊問被告或司
法警察（官）詢問犯罪嫌疑人時，除有急迫情況且經記明筆錄者外，應全程連
續錄音；必要時，並應全程連續錄影。揆其立法意旨，乃在建立訊（詢）問筆
錄之公信力，並促使偵（調）查機關恪遵訊（詢）問程序之規定，以確保程序
之合法正當。因此，舉凡與實現**正當法律程序**有關之偵（調）查機關不作為與

作爲義務之遵守，諸如禁止以不正方法訊（詢）問、不得於夜間詢問及踐行同法第95條之告知程序等，悉在擔保之範圍內，非僅止於確保自白之任意性。是被告之自白縱經證明係本諸自由意志所爲，而非出於不正之方法，亦難謂其受正當法律程序保障之訴訟上權益，業已完全獲得滿足，並得據以免除或減輕上開爲擔保偵（調）查機關恪遵訴訟上作爲與不作爲規定，所課予應全程錄音或錄影之義務。**檢察官、司法警察（官）未依規定全程連續錄音或錄影所進行之訊（詢）問筆錄，亦屬違背法定程序取得之證據，其有無證據能力，仍應由法院適用同法第158條之4規定，依個案之具體情狀，審酌人權保障及公共利益之均衡維護，予以客觀權衡判斷之**（最高法院96年度台上字第4908號刑事判決）。

十一、司法警察機關實施「另案附帶扣押」

司法警察機關實施「另案附帶扣押」時，法院自應依職權審視個案之具體情節，依扣押物之性質以及有無扣押之必要，確認是否符合法律之正當性。

「另案附帶扣押」亦屬事先未經令狀審查之扣押，對扣押物而言，性質上與無票搜索無殊，爲避免以一紙搜索票藉機濫行搜刮之疑義，案件遇有司法警察機關實施「另案附帶扣押」時，法院自應依職權審視個案之具體情節，依扣押物之性質以及有無扣押之必要，確認「另案附帶扣押」是否符合**法律之正當性。苟有因違背法定程序取得證據情形者，並應依刑事訴訟法第158條之4規定，審酌人權保障及公共利益之均衡維護，而決定其證據能力之有無，以彰顯司法程序之純潔性**（最高法院98年度台上字第786號刑事判決）。

十二、證據排除法則

刑事訴訟法上「證據排除原則」，係指將具有證據價值之證據因取得程序之違法，而予以排除之法則。偵查機關「違法」偵查蒐證適用「證據排除原則」之主要目的，在於抑制違法偵查並嚇阻警察機關之不法，其理論基礎，來自於憲法上**正當法律程序**之實踐，鑑於一切民事、刑事、行政、懲戒之手段，尚無法有效遏止違法偵查、嚇阻警察機關之不法，唯有透過證據之排除，使人民免於遭受國家機關非法偵查之侵害、干預，防止政府濫權，藉以保障人民之基本權。此與私人不法取證係基於私人之地位，侵害私權利有別。蓋私人非法

取證之動機，或來自對於國家發動偵查權之不可期待，或因犯罪行為本質上具有隱密性、不公開性，產生蒐證上之困窘，難以取得直接之證據，冀求證明刑事被告之犯行之故。而私人不法取證並無普遍性，且對方得請求民事損害賠償或訴諸刑事追訴或其他法律救濟機制，無須藉助證據排除法則之方式將證據加以排除，即能達到嚇阻私人不法行為之效果，**如將私人不法取得之證據一律排除，不僅使刑事被告逍遙法外，而私人尚需面臨民事、刑事之訟累，在結果上反而顯得失衡，亦難有抑制私人不法取證之效果**。是偵查機關「違法」偵查蒐證與私人「不法」取證，乃完全不同之取證態樣，兩者所取得之證據排除與否，理論基礎及思維方向非可等量齊觀，私人不法取證，難以證據排除法則作為其排除之依據及基準，**私人所取得之證據，原則上無證據排除原則之適用**。惟如私人故意對被告使用暴力、刑求等方式，而取得被告審判外之自白或證人之證述，因違背任意性原則，且有虛偽高度可能性，基於避免間接鼓勵私人以暴力方式取證，應例外排除該證據之證據能力。**本件上開錄音、錄影蒐證，並非蘋果日報或王○珍對上訴人施以暴力或刑求，而取得其非任意性之意思表示，應有證據能力**（最高法院99年度台上字第3168號刑事判決）。

第二節　否定證據能力之態樣

一、與違反憲法規定有關者

（一）實施刑事訴訟之公務員對被告或訴訟關係人施以通訊監察，如非依法定程序而有妨害憲法第12條所保障人民秘密通訊自由之重大違法情事，應否定其證據能力。

　　刑事訴訟之目的，固在發現真實，藉以維護社會安全，其手段則應合法純潔、公平公正，以保障人權；倘證據之取得非依**法定程序**，而法院若容許該項證據作為認定犯罪事實之依據有害於公平正義時，因已違背憲法第8條、第16條所示應依**正當法律程序**保障人身自由、貫徹訴訟基本權之行使及受公平審判權利之保障等旨意（司法院大法官會議釋字第384號、第396號、第418號等解釋部分釋示參考），自應排除其證據能力。準此，實施刑事訴訟之公務員對被告或訴訟關係人施以通訊監察，

　　如非依**法定程序**而有妨害憲法第12條所保障人民秘密通訊自由之重大違法情事，且從抑制違法偵查之觀點衡量，容許該通訊監察所得資料作為證據並不適當時，當應否定其證據能力（最高法院87年度台上字第4025號刑事判決）。

（二）司法警察固得不待檢察官之指揮而逕行調查犯罪嫌疑人及蒐集證據，然涉及侵害基本人權之通訊監察，法律並未賦予司法警察得逕予為之之權限；其證據之取得若非依法定程序，無論其取得之時間在通訊保障及監察法實施之前或後，均應就人權保障與公共利益之均衡維護，依比例原則予以酌量，以決定該項非依法定程序取得之證據應否賦予證據能力。按通訊秘密係憲法第12條規定保障之基本人權，電話通話為通訊之一種，自在保護之列，縱在通訊保障及監察法於民國88年7月14日公布之前，仍應予保障，非謂在通訊保障及監察法公布實施後始有保障該基本人權之必要；又司法警察固得不待檢察官之指揮而有逕行調查犯罪嫌疑人及蒐集證據之職責，然涉及侵害基本人權之通訊監察，法律並未賦予司法警察得逕予為之之權限；至證據之取得若非依**法定程序**，則應就人權保障與公共利益之均衡維護，依比例原則予以酌量，以決定該項非依**法定程序**取得之證據應否賦予證據能力。本件原判決論處上訴人等罪刑所憑之監聽電話錄音，係基隆市調查站先後於84年11月25日、11月28日、12月15日、10月21日、10月27日監聽上訴人等電話通訊之錄音，卷內並無檢察官核發之通訊監察書，上開監聽錄音似非合法取得之證據，原判決未說明已就人權保障與公共利益之均衡維護加以審酌而賦予證據能力，僅謂該監聽錄音係在通訊保障及監察法公布實施前之記錄，自非無證據能力等語，尚嫌率斷，殊屬違誤（最高法院91年度台上字第2905號刑事判決）。

（三）檢察官對於依法拘提、逮捕到場之被告或犯罪嫌疑人，於非公開之偵訊處所，為違背實質正當法律程序，侵害憲法所保障基本人權之行為，被告或犯罪嫌疑人精神及身體可認處於恐懼、壓迫之環境，意思之自由，自受壓制，其因此所作之陳述，難謂出於任意性，其證據能力自應予以排除。

　　檢察官對於依法拘提、逮捕到場之被告或犯罪嫌疑人，應依該條之規定，以第94條至第100條之1所定之方法為即時訊問。此時訊問之內容，以釐清第93條第2項、第3項聲請法院羈押或認無羈押之必要，逕命具

保、責付或限制住居等相關事項爲限。因此，第93條第2項所規定之24小時期限，偵查機關雖依上揭方法爲訊問，**縱仍在法定期限或法定障礙期限內，仍不得有不必要之遲延，以防止偵查機關利用該期限，在非公開之偵訊處所，爲違背實質正當法律程序，侵害憲法所保障基本人權之行爲**。倘檢察官或司法警察（官）專爲取得自白，對於拘提、逮捕到場之被告或犯罪嫌疑人爲遲延訊（詢）問，利用其突遭拘捕，心存畏懼、恐慌之際，爲使被告或犯罪嫌疑人自白或取得正犯與共犯之犯罪資料，而不斷以交談、探詢、引導或由多人輪番之方法爲說服之行爲，待取得被告或犯罪嫌疑人已屈服之說詞或是掌握案情後，始依正常程序製作筆錄並錄音。在此情形下，被告或犯罪嫌疑人精神及身體可認處於恐懼、壓迫之環境，意思之自由自受壓制，**其因此所作之陳述，難謂出於任意性，此種偵查手段非但與憲法保障人身自由所必須踐行之實質正當法律程序相悖，且與第156條第1項「其他不正之方法」之要件相符，其證據能力自應予以排除**（最高法院101年度台上2165號刑事判決）。

（四）司法警察（官）詢問受拘提、逮捕之被告時，違反應告知得行使緘默權之規定者，所取得被告之自白及其他不利之陳述，不得作爲證據。但經證明其違背非出於惡意，且該自白或陳述係出於自由意志者，不在此限。又若取得被告之自白或不利之陳述，係不當剝奪被告之強制辯護依賴權，構成侵害憲法第16條揭示人民訴訟權之核心內容，亦不得爲證。刑事訴訟法第95條第1項第2款、第3款係對被告緘默權、辯護依賴權之基本保障性，依同法第100條之2規定，於司法警察（官）詢問犯罪嫌疑人時，準用之，違反所取得被告（犯罪嫌疑人）之自白或不利陳述，原則上依第158條之2第2項規定予以排除。司法警察（官）詢問受拘提、逮捕之被告時，違反應告知得行使緘默權之規定者，所取得被告之自白及其他不利之陳述，不得作爲證據。但經證明其違背非出於惡意，且該自白或陳述係出於自由意志者，不在此限。刑事訴訟法第95條第1項第2款、第158條之2第2項定有明文。又此項告知，既攸關被告供述任意性之保障，即非以形式踐行爲已足，應以使被告得以充分了解此項緘默權利，並基於充分自由意思予以放棄，爲其必要。上訴人爲原住民，係國小畢業之智識程度、業水泥工等學經歷，詢問員警雖形式上有告知上訴人得行使緘默權，惟上訴人對於保持緘默之意義，似無法充分理解，員警卻說明「保持緘默」就是「實話實講」，將既無供述義務，亦無眞實

陳述義務之緘默權，扭曲解釋成「實話實講」，使不諳法律、智識程度不高之上訴人產生錯誤之認知。另警詢筆錄雖記載上訴人係經通知到場接受詢問，然卷內似未見通知書，而上訴人於原審已具狀陳稱其於民國103年12月4日上午約六時左右，尚在睡夢中即被調查人員自三地門鄉住處帶去屏東縣調查站接受詢問，當時未吃早餐也沒有吃藥等情。綜合上訴人智識程度、上開警詢過程及內容以觀，能否謂上訴人充分理解其得拒絕同行至調查站，或得隨時離開詢問處所，即其是否已達身心實質受拘束之程度，既對本件員警違反告知義務所取得自白之證據能力，究應類推適用刑事訴訟法第158條之2第2項規定予以排除，抑或依同法第158條之4規定權衡法則予以認定，有重大影響，殊值深究。

又放棄辯護人之協助，必須在被告充分理解強制辯護權之存在及內容，基於自由意思決定，主動明示放棄辯護人之援助，而非出自訊問或詢問人員之強暴、脅迫、利誘、詐欺等不正方法，或因欠缺其有受強制辯護保障之認識所致，否則，仍非適法。倘有違反而取得被告之自白或不利之陳述，係不當剝奪被告之強制辯護依賴權，構成侵害憲法第16條揭示人民訴訟權之核心內容（最高法院107年台上字第3084號刑事判決）。

二、與取證程序相關者

（一）檢察官不得同時以被告兼證人之身分訊問被告，否則其訊問即不合法定程序（最高法院97年度台上字第4050號刑事判決）。

（二）參酌行政程序法及行政罰法之法理，易刑處分前給予受刑人以陳述意見之機會，乃正當法律程序之一環。

法院判決確定後，受刑人僅取得得聲請易科罰金之資格，檢察官對於得易科罰金案件之指揮執行，仍應依具體個案，考量犯罪特性、情節及受刑人個人特殊事由等因素，如認受刑人確有因不執行所宣告之刑，難收矯正之效，或難以維持法秩序者，自得不准予易科罰金。惟因刑法第41條第2項規定：「依前項規定得易科罰金而未聲請易科罰金者，得以提供社會勞動六小時折算一日，易服社會勞動。」並未排除受刑人於檢察官否准易科罰金時，得請求易服社會勞動，是檢察官認受刑人不宜易科罰金時，非不得准許其得易服社會勞動。但此重大剝奪受刑人人身自由之強制處分，如能賦予受刑人對於不准易科罰金之理由有陳述意見之機

會，或許受刑人能及時提供一定之答辯或舉出相當證據，得就對其不利
之理由進行防禦，或改聲請易服社會勞動，或能使檢察官改變准否易刑
處分之決定，尤其在現行實務上，檢察官指揮執行，係以准予易科罰金
為原則，於例外認受刑人有難收矯治之效或難以維持法秩序始不准易科
罰金，則於否准易科罰金時，因與受刑人所受裁判主文諭知得以易科罰
金之內容有異，對受刑人而言，無異係一種突襲性處分，參酌行政程序
法第102條及行政罰法第42條分別規定：行政機關作成限制或剝奪人民
自由或權利之行政處分前，應給予該處分相對人陳述意見之機會，暨行
政機關於裁處前，應給予受處罰者陳述意見之機會之同一法理，倘能予
受刑人就己身是否有難收矯正之效或難以維持法秩序之情形有陳述意見
之機會，再由檢察官為准駁易刑處分之定奪，自與憲法保障人權及訴訟
權之宗旨無違（最高法院108年度台抗字第536號裁定）。

（三）搜索扣押須符法定程序方屬合法，簽署勘查探驗同意書非等於同意搜索
　　　扣押。偵查中如須搜索扣押，須先取得法官核發之搜索票，否則須有刑
　　　事訴訟法第131條之緊急或急迫情況。

　　　拘提乃「對人的強制處分」，與搜索、扣押之「對物的強制處分」，迥
　　　不相同。檢察官偵查中，如須實施搜索、扣押，依法必先取得法官核發
　　　之搜索票，否則，須有刑事訴訟法第131條緊急或急迫情況，其搜索、
　　　扣押始告適法。故如容許司法警察（官）執檢察官簽發之拘票（對人的
　　　強制處分）以實施搜索、扣押（對物的強制處分），無異鼓勵「假拘提
　　　之名而行搜索、扣押之實」，以規避法院就搜索、扣押之合法性審查。
　　　本件偵查程序中，司法警察（官）係執有檢察官簽發之拘票，非法院核
　　　發之搜索票，且既已拘提上訴人到案，能否認有情況緊急而得逕行搜
　　　索、扣押之相當理由，其合法性，甚有疑義。

　　　依刑事訴訟法第230條、第231條規定，司法警察（官）因偵查犯罪，本
　　　有「勘察、採證」之權，其執行「勘察、採證」，根本毋庸獲得同意。
　　　而所謂「勘察、採證」之權，尚不能包括「搜索、扣押」在內，蓋前者
　　　應指對於物件或場所現時存在之狀況，親身體驗、進而採證而言，後者
　　　則須透過搜尋而發現搜索標的物之存在，始進而取得、扣留而言。「搜
　　　索、扣押」，因足以侵害個人之隱私權及財產權，須符合法律所定之**正
　　　當程序**，方屬合法。本件上訴人雖簽具所謂「勘查探證同意書」，**能否
　　　視之為上訴人同意「搜索、扣押」，饒有研求之餘地**。至於本件「搜

索、扣押」之實施，既無情況緊急而得逕行搜索之相當理由，已如前項所述，則上訴人在搜索筆錄上所簽署「依刑事訴訟法第131條之1經受搜索人同意執行搜索。受搜索人簽名：甲○○」云云，似難直認上訴人有同意搜索之真意（最高法院99年度台上字第1398號刑事判決）。

（四）被告縱非取供任意性之受害者，仍應容許其主張證據排除，蓋供述證據之任意性原則，乃實質正當法律程序之必要條件。

證人與被告在刑事訴訟法上分屬不同之證據方法，其保障有別，證據調查程序亦截然不同，然證人之陳述與被告之供述同屬於供述證據，本諸禁止強制取供之原則，不論任何供述證據，均須先具備任意性，始具證據適格之前提要件。刑事訴訟法第98條規定：「訊問被告應出於懇切之態度，不得用強暴、脅迫、利誘、詐欺、疲勞訊問或其他不正之方法。」正面訓示應出以懇切之態度，負面列舉禁止以不正方法取供，原為同法第192條證人訊問之規定所準用，民國92年1月14日修正時，因同法第166條之7第2項第2款就詰問證人之限制已有明文，故刪除該準用第98條之規定。惟刑事訴訟法第166條之7第2項詰問規定係針對證人合法調查之限制，如有違背，須視當事人有無異議及審判長之處分而定其效果；同法第98條之任意性要件，則是證據適格之先決事實，若有違反，即屬證據排除，二者體系不同、層次有別，無法互相取代，自不得僅因賦予當事人充分行使交互詰問權，即免除證人之陳述受任意性原則之保護。況偵查中訊（詢）問證人，因非以詰問方式為之，而無刑事訴訟法第166條之7第2項詰問規定之適用，亦有規範不足之處。有鑑於此，刑事訴訟法於109年1月15日修正公布第192條證人訊問之規定，恢復準用第98條之規定（109年7月15日施行），再連結到同法第196條之1第2項司法警察（官）詢問證人及同法第197條訊問鑑定人等規定所準用，即揭明任意性原則，不限於被告之供述，尚及於其他供述證據亦有其適用。又供述證據之任意性原則，乃實質正當法律程序之必要條件，縱被告並非取供任意性之權利受害者，而是關係第三人，仍應容許被告主張證據排除，俾符合正當法律程序之要求。是以，審理事實之法院，遇有被告或證人對於證人之證言提出非任意性之抗辯時，即應就此任意性要件之存否先為調查、審認，敘明其證據之適格性，方為適法（最高法院108年度台上字第2669號刑事判決）。

（五）刑事訴訟法上之證據排除原則，係指將具有證據價值之證據因取得程序

之違法，而予以排除之法則。

偵查機關違法偵查蒐證適用證據排除原則之主要目的，在於抑制並嚇阻犯罪偵查機關之不法作爲，其理論基礎，來自於**憲法上正當法律程序**之實踐，透過證據之排除，使人民免於遭受國家機關非法偵查之侵害、干預，防止政府濫權，藉以保障人民之基本權。基於權力分立原則，議會議場乃立法權之核心場域，民意代表於議會所爲議案表決或發言享有免責權（司法院釋字第165號解釋文、地方制度法第50條），偵查機關如率得以偵查犯罪爲由，逕行進入議會議場蒐證，不惟侵害立法權之議會自治原則，抑且使民意代表因遭蒐證而心存恐懼，致不敢發表議論或爲一定之表決，造成寒蟬效應，間接破壞民主憲政發展，並使行政或偵查機關得藉此干涉、控制立法權，對公益之影響甚屬重大。從而偵查機關如經合理判斷認該議會議場有發生犯罪之嫌疑，而欲對在場人員蒐集犯罪事證，即應取得議會大會主席之同意或依刑事訴訟法第十一章關於搜索及扣押之規定爲之。如有違反，其所取得之證據，即與法定程序有違，其證據能力之有無，應依刑事訴訟法第158條之4定之（最高法院104年度台非字第222號刑事判決）。

三、與被告訴訟權益相關者

（一）經第二審法院撤銷第一審法院所爲無罪、免訴、不受理或管轄錯誤判決，並諭知有罪判決者，應予被告或得爲被告利益上訴之人至少一次上訴救濟之機會。

　　刑事訴訟法第376條第1項於民國106年11月16日修正爲「下列各罪之案件，經第二審判決者，不得上訴於第三審法院。但第一審法院所爲無罪、免訴、不受理或管轄錯誤之判決，經第二審法院撤銷並諭知有罪之判決者，被告或得爲被告利益上訴之人得提起上訴：……」其修正目的，乃爲本屬不得上訴第三審法院之輕罪案件，經第二審法院撤銷第一審法院所爲無罪、免訴、不受理或管轄錯誤判決，並諭知有罪判決（含科刑判決及免刑判決）者，將使被告於初次受有罪判決後即告確定，而無法依通常程序請求上訴審法院審查，以尋求救濟之機會，與憲法第16條保障人民訴訟權之意旨有違。爲有效保障人民訴訟權，避免錯誤或冤抑，應予被告或得爲被告利益上訴之人至少一次上訴救濟之機會。上開

修法，雖未規定不得上訴第三審法院之罪，苟未經第一審法院判決，待上訴後，經第二審法院以第一審法院漏未判決，且與上訴部分，有裁判上一罪關係，經第二審法院併為有罪判決之情形，亦得提起第三審上訴。然訴訟權保障之核心內容，在人民權利遭受侵害時，必須給予向法院提起訴訟，請求依**正當法律程序**公平審判，以獲得「及時有效救濟」之機會。是為貫徹上開修法目的，及司法院釋字第752號解釋精神，使初次受有罪判決之被告或得為被告利益上訴之人，至少一次上訴救濟之機會，此種情形，亦應適用刑事訴訟法第376條第1項之規定，賦予被告或得為被告利益上訴之人得提起第三審上訴之機會（最高法院107年台上字第3183號刑事判決）。

（二）法院對檢察官追加起訴之准駁，所考慮諸因素，屬正當法律程序之一環：得追加起訴之相牽連案件，限於與最初起訴之案件有訴訟資料之共通性，且應由受訴法院依訴訟程度決定是否准許。

在刑事訴訟法、刑法均已修正重構訴訟上同一案件新概念，為落實刑事妥速審判法、兩公約施行法所揭示保障人權之立法趣旨，法院審核追加起訴是否符合相牽連案件之法定限制要件，及追加起訴是否符合訴訟經濟之目的，更應與時俱進，作目的性限縮解釋，以客觀上確能獲得訴訟經濟效益之前提下，核實審查檢察官認「宜」追加起訴案件是否妨害被告之訴訟防禦權，俾與公平法院理念相契合。因此，得追加起訴之相牽連案件，限於與最初起訴之案件有訴訟資料之共通性，且應由受訴法院依訴訟程度決定是否准許。倘若檢察官之追加起訴，雖屬刑事訴訟法第7條所定之相牽連案件，然案情繁雜如併案審理難期訴訟經濟，對於先前提起之案件及追加起訴案件之順利、迅速、妥善審結，客觀上顯然有影響，反而有害於本訴或追加起訴被告之訴訟防禦權及辯護依賴權有效行使；或法院已實質調查審理相當進度或時日，相牽連案件之事實高度重疊，足令一般通常人對法官能否本於客觀中立與公正之立場續行併案審判，產生合理懷疑，對追加起訴併案審理案件恐存預斷成見，有不當侵害被告受憲法保障公平審判權利之疑慮；或依訴訟進行程度實質上已無併案審理之實益或可能等情形，法院自可不受檢察官任意追加起訴之拘束。就追加起訴部分，諭知不受理判決，實踐刑事妥速審判法第3條所揭示的誡命，方能滿足**正當法律程序**及實現公平法院之理念（最高法院108年度台上字第4365號刑事判決）。

（三）應使被告得以獲知被訴案件卷宗及證物之全部內容。

刑事案件之卷宗及證物，係據以進行審判之重要憑藉，除與被訴事實無關，或足以妨害另案偵查，或涉及他人隱私，或業務秘密者外，應使被告得以獲知被訴案件卷宗及證物之全部內容，俾有效行使防禦權，此為憲法**正當法律程序**原則。刑事訴訟法第33條第2項規定，被告於審判中得預納費用請求付與卷宗及證物之影本。但卷宗及證物之內容與被告被訴事實無關或足以妨害另案之偵查，或涉及當事人或第三人之隱私或業務秘密者，法院得限制之。其立法理由略以：被告於審判中之卷證獲知權，屬其受憲法訴訟權保障所應享有之防禦權，自得親自直接行使而毋庸經由辯護人輾轉獲知，且不應因被告有無辯護人而有差別待遇。又刑事案件之卷宗及證物，係據以進行審判程序之重要憑藉，基於憲法**正當法律程序**原則，除卷宗及證物之內容與被告被訴事實無關或足以妨害另案之偵查，或涉及當事人或第三人之隱私或業務秘密者，法院得予以限制外，自應使被告得以獲知其被訴案件卷宗及證物之全部內容，俾能有效行使防禦權。爰明定被告有請求付與卷宗及證物之權利，以利其防禦權之行使，並規定得由法院就閱卷範圍及方式為合理之限制（最高法院109年度台抗字第1122號刑事裁定）。

（四）聲請再審應釋明無法提出原判決繕本之正當理由，若依社會常情已難期待其始終均能以善良管理人之注意義務，而仍留存、保有原判決正本時，法院當應善盡補充調取之職權，以協助聲請人合法提出再審之聲請，俾符合上開修訂再審相關條文之意旨。

聲請再審應提出原判決繕本，其未提出者，法院應先定期命其補正，若未補正又未釋明無法提出之正當理由者，經法院認其無法提出原判決繕本之理由是否正當。若依社會常情已難期待其始終均能以善良管理人之注意義務，而仍留存、保有原判決正本時，要求必須提出完整之判決繕本客觀上自有其事實之困難，即難認其有故違提出判決繕本之義務。是法院當應善盡補充調取之職權，以協助聲請人合法提出再審之聲請，俾符合上開修訂再審相關條文之意旨，始足以確保憲法第8條所保障之**正當法律程序**及聲請人再審訴訟權利之行使（最高法院109年度台抗字第1313號刑事裁定）。

（五）聲請再審之案件，當事人於法院為證據調查時之在場及陳述意見權，攸關當事人之權益，且為體現正當法律程序原則之重要一環，除當事人同

意放棄、有依法得不予其在場之例外情狀,或在場有妨害調查者外,應不得任意剝奪之。

再審聲請程序,原則上無須經當事人到庭陳述意見。惟刑事訴訟法於109年1月8日修正,並於同年月10日施行時,基於再審制度之目的係發現眞實,避免冤抑,對於確定判決以有再審事由而重新開始審理,攸關當事人及被害人權益甚鉅,乃增訂刑事訴訟法第429條之2規定:「除顯無必要者外,應通知聲請人及其代理人到場,並聽取檢察官及受判決人之意見。但無正當理由不到場,或陳明不願到場者,不在此限。」以釐清聲請再審是否合法及有無理由。肯認被告於原判決確定後,再審聲請程序審理中仍享有在場及陳述意見權之保障。而關於刑事訴訟法第429條之2通知到場及聽取意見之規定,於法院依同法第429條之3規定聲請或職權調查證據之情形亦有適用。可見立法者已肯認,被告於聲請再審案件之調查證據程序中,除顯無必要者外,得主張在場及陳述意見權。再酌以德國立法例,賦予聲請再審案件之檢察官、被告及辯護人於法院調查證據時,有在場並陳述意見之機會。益徵聲請再審之案件,當事人於法院爲證據調查時(如訊問證人或鑑定人,或實施勘驗等)之在場及陳述意見權,攸關當事人之權益,且爲體現**正當法律程序**原則之重要一環,除當事人同意放棄、有依法得不予其在場之例外情狀或在場有妨害調查者外,應不得任意剝奪之。進而言之,通常訴訟程序之案件,倘當事人於該證據調查程序進行時並未在場,除法律另有規定外,依刑事訴訟法第165條第1項、第288條之1第1項規定,法院事後應踐行法定程序,將該項證據調查之結果,向被告及其辯護人宣讀或告以要旨,並使其表示意見,始與**正當法律程序**原則無違。而聲請再審之案件,縱法院依法未予再審聲請人在場權,然除法院應爲准予開啓再審之裁定外,參酌上揭刑事訴訟法第429條之2、之3之立法意旨、德國立法例,暨在場及陳述意見權屬被告在訴訟法上之基本權利,法院事後仍應將該項證據調查之結果(如證人證詞、勘驗結果、鑑定報告等)告知再審聲請人,予其到場並陳述意見之機會,方得確保法治國公平法院之具體實現(最高法院110年度台抗字第253號刑事裁定)。

四、與刑罰相關者

（一）**刑法沒收新制**將沒收性質變革為刑罰及保安處分以外之獨立法律效果，雖已非刑罰（從刑），但仍以強制剝奪人民財產權為內容，係對於人民基本權所為之干預，除須法律保留外，並應**恪遵憲法上正當法律程序及比例原則**之要求。又沒收新制，在實體規範上擴大沒收之主體範圍，除沒收犯罪行為人之財產外，新增剝奪犯罪行為人以外之第三人之財產之規定，而在刑事沒收程序方面，亦相應於刑事訴訟法增訂「沒收特別程序」編，賦予因刑事訴訟程序進行結果，財產可能**被沒收之第三人程序主體之地位，俾其有參與程序之權利與尋求救濟之機會，以保障其權益。另於刑法第38條之2增訂過苛調節條款**，允由事實審法院就個案具體情形，依職權裁量不予宣告或酌減，以調節沒收之嚴苛性，並兼顧訴訟經濟，節省法院不必要之勞費。而森林法第52條第5項規定「犯本條之罪者，其供犯罪所用、犯罪預備之物或犯罪所生之物，不問屬於犯罪行為人與否，沒收之」，係立法者為使國有森林資源受到保護，避免供犯罪所用之工具，不予沒收而須發還，致使相同工具易地反覆使用，有礙法律成效，乃採絕對義務沒收主義，以預防並遏止犯罪，為刑法第38條第2項前段關於職權沒收之特別規定。刑事訴訟法第455條之26第1項規定，參與人財產經認定應沒收者，應對參與人諭知沒收該財產之判決；認不應沒收者，應諭知不予沒收之判決。**惟該條規定之適用，係以第三人成為參與人為前提**。本件檢察官已於起訴書記載聲請沒收甲車之旨，原審依其調查結果，認甲車係第三人所有，但有不予宣告沒收之理由，因認無命該第三人參與沒收程序之必要，惟因檢察官已聲請沒收，基於有聲請即有准駁，因而於當事人欄併列該第三人，而於判決理由為說明，仍與駁回其沒收之聲請無殊，亦於法無違（最高法院108年度台上字第2421號刑事判決）。

（二）關於刑法新增訂沒收之相關規定。

為因應新刑法增訂沒收被告以外之第三人財產及擴大單獨聲請宣告沒收之適用範圍等重大變革，我刑事訴訟法乃借鏡德國刑事訴訟法及日本「關於刑事案件中沒收第三人所有物程序之應急對策法」（下稱日本應急對策法），於民國105年6月22日修正增訂第七編之二「沒收特別程

序」，並自105年7月1日生效施行，俾與原有附隨於刑事本案沒收被告財產之一般沒收程序，互補相成，以完備沒收法制，並體現憲法**正當法律程序**及保障人民財產權之意旨。因之，刑事訴訟法第455條之27第1項固明定「對於本案之判決提起上訴者，其效力及於相關之沒收判決；對於沒收之判決提起上訴者，其效力不及於本案判決」，惟該規定係植株於「**沒收特別程序**」專篇，並非規定於原有附隨於刑事本案沒收被告財產之一般沒收程序，該條第1項後段所謂：「對於沒收之判決提起上訴者，其效力不及於本案判決」，係為避免因第三人參與沒收程序部分之程序延滯所生不利益，乃明定僅就參與人財產沒收事項之判決提起上訴者，其效力不及於本案之判決部分，並非指對於本案被告財產沒收事項之判決提起上訴者，其效力亦不及於本案之判決部分。尤以刑事訴訟關於本案被告部分，係併就本案與沒收部分同時審理，程序上並無區隔，案內關涉應予沒收之財產，並非必與本案犯罪事實為完全之分離，此與第三人參與之沒收特別程序，非但係特定於沒收事項，且係針對特定財產之情形尚屬有別。故而，上開刑事訴訟法**第455條之27第1項既僅規定在第三人參與程序，而無法直接適用於原有附隨於刑事本案沒收被告財產之一般沒收程序，則在法無明文之情形下，當事人縱使僅就沒收部分提起上訴，依刑事訴訟法第348條第2項規定，相關聯之本案判決仍屬有關係之部分，亦應視為已經上訴。**再者，修正後刑法規定之沒收，性質上雖為「獨立之法律效果」，但本質上仍為干預人民財產之處分，屬於刑法規定之一環，而就其明定適用裁判時法之規定觀之，毋寧認其性質與非拘束人身自由之保安處分較為接近；且**除違禁物、專科沒收之物或符合一定條件得單獨宣告沒收之物者外，須被告具有違法行為存在，始得諭知沒收，**則如非上開單獨宣告沒收之情形，沒收與罪刑間即具有一定之依存關係，在訴訟上倘合一審判，而未割裂處理，自難謂為違法（最高法院46年台上字第914號、53年台上字第289號判例參照）（最高法院106年度台上字第3601號刑事判決）。

第三節　我國刑事訴訟所形塑的正當法律程序樣貌

綜合上開最高法院歷來的案例，判斷是否合乎正當法律程序，應從下列條件加以分析才能決定：

一、賦予證據能力的要件

（一）對於違法搜索、扣押所取得之證據，其證據能力，應由法院於個案審理中，就個人基本人權之保障及公共利益之均衡維護，依下列之比例原則及法益權衡原則，予以客觀之判斷：1.違背法定程序之程度；2.違背法定程序時之主觀意圖（即實施搜索、扣押之公務員是否明知違法並故意為之）；3.違背法定程序時之狀況（即程序之違反是否有緊急或不得已之情形）；4.侵害犯罪嫌疑人或被告權益之種類及輕重；5.犯罪所生之危險或實害；6.禁止使用證據對於預防將來違法取得證據之效果；7.偵審人員如依法定程序，有無發現該證據之必然性；8.證據取得之違法，對被告訴訟上防禦不利益之程度等情狀予以審酌，以決定應否賦予證據能力。

（二）同意搜索應經受搜索人出於自願性同意，**此所謂「自願性」同意，係指同意必須出於同意人之自願，非出自於明示、暗示之強暴、脅迫。是否自願應綜合一切情狀，包括徵求同意之地點、徵求同意之方式是否自然而非具威脅性、同意者主觀意識之強弱、教育程度、智商、自主之意志是否已為執行搜索之人所屈服等加以審酌，遇有被告抗辯其同意搜索非出於自願性同意時，更應於理由詳述審查之結果，否則即有判決理由不備之違法。**

（三）採取容許特信性文書作為證據，應注意該文書之製作，是否係於例行性的公務或業務過程中，**基於觀察或發現而當場或即時記載之特徵。**

（四）**「傳聞陳述」若無從傳喚該第三人以直接及言詞審理之方式及行反對詰問，予以調查，應無證據能力。**

（五）**被告對於證人所為不利於己之陳述，有詰問究明真偽之權利。**

（六）當事人對業經詰問之證人聲請再為傳喚調查，若卷內資料已顯見該證人先前之陳述存在足以影響事實認定之疑義，自不得以該證人業經詰問且事證已明為由，遽予駁回其聲請。

（七）「詰問權之容許例外」情形，應審查下列事項，法院採用該未經被告詰問之證言，始為適法：1.事實審法院為促成證人到庭接受詰問，是否已盡傳喚、拘提證人到庭之義務（即學理上所謂之義務法則）；2.未能予被告對為不利陳述之證人行使反對詰問權，是否非肇因於可歸責於國家機關之事由所造成，例如證人逃亡或死亡（歸責法則）；3.被告雖不能行使詰問，惟法院已踐行現行之法定調查程序，給予被告充分辯明之防禦機會，以補償其不利益（防禦法則）；4.系爭未經對質詰問之不利證詞，不得據以作為認定被告犯罪事實之唯一證據或主要證據，仍應有其他補強證據佐證該不利證述之真實性（佐證法則）。

（八）證人不得拒絕被告反對詰問：無證據能力、未經合法調查之證據，不得作為認定犯罪事實之依據。所謂證據能力，係指證據得提出於法庭調查，以供作認定犯罪事實之用所應具備之資格，如證言須經具結、自白須出於任意性等；所謂合法調查，係指法院依法律所定各種證據之調查方式，踐行調查之程序。就證人而言，除有客觀上不能受詰問，或被告明示捨棄詰問，抑或性質上無行詰問必要性者外，於審判中，皆應依法定程序，到場具結陳述，並接受被告適當且充足之詰問，其陳述始得作為認定被告犯罪事實之判斷依據。

（九）對質與詰問權同為正當法律程序保障之內容，應對質而不對質，不足為供證明之資料，即不得為判決之基礎。

（十）因性侵害致身心創傷無法陳述，其警詢中之陳述，經證明具有可信性之特別情況，且為證明犯罪事實之存否所必要者，固得為證據，法院於訴訟上以之作為證據者，為避免被告訴訟上防禦權蒙受潛在之不利益，除應從嚴解釋、適用外，並應採取有效之訴訟上補償措施，以適當平衡被告無法詰問被害人之防禦權損失，不得以被害人之警詢陳述作為論罪之唯一或主要依據。

（十一）檢察官、司法警察（官）未依規定全程連續錄音或錄影所進行之訊（詢）問筆錄，其有無證據能力，仍應由法院適用同法第158條之4規定，依個案之具體情狀，審酌人權保障及公共利益之均衡維護，予以客觀權衡判斷之。

（十二）司法警察機關實施「另案附帶扣押」時，法院自應依職權審視個案之具體情節，依扣押物之性質以及有無扣押之必要，確認是否符合法律之正當性。

（十三）私人所取得之證據，原則上無證據排除原則之適用。如將私人不法取
　　　　得之證據一律排除，不僅使刑事被告逍遙法外，而私人尚需面臨民
　　　　事、刑事之訟累，在結果上反而顯得失衡，亦難有抑制私人不法取證
　　　　之效果。

二、否定證據能力之態樣

（一）實施刑事訴訟之公務員對被告或訴訟關係人施以通訊監察，如非依法定
　　　程序而有妨害憲法第12條所保障人民秘密通訊自由之重大違法情事，應
　　　否定其證據能力。

（二）檢察官對於依法拘提、逮捕到場之被告或犯罪嫌疑人，非公開之偵訊處
　　　所，為違背實質正當法律程序，侵害憲法所保障基本人權之行為，致被
　　　告或犯罪嫌疑人精神及身體可認處於恐懼、壓迫之環境，意思之自由自
　　　受壓制，其因此所作之陳述，難謂出於任意性，其證據能力自應予以排
　　　除。

（三）被告縱非取供任意性之受害者，仍應容許其主張證據排除，蓋供述證據
　　　之任意性原則，乃實質正當法律程序之必要條件。

（四）刑事訴訟法上之證據排除原則，係指將具有證據價值之證據因取得程序
　　　之違法，而予以排除之法則。偵查機關如經合理判斷認議會議場有發生
　　　犯罪之嫌疑，而欲對在場人員蒐集犯罪事證，即應取得議會大會主席之
　　　同意或依刑事訴訟法第十一章關於搜索及扣押之規定為之。如有違反，
　　　其所取得之證據，即與法定程序有違，其證據能力之有無，應依刑事訴
　　　訟法第158條之4定之。

（五）司法警察（官）詢問受拘提、逮捕之被告時，違反應告知得行使緘默權
　　　之規定者，所取得被告之自白及其他不利之陳述，不得作為證據。但經
　　　證明其違背非出於惡意，且該自白或陳述係出於自由意志者，不在此
　　　限。

（六）檢察官不得同時以被告兼證人之身分訊問被告，否則其訊問即不合法定
　　　程序。

（七）參酌行政程序法及行政罰法之法理，易刑處分前給予受刑人以陳述意見
　　　之機會，乃正當法律程序之一環。

（八）搜索扣押須符法定程序方屬合法，簽署勘查採驗同意書非等於同意搜索

扣押。偵查中如須搜索扣押，應先取得法官核發之搜索票，否則須有刑事訴訟法第131條之緊急或急迫情況。

三、訴訟範圍相關之正當程序

（一）經第二審法院撤銷第一審法院所爲無罪、免訴、不受理或管轄錯誤判決，並諭知有罪判決者，應予被告或得爲被告利益上訴之人至少一次上訴救濟之機會。

（二）法院對檢察官追加起訴之准駁，所考慮諸因素，屬正當法律程序之一環：得追加起訴之相牽連案件，限於與最初起訴之案件有訴訟資料之共通性，且應由受訴法院依訴訟程度決定是否准許。

（三）應使被告得以獲知被訴案件卷宗及證物之全部內容。

（四）聲請再審應釋明無法提出原判決繕本之正當理由。

（五）刑事訴訟法第455條之27第1項固明定：「對於本案之判決提起上訴者，其效力及於相關之沒收判決；對於沒收之判決（第三人參與沒收程序部分）提起上訴者，其效力不及於本案判決。」惟該規定係植株於**「沒收特別程序」專編，並非規定於原有附隨於刑事本案沒收被告財產之一般沒收程序**，該條第1項後段所謂「對於沒收之判決提起上訴者，其效力不及於本案判決」，係爲避免因第三人參與沒收程序部分之程序延滯所生不利益，乃明定**僅就參與人財產沒收事項之判決提起上訴者，其效力不及於本案之判決部分，並非指對於本案被告財產沒收事項之判決提起上訴者，其效力亦不及於本案之判決部分。**

（六）換言之，刑事訴訟法第455條之27第1項既僅規定在第三人參與程序，而無法直接適用於原有附隨於刑事本案沒收被告財產之一般沒收程序，則在法無明文之情形下，當事人縱使僅就沒收部分提起上訴，依刑事訴訟法第348條第2項規定，相關聯之本案判決仍屬有關係之部分，亦應視爲已經上訴。

四、小結

綜合言之，我國憲法所謂「正當程序」，有學者從以往的解釋及判例歸納成如下的定義可供參考：

（一）公正的裁決機關。

（二）預先告知所擬採取將對其不利的行動，及所根據的法律與事實上理由。

（三）當事人有陳述意見以求辨明的機會。

（四）有閱覽卷宗的權利。

（五）有請求召開、參與公聽會的權利。

（六）有提出證據及要求傳喚證人的權利。

（七）有對機關指定人員、證人、鑑定人、其他當事人及其代理人詢問的權利。

（八）有請求依證據裁決的權利。

（九）有聘請代理人或輔佐人的權利。

（十）所作成裁決須附理由。

（十一）有參與決定的權利。

（十二）請求舉辦、參與公民投票的權利。[1]

　　大體而言，與美日逐漸成形的正當程序所顯示的樣貌多少有些雷同。是否適用於個案仍須視侵害的強弱、侵害範圍的大小、造成實害風險的大小等因素，綜合作合理的判斷。

---

[1]　參見許宗力，〈基本權程序保障功能的最新發展——評司法院釋字第488號解釋〉，《月旦法學雜誌》，第54期，1999年11月，頁154-156。

第五章
日本新憲法關於正當法律程序的保障

第一節　新憲法關於國民權利義務之規定

一、緣起

　　參照美國在台協會關於「權利法案」（United States Bill of Rights）的說明稱：美國憲法的起草人最初沒有在憲法中擬定有關權利法案之章典，其原因並非由於他們不關心基本人權，而是因爲他們覺得，憲法既沒有特別授權管理出版或集會自由之類的事務，當然也就不需要特別陳明不存在這種權利。這一立場從邏輯上講是正確的，但從心理上講則不然，美國人民普遍希望憲法中明文規定他們的權利。於是第一屆國會集會後不久，詹姆斯・麥迪遜（James Madison Jr.）提出一項很長的權利法案，作爲憲法的修正案。國會一共通過了12條修正案，但是，只有10條爲各州所批准，並於1791年12月15日正式成爲憲法的一部分。這是該國憲法12條修正案的由來[1]，**這些修正案被稱爲「權利法案」。法案中大部分是對政府施加限制，規定聯邦政府所不能做的事。結果，在一般情形下，這項法案也被解釋爲適用於州政府**，且幾乎各州都有一項權利法案，或作爲州憲法的一部分，或作爲州憲法的修正案，因而可以正確地說，所有美國人在全國各處均享受此類權利法案的保護，不受任何地方、州與聯邦政府的侵犯。然綜觀這12條修正案的內容，還是沒有列舉出像日本憲法一般所保護的國民基本權，如：「追求生命、自由及幸福之國民權利」、「不因人種、信仰、性別、社會身分或門第，在政治、經濟或社會關係的平等權」、「選舉及罷免公務員之權利」、「制定、廢止、修改法律、命令、規則及其他相關事項之和平請願權」、「思想及良心的自由」、「信教的自由」、「集會、結社、言論、出版及其他一切表現的自由」、「居住遷徙及選擇職業之自

---

[1] 南北戰爭後國會另制定第13條、第14條、第15條修正案從廢除奴隸制度到保障種族膚色及選舉權之平等，其中第14條修正案規定關於「不經正當法律程序，任何州皆不得剝奪任何人之生命、自由或財產；於州管轄範圍內，不得拒絕給予任何人平等之法律保護」爭議最多，影響也最深遠，且與本問題相關，容於第七章「美國之狀況」中詳加介紹。

由」、「經營健康、文化的最低限度生活之權利」、「平等受教育的權利」、「勞動者結社的權利及團體交涉、團體行動的權利」、「財產權」等有關基本權的保護規定。只於修正案第1條規定：「國會不得制定有關下列事項的法律：確立一種宗教或禁止信教自由；剝奪言論自由或出版自由；或剝奪人民和平集會及向政府要求伸冤的權利。」第2條規定：「人民有持有和攜帶武器的權利。」第3條規定：「任何兵士，在和平時期，未得屋主的許可，不得居住民房；在戰爭時期，除非照法律規定行事，亦一概不得自行占住。」第4條規定：「人身、住所、文件及財物的安全不得侵犯。」第5條規定：「不得不經過適當法律程序而剝奪生命、自由或財產；人民私有產業，如無合理賠償，不得被徵為公用。」第6條規定：「被告有權要求陪審團予以迅速及公開之審判。」第8條規定：「不得要求過重的保釋金，不得課以過高的罰款，不得施予殘酷的、逾常的刑罰。」並不如日本憲法及我國憲法般規定對於人民基本權保護的周詳，筆者覺得這些基本權在英美法中由於歷史淵源由來已久，為人民視為理所當然，因此只在制憲當時人民所關注的地方特別加以明文而已，並非表示該國人民未能享有如日本及我國憲法所規定之權利，此從其第9條修正案規定：「憲法中列舉的某些權利，不得被解釋為否認或輕視人民所擁有的其他權利。」及第10條修正案規定：「舉凡憲法未授予合眾國（美國）政府行使，而又不禁止各州行使的各種權利，均保留給各州政府或人民行使之。」等語可知。且從後面列舉的美國案例可以看出有甚多與基本權相關的解釋，因此基於比較研究之需要，筆者特將日本憲法對人民基本權之保障中與「正當法律程序」相關的解釋及運用狀況包含於本章中略加介紹，以免因部分日本學者如後所述未將有關此等基本權的保護列入程序問題加以討論而遺漏，俾有助於與我國及美國的同一議題作比較研究，敬請讀者諒察。

二、日本國憲法第三章規定國民之權利義務

第10條　日本國民之要件依法律之規定。

第11條　國民不受妨礙享有所有的基本人權。本憲法所保障的基本人權乃以不可侵之永久的權利給予現在及將來的國民。

第12條　本憲法對國民所保障之自由及權利，須經由國民不斷努力加以保持，不可濫用，並須經常負起以之為公共福祉之責任。

第13條　全體國民無論何人均須被尊重。關於追求生命、自由及幸福之國民權

利，只要不違反公共福祉，必須在立法及其他國政上給予最大的尊重。

第14條　全體國民無論何人法律之下人人平等。不因人種、信仰、性別、社會身分或門第，在政治、經濟或社會關係上毫無差別。

華族或其他貴族制度不被承認。

榮譽、勳章及其他榮典之授與不得附帶有何特權。榮典之效力對於現在持有者，或將來接受者僅限於其一代。

第15條　國民有選舉及罷免公務員固有之權利。

全部公務員均須爲全體國民服務，非爲部分國民服務。

關於公務員之選舉，由成年人之選舉加以保障。

任何選舉的投票秘密均不可侵犯，對於選舉人的選擇，無論公、私領域均不得問責。

第16條　任何人均有救濟損害、罷免公務員，及制定、廢止、修改法律、命令、規則及其他相關事項之和平請願權。任何人均不得因參與請願而受差別待遇。

第17條　任何人因公務員之不法行爲而受損害時，均得經由**法律規定之程序**請求國家或公共團體賠償。

第18條　任何人均不受奴隸般的拘束，除非因犯罪而受處罰，不得違反本意使服苦役。

第19條　思想及良心的自由不可侵犯。

第20條　信教的自由，對任何人均加以保障。任何宗教團體均可不接受來自國家之特權及政治權力之行使。

不得強制任何人參加宗教上之行爲、祝典、儀式或活動。

國家及其機關不得從事宗教教育及其他任何宗教活動。

第21條　集會、結社、言論、出版及其他一切表現的自由應受保障。

禁止言論之審查，秘密通信不可侵害。

第22條　任何人不違反公共福祉之限度內均有居住遷徙及選擇職業之自由。

任何人移居國外或脫離國籍之自由均不得侵害。

第23條　學問之自由應受保障。

第24條　婚姻以兩性合意爲限之基礎而成立；夫婦以有同等權利爲基礎，須經由相互協力加以維持。

選擇配偶、選定財產權、繼承、住居、離婚，與婚姻及家族相關之其

他事項之法律，須基於個人之尊嚴與兩性本質的平等加以制定。

第25條　全體國民均有經營健康、文化的最低限度生活之權利。

全體國民均有經營健康、文化的最低限度生活之權利。

國家對於國民之食衣住行等生活各方面負有致力於向上提升其社會福祉、社會保障及公共衛生之義務。

第26條　全體國民有**依法律規定**憑其能力平等受教育的權利。

全體國民有**依法律規定**使其所保護之子女接受普通教育之義務。義務教育免費。

第27條　全體國民有勤苦勞動之權利及義務。

薪資、工作時間、休假及其他工作條件有關之基準**依法律之規定**。

兒童不可使服辛苦的勞動。

第28條　勞動者結社的權利及團體交涉、團體行動的權利應予保障。

第29條　財產權不得加以侵害。

財產權之內容及範圍於適合公共福祉之原則下**由法律定之**。

私有財產於**正當的**補償之下，得為公用。

第30條　國民**依法律之規定**有納稅之義務。

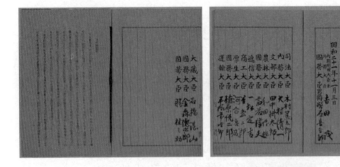

圖5-1　日本國憲法

圖片來源：維基百科，https://zh.wikipedia.org/zh-tw/%E6%97%A5%E6%9C%A
C%E5%9B%BD%E5%AE%AA%E6%B3%95。

三、解析

以上諸條規定之國民權利義務，其中有逕由憲法加以規定者，有由憲法規定一定之原則後授權在此原則下制定法律，或逕行授權法律加以規定不一而

足，惟無論何者，均具備保障國民權利、履行義務之一定正當的程序，其牽涉之內容及範圍涉及國民之生命、自由、財產、思想信仰、集會結社、食衣住行育樂、健康、醫療、福祉、婚姻、家庭、工作、言論、出版、通信、選舉罷免公務員等各國憲法所保障之各項基本權利。因此正當法律程序於日本實務上之運用，同樣會一體出現在民事、刑事、行政等訴訟程序之解釋上。惟筆者留學日本期間追隨刑事訴訟法學者內田一郎教授研究證據法學，研讀及蒐集之資料自然著重與此相關之案例，且該國憲法由於受美國憲法的影響，將甚多刑事訴訟保障人權之條款亦規定於憲法之中，因此該國最高裁之判例同樣會出現不少與該等規定有關之違憲審查案例，非謂該國於刑事以外之其他領域未有或甚少適用正當法律程序之原則，敬請讀者諒察。

第二節　新憲法關於人身自由基本權之規定

一、日本國憲法第31條以下規定人身自由的基本權利

　　日本舊明治憲法採行「實體的眞實發現主義」，新憲法則引進適正的法律程序，即本文所稱之正當法律程序，分別於憲法第31條以下規定人身自由的基本權利。

第31條　不經法律規定的手續，不得剝奪任何人的生命或自由，或科以其他刑罰。（此即源自美國聯邦憲法增修條文第5條及第14條第1項之正當法律程序條款）

第32條　不得剝奪任何人在法院接受裁判的權利。

第33條　除作爲現行犯逮捕者外，如無主管的司法機關簽發並明白指出犯罪理由的拘捕令狀，對任何人均不得加以逮捕。

第34條　如不直接講明理由並立即給予委託辯護人的權利，對任何人均不得加以拘留或拘禁。又，如無正當理由，對任何人不得加以拘禁，如本人提出要求，必須立刻將此項理由在有本人及其辯護人出席的公開法庭上予以宣告。

第35條　對任何人的住所、文件以及持有物不得侵入、搜索或扣留。此項權

利，除第33條的規定外，**如無依據正當的理由簽發並明示搜索場所及**
扣留物品的命令書，一概不得侵犯。

搜索與扣留，應依據主管司法官署單獨簽發的命令書施行之。

第36條　絕對禁止公務員施行拷問及酷刑。

第37條　在一切刑事案中，被告享有接受法院公正迅速的公開審判的權利。

刑事被告享有詢問所有證人的充分機會，並有使用公費透過強制的手
續為自己尋求證人的權利。

刑事被告在任何場合都可委託有資格的辯護人。被告本人不能自行委
託時，由國家提供之。

第38條　**對任何人都不得強制其作不利於本人的供述。**

以強迫、拷問或威脅所得的自白，或經過非法的長期拘留或拘禁後的
自白，均**不得作為證據。**

任何人如果對自己不利的唯一證據是本人的自白時，不得被判有罪或
科以刑罰。

第39條　任何人在其實行的當時為合法的行為，或已經被判無罪的行為後，**均**
不得追究刑事上的責任。又，**對同一種犯罪不得重複追究刑事上的責**
任。

第40條　**任何人在拘留或拘禁後被判無罪時，得依法律規定向國家請求賠償。**

二、解析

　　按第32條以下之內容可知，係第31條規定的具體化，使第31條所謂「**法律**
規定的手續」更加明確，與美國憲法第5條修正案所謂的「不得未經正當法律
手續使其喪失生命、自由、財產」同其意義。根據自由國民社出版的《口語譯
基本六法》所載第31條之語譯標題為「**法定正當的程序及其內容之保障**」，並
譯釋其內容為：「任何人非依**法律規定的正當程序和內容**，不得剝奪其生命及
自由，或科處其他刑罰。」憲法規定如此，學者松井茂記亦表示，第31條正當
程序（due process）的權利內容雖然基本上要求公正程序，具體上存在有管轄
權及要求告知與聽聞（等程序），但其實質內容可從第33條以下所例示之狀況
加以思考。因此於考量正當程序內容之際，自應參考第33條以下諸權利。而且
縱然未違反第33條以下各條規定之情形，第31條仍具備擔負排除欠缺基本正當
程序之功能。因此之故，手續的正當程序乃對不給予告知、辯解、防禦之機會

而科處刑罰者應認其爲違憲。但實務上是否切實執行，至少下級法院就不盡然。彼舉東京高等裁判所二則判例表示：對不懂日語的外國人以日語調查〔如東京高判平成4（1992）年4月8日判時1434號140頁〕、起訴狀膽本送達以日本語行之〔如東京高判平成2（1990）年11月29日判時1375號139頁、東京高判平成3（1991）年9月18日判タ777號260頁〕，均認未違反第31條，但對犯罪嫌疑人、被告而言是否切實理解，實有疑問，即其著例[2]。

第三節　新憲法關於審查正當程序機關之規定及審查基準

一、新憲法關於審查正當程序之規定

第76條　所有的司法權由最高裁判所及依法律規定所設置之下級裁判所所屬（管轄）。

　　　　此外不得設置特別裁判所。行政機關不得行終審裁判之職務。

　　　　所有的裁判官均須秉持良心獨立行使職權，受本憲法及法律之拘束。

第81條　最高裁判所爲掌管所有法律、命令、規則及處分合憲與否最終決定權之終審裁判所。

第82條　裁判上的審理及判決須公開行之。

　　　　裁判所經由全員一致之決定，認爲有害公共秩序、善良風俗之虞之場合時，對於該事件之審理可以不公開行之。但政治犯罪、出版有關之犯罪，或審理與本憲法第三章所保障之國民權利相關問題之事件，須維持公開行之。

　　從以上三條規定的內容即可看出，最高法院在解釋憲法上所扮演的角色，以及法院作裁判時所應遵守之程序。

2　松井茂記，《日本國憲法》，頁509。

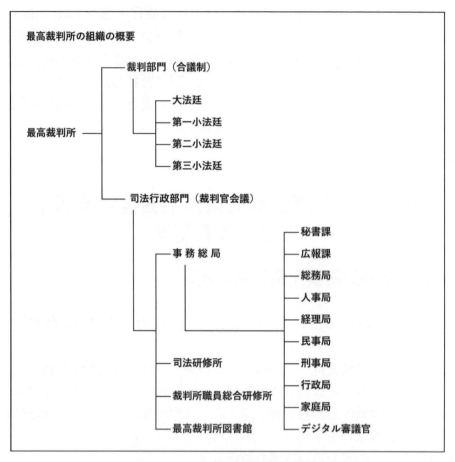

圖5-2　日本最高裁組織系統表

圖片來源：日本最高裁判所網站，https://www-courts-go-jp.translate.goog/
　　　saikosai/about/sosiki/index.html?_x_tr_sl=ja&_x_tr_tl=zh-TW&_x_tr_
　　　hl=zh-TW&_x_tr_pto=sc。

圖5-3　日本最高裁判所1

圖5-4　日本最高裁判所2

圖5-5　日本最高裁小法庭

圖片來源：日本最高裁判所網站，https://www.courts.go.jp/saikosai/about/photo/
　　　　　index.html。

圖5-6　日本最高裁大法庭

圖片來源：日本最高裁判所網站，https://www.courts.go.jp/saikosai/about/photo/
　　　　　index.html。

二、學界對違憲審查基準之分類

　　由於最高裁判所執有審查所有法律、命令、規則及處分合憲與否之最終決定權，因此審判過程中發生法律、命令、規則及處分是否違憲之爭議時，往往透過上訴最高裁判所之釋憲來解決爭議，此與我國及歐美最高司法機關的權限相同。至於該司法機關如何審查其所受理的案件符合憲法的要求，從伊藤正己法官於《言論・出版の自由》（1959）一書發表後所引發日本學者對此一問題的討論，可以整理出日本學者主張的樣貌及其受美國判例影響的情形。

（一）伊藤正己法官

　　首先，實務界經由伊藤正己法官在其所著《言論・出版の自由》（1959）一書，就當時日本發生公共福祉與人權限制的憲法議題，企圖從限制憲法基本權的合憲性找出統一的判斷基準，而從其研究美國判例的結果發現並提倡所謂**「二重基準論」**的審查基準。

1. 依伊藤正己法官所述，美國早期關於經濟的自由與言論（表現）自由的限制判例是採單一的審查基準，但經過幾起事件之後，聯邦最高法院開始重視言論及出版有無產生依法禁止所生的結果，認為只要有合理的關係即足以認定其合憲。雖然伊藤正己對於何者與何者的關係必須合理地指摘並不明確，但透過吉特洛訴紐約（Gitlow v. New York, 268 U.S. 652, 1925）事件承認：「合理且應該」屬於關於管制言論的憲法解釋權限。聯邦最高法院維持了對吉特洛的定罪，理由是政府有權壓制或懲罰直接鼓吹非法推翻政府的言論，並維護了所涉州法規的合憲性，因為此類言論顯然「存在」對公共和平及國家安全構成足夠的威脅。代表法庭意見的桑福德法官（James Terry Sanford）斷言，政府不能等到革命出版物「導致公共和平的實際擾亂或自身毀滅迫在眉睫的危險」時才採取行動，而必須「將威脅的危險壓制在萌芽狀態」或「不等到火苗點燃或釀成大火就將其撲滅」，並認為管制言論的權限，不限於排除「現在存在迫切的危險」之立法機關實體的憲法判斷所認為合理之物，關於言論自由的管制立法，也一樣要尊重立法機關的判斷，只要非專斷且不合理範圍內，應即認為合憲，此為早期聯邦最高法院尊重立法判斷的單一認定基準。

2. 但至1930年代以後，透過1938年的美國訴卡洛琳產品公司（U.S. v. Carolene

Products Co.）事件，言論自由與經濟自由的衡量基準，變成受多元的考量方法所支配〔按該案係針對禁止調整牛乳（脫脂牛奶與乳脂以外的任何脂肪或油混合而成，類似於牛奶或奶油）之州際通商立法是否合憲所生爭議的事件〕。

(1) 被告是一家以煉乳和椰子油組成的調整乳進行貿易的公司，該公司辯稱：由於商業條款和正當理由，該法律（禁止調整牛乳之州際通商立法）違憲。最高法院維持了聯邦政府禁止在州際貿易中運輸調整乳的權力，認為對調整牛乳的限制乃正當的州際通商限制之一部，雖有權加以限制，但一旦涉及憲法第5條修正案的限制，則須判斷其限制權限的合憲性。在立法自由裁量權範圍內，該法律「推定符合憲法」。法院不能推翻這項裁決，因為它得到了大量公共衛生證據的支持，並且不是任意或非理性的。換言之，法院適用了**「理性基礎」**（rational basis review）測試[3]，認為上開吉特洛訴紐約事件那樣的實體判斷基準的議論已經過去了。本判決裡，涉及調整牛乳法制定時的議會審議，該法在上下兩院的委員會上，係經過審議很多優秀的科學家及保健專家的證言之後所採擇，採用植物性油脂之調整牛乳有害健康，且構成詐欺乃審議之結論，均有明顯的紀錄，且有法律上明文記載其要旨及指摘可循，顯示立法的合理性為相關的議會判斷所支持。另由於本件訴訟之當事人並未提出違憲論相關的有利主張，法院自易作出該法律合憲的判斷。另就諸多支持立法機關判斷的公開資訊來看，自然無法認許違憲主張，而鞏固了合憲推定原則的立場。

(2) 不過，代表法庭意見的哈蘭‧費斯克‧史東副法官（Harlan Fiske Stone）雖然承認州際通商立法的合憲性推定原則，但為使其不構成對精神自由的威脅，附加表明有必要限制其射程範圍。史東副法官在**註釋四中寫道：當一項法律表面上看來違反了美國憲法的一項規定，並以可能阻礙政治進程的方式限制政治進程時，法院始有必要實行更嚴格的審查標準。換言之，如果有一條法律涉及下列問題之一，則須受較嚴格的司法審查**[4]：①從表面上看，它違反了美國憲法的一項規定，特別是權利法案

3　依維基百科的說明，在美國憲法中，理性基礎審查是法院在考慮憲法問題時適用的正常審查標準，包括第5條修正案或第14條修正案下的正當程序或平等保護問題。法院運用理性基礎審查旨在確定法律是否與「合法」政府利益（無論是真實的還是假設的）「合理相關」。

4　江橋崇，〈二重基準論〉，揭載於芦部信喜編，《憲法訴訟》第2卷，頁135，其引述伊藤正

（憲法第1條至第10條修正案所禁止）**的規定；②限制可能廢除不良法律的政治進程，例如限制投票權、組織、傳播訊息等；或③歧視「離散和孤立的」少數群體，特別是種族、宗教和少數民族群體，和那些缺乏足夠數量或權力來透過政治進程尋求補救的群體。**

(3) 於是美國訴卡洛琳事件被認爲從此打開了「二重基準論」的先例。該判決從其法庭意見顯示，並非使用實體的判定基準，而係主張二重審查基準的一個案例。《言論・出版の自由》一書認爲：日本憲法的基本構造，就民主政治部分與美國憲法有共同之處，精神自由權在文字上並無任何限制，惟經濟自由權中重要的財產權及選擇職業的自由等項下預爲「公共福祉」所作的限制，此明文上的差異，明顯可見日本憲法也採用二重審查基準等云[5]。伊藤認爲立法機關制定法律時一般都被推定以合理的意思（合於憲法規定的意思）來制定，也就**立法機關的合憲性判斷被推定是合理的，是爲合憲性推定原則。因此主張法令違憲之人必須說明及舉證立法機關的判斷欠缺實體的合理性，來推翻此一推定。**

3. 伊藤進一步將日本憲法與基本人權相關之規定分成四個層次說明違憲舉證責任之歸屬，其中：(1)與生存權有關的立法係最強的合憲推定，須依裁判的反證始能將該推定推翻；(2)經濟基本權相關的立法需要經過一番衡量，由主張違憲的一方提出該爭議法律欠缺合理的根據，換言之，須證明該法律出於恣意的規劃，始能將該法律的合憲性推定推翻；(3)與**外在精神自由**（如集會、結社、言論、出版、秘密通信之自由等）有關的立法，**合憲性推定原則被排除**，且由於從內容來啓動違憲性的推定之故，因此須於主張違憲的爭點提出後，由支持合憲者詳細立證該法的合憲性；(4)與**內在精神自由**（如思想、良心、信教、學問的自由等）有關的立法，若該立法本身

己法官關於美國訴卡洛琳產品公司事件註四的說明，係從該案是否適用的角度直接引述稱：「1.限制立法有牴觸憲法修正第1條至第10條所禁止的人權範圍之情形，其合憲推定之範圍即須受限制；2.本件州際通商所涉及的問題中因無阻礙選舉權、資訊流通、政治團體、和平穩定集會的民主政治運作的限制立法情形，則無檢討是否須服從更精密的司法審查的必要；3.在本件在對特定的宗教、民族、人種的少數派法律的司法審查上，亦無須考慮調查（與政治自由作同樣的）涉及與否之必要。」由於該案限制通商的立法因與此三項問題無關而無須更嚴格的司法審查，惟其反面意義乃遇到有關此等問題時即須提升其審查層級，接受較嚴格的司法審查。

5　伊藤正己，《言論・出版の自由》，頁62。

已有很強的違憲意味存在，且無法反證推翻，因此主張判斷為違憲立法[6]。從以上內容看來，也並非全由主張違憲之一方來舉證。

4. 其後關於日本國憲法第14條（第1項：全體國民無論何人，法律之下人人平等。不因人種、信仰、性別、社會身分或門第，在政治、經濟或社會關係上毫無差別；第2項：華族或其他貴族制度不被承認；第3項：榮譽、勳章及其他榮典之授與不得附帶有何特權。榮典之效力對於現在持有者，或將來接受者僅限於其一代）的解釋，在以前一般仍有人認為該合理的差別仍然合憲。不過此一合理的差別論按伊藤的實體判定基準即成為最壞的事例，在所謂「有合理的限制即可」的庇蔭下，所有的解釋論者均以自己主觀的判斷假合理之名作主張，結果卻無法達成「什麼是合理限制」的共同理解，而此正是伊藤檢討違憲判斷基準所要作的事。依伊藤的說法，法界通說主張的「相對平等說」，認為日本憲法第14條所禁止的是違反正義、恣意的差別；如果是合理的話，縱然看得出差別的待遇也認為是合憲。但是正義乃至合理性標準不免抽象之故，就會變成承認受無客觀標準之法院的主觀合理性所支配。於此，伊藤認為一方面參照通說的立場，首先為了將合理性的判斷客觀化，必須確定每個立法的正當目的，再從該目的按邏輯的要求來確定依該立法可接受限制的範圍，以此與該立法所準備的區別特徵作比較，從其限制所及範圍的廣狹作判斷；其次，為使其能適合所謂合憲性推定的強弱原則，於憲法第14條第1項前段的場合，差別的立法仍存在合憲性的推定，主張違憲者，須證明該法欠缺合理性；反之，有該項後段所定事由之差別者，毋寧要求合憲主張者提出合理差別的論證等方法，來決定憲法上爭點相關的主張與舉證責任的轉換，相對的審查基準面也會獲得改善[7]。

5. 此一審查基準被認為在美國法的研究上是一個劃時代的創舉，但有學者認為伊藤對於1930年代以後與此相異的理論未能充分地把握，其理論內部也過於偏向實體層面，與審查程序面的區別並不明確，在美國法的研究上雖有極高的評價，但對日本憲法解釋的方法論衝擊力稍嫌微弱等云[8]，因此日本學者陸續提出一些修正意見。

6　江橋崇，〈二重基準論〉，揭載於芦部信喜編，《憲法訴訟》第2卷，頁139-140。

7　江橋崇，〈二重の基準論〉，頁141所引伊藤正己，《憲法の研究》，頁86以下。

8　江橋崇，〈二重の基準論〉，頁142。

（二）江橋崇教授[9]

　　日本憲法學者江橋崇教授從最高裁判例的內容過濾出兩種不同的審查型態，一種是出於立法機關於立法時對某項行為作規範時所作的考量，稱為「**實體的判斷基準**」〔從其所引之案例觀之，筆者個人覺得此與美國以實體的正當法律程序就事件的實體加以考察，認為如果制定法的立法用意與憲法所保障之權利相符合，則尊重立法機關，認屬立法機關的判斷權責，與如後所述的實體正當法律程序（substantive due process of law）相類似〕；另一種是由司法機關就立法事實獨自檢討後對於不合理的法律認為違憲的審查基準，簡稱為「**審查基準**」。例如，規定藥局於適當距離配置的**藥事法**被認為有違憲法選擇職業自由規定，最高裁昭和50（1975）年4月30日作成違憲判決[10]的理由認為：「對選擇職業自由消極的、警察的規範，乃重要的公共利益必要且合理的措施，其限制必須在較無限制的其他手段無法達成目的的場合，始為合憲。」即為日本對於職業自由的限制採取「**實體的判斷基準**」之著例；反之，如最高裁昭和47（1972）年11月22日關於小販市場許可制的合憲判決，認為：「從積極目的的觀點出發對經濟自由的限制，如以達成目的必要且合理的範圍為限的話，則為合憲。」其於尊重立法機關所謂該法律合理的判斷之外，在顯著不合理的部分由法院明白地判決其違憲，則屬於司法機關的「審查基準」[11]。

（三）橫田耕一教授[12]

　　橫田耕一教授將此問題限制在法院審查立法機關判斷立法合理性的基準內作討論，他將日本及美國法院的審查態度整理出如下的審查基準：

1. 美國方面

(1) 合理性的基準（rationality test, rational basis standard of review）：根據史東副法官在美國訴卡洛琳產品公司的判決中表示，經濟自由有關的限制性立法，若依「立法機關的知識及經驗，排除基於合理基礎的推定後，無法

9　江橋崇教授，日本法政大學名譽教授、平和フォーラム代表。法政大学現代法研究所国連グローバル コンパクト研究センター所長。

10　民集29卷4號，頁572。

11　芦部信喜編，《憲法訴訟》第2卷，頁128江橋崇氏之分類。

12　橫田耕一，九州大學名譽教授，著有現代憲法講座上、下二冊。

證明其事實爲限」（以合理基礎的推定，可以證明其事實）爲合憲。進一步言之，爲了達成正當的立法目的，以無法否定與合理的關聯性相關的手段爲限，應認爲該法對於自由的限制及差別的立法屬於合憲的範圍。依此基準，給予立法機關行爲很強的合憲性推定，舉證責任屬於主張違憲的一方。

(2) 嚴格的審查基準（strict scrutiny test）：此一原則乃在立法目的無論如何均須把握**必要的利益**（compelling interest）時，將採取的手段與達成目的必要且不可欠缺的舉證責任全部交由立法機關來擔當的審查基準。

(3) 嚴格的合理性審查基準（strict rationality test）：又稱中間審查基準（intermediate standard），此一原則乃因平等保護的領域而備用，認爲差別待遇乃爲重要的政府目的而服務，在目的與實質不相關聯的範圍內不被允許使用，在性差別事件及血統（親子）相關的訴訟中雖被採用，但較「合理性的基準」爲嚴格，較「嚴格的審查基準」爲緩和，舉證責任原則由立法機關負責。

(4) 此外尚有其他的分類，如Karst與Horowitz的五分法：合理性的基準、嚴格的合理性審查基準、中間審查基準、緩和的嚴格審查基準，以及嚴格的審查基準[13]等五級分類。

2. 日本最高裁之審查基準

　　橫田認爲日本最高裁是否採用美國的上開三種審查基準是有疑問的，不過該院就立法機關制定的法律之審查態度而言，不只有「不應採取同一態度」加以審查的判例出現，且實際上從判例可知他們有不同的判斷方法。橫田從最高裁觸及審查態度的判例分析，認爲該院關於限制精神自由與經濟自由的立法，可以看出均曾採取「二重的審查基準」，其中認爲合憲的小販市場許可制，所認可的廣泛立法裁量權，與「合理性的基準」相當；但是關於**藥事法所定開設距離的限制**，則認爲非僅因重要公共利益之故所爲必要且合理的措施，尚有考慮爲達成相同目的，有無比較緩和的規制手段之問題存在，此「比較緩和的規制手段」之基準，雖然類似較少限制之其他選擇手段（Less Restrictive

---

[13] 橫田耕一，〈合理性の基準〉，揭載於芦部信喜編，《憲法訴訟》第2卷，頁169註11所引 Karst & Horowitz, The Bakke Opinions and Equal Protection Doctrine, 14 Harv.C.R.-C.L.L.Rev. 7, 24-25 (1979).

Alternative, LRA）之基準[14]，但是無論何種方式，此種許可規制的審查基準相較於「合理性的基準」應更接近「嚴格的審查基準」。實際上此一事件經過具體、個別檢討之結果，不認為必要且合理，而被認為違憲。橫田認為此一審查基準可以說是日本流的一種「嚴格的合理性審查基準」。從而可知，由社會經濟政策產生的許可制，只要涉及重要公共利益，即有由法院審查之必要，其審查基準，從「合理且必要」之文字作實質審查的話，此一審查基準屬**「稍稍嚴格的審查基準」**即可。至於藥局開設距離的限制依一般積極的規制，以**「稍稍嚴格的合理性審查基準」**作審查或許較妥。由此推知，較此等保護為重的精神自由的限制，最高裁自能採取比上開標準為嚴格的審查基準的態度[15]。

3. 橫田耕一教授按美國的分類方式之分析

　　日本最高裁明確表示採用違憲審查基準的判例不多，但是就審查基準的差異，橫田按美國的分類方式分析如下：

(1) 嚴格的審查基準：依橫田的分析，迄昭和62（1987）年為止日本最高裁並不存在此種審查基準。充其量前舉的藥局開設距離的限制，也僅屬於「嚴格的合理性審查基準」。但是法庭少數意見中確曾被提出過，如最大判昭和49（1974）年11月16日（刑集28卷9號393頁）的大隅、関根、小川及坂本等法官的反對意見指出：「國民政治活動的自由在自由民主主義國家裡，統治權力及其合法行使最重要的根據，乃在國民個人人權中有最高價值的基本權利」，若在其上施加限制，「除其理由須明確之外，關於該限制有無憲法上十足的根據，特別要求非慎重加以研究檢討不可」等語，即表示應採嚴格的審查基準[16]。至於下級法院的判例中，很難找出合於此一審查基準的案例，不過廢止在宅投票的第一次訴訟的二審判決，札幌高判昭和53（1978）年5月24日（高民集31卷2號231頁）即曾被指為採取此一審查基準的案例[17]，該案判決認為：為使選舉正當公正地進行，使選舉人有選擇候選人的自由，於不侵犯投票秘密下進行，以被認為合理且無不可避

---

[14]　其與LRA審查基準仍有不同之處，參閱芦部信喜，《憲法訴訟の現代的展開》，1981年所收〈憲法訴訟と二重の基準〉，頁302。

[15]　橫田耕一，〈合理性の基準〉，揭載於芦部信喜編，《憲法訴訟》第2卷，頁168。

[16]　橫田耕一，〈合理性の基準〉，揭載於芦部信喜編，《憲法訴訟》第2卷，頁171。

[17]　在宅投票制度訴訟上告審判決之說明，載判例時報1177號，頁3。

免（不得已）的情形爲限，選舉權乃至平等行使的保障，必須在立法上加以貫徹，國會亦必須依此憲法義務加以立法等云。於此基準下，判決對於有無「合理的及被認爲不得已的事由」存在，於詳加檢討之後，認爲無此等事由存在，始作出違憲判決，亦即不承認在宅投票之制。但橫田認爲此一審查基準含有考量「被強迫而不得已的利益」（compelling interest）之要求，應較合於緩和的審查基準，也就是上開「**嚴格的合理性審查基準**」較妥。如此一來，連下級法院亦不存在「嚴格的審查基準」之例了[18]。

(2) 嚴格的合理性審查基準：橫田舉最高裁對全遞東京中郵事件爲例〔最大判昭和41（1966）年10月26日刑集20卷8號901頁〕，認爲該案關於依據公共企業體勞動關係法所爲限制公共企業體勞動者的判決，乃是經過比較衡量尊重勤勞者的團結權[19]，與確保公共福祉之必要後，認爲應該要在確保兩者的正當均衡下作決定。而決定具體限制的程度，屬於立法裁量權的範圍，限制的程度如果沒有打破上開正當的均衡，有明顯的不合理，或超越立法機關裁量權的範圍，其判斷即屬合憲、適法。因此認該判決採用了「明白的原則」、「合理性的基準」對地方公務員團結權的限制未深入地審查即作成合憲的判斷。從該判決的內容觀之，爲勞動者之基本權作爲保障勞動者之生存權之重要手段加以考慮的話，則須符合以下之條件：①對它的限制必須止於合理性認可的最小限度內爲之；②若勞動者的職務或業務的性質有很強的公共性，其職務或業務的停廢，對國民生活全體的利益有害，則須考慮爲避免發生而採取必要且不得已的作爲；③至於違反勞動基本權之法律效果方面，也須認眞地考慮不超越必要的限度，特別是對其刑事制裁，也應限制在必要且不得已的場合爲限；④如果一定要施加限制，也須有適當的替代措施備供選擇。因此可以說該院對於此一案件係採**稍稍嚴格的審查基準**，也就是本則的「**嚴格的合理性審查基準**」。至於下級法院類似本案的審查狀況，橫田分爲兩類，一種屬於「**最少限制之其他選擇手段**」**的基準型**：如旭川地判〔昭和43（1968）年3月25日下刑集10卷3號293頁〕對於國家公務員違反禁止政治活動者的刑事制裁（國家公務員法第10條第1項第19款），認爲：對此行爲之制裁必須限制在達成立法目

18　橫田耕一，〈合理性の基準〉，揭載於芦部信喜編，《憲法訴訟》第2卷，頁173-174。

19　日本憲法第28條規定的勞動團結權，與我國的自由結社權相當，指受僱勞工有自願團結起來，建立或參加工會等勞工團體的權利。

的必要的最小限度內為之，如果比法律所訂制裁方法有更小範圍的制裁方法，且以此亦能達到立法目的的話，則超過必要最小限度的判決，即為違憲。二審亦認為原判決之判斷合於「能達成相同目的的較無限制之其他選擇手段」之審查基準相當，而駁回上訴；另一種屬於**「必要最小限度」**型：如德島郵便局事件之第一審判決認為：對於國家公務員的政治活動的限制，乃由於此等人為人民的僕人，不考慮政治，應在法律之下民主地、有效地運作，確保行政的繼續性及安定性為目的之故，縱有不得已的情形，國家公務員也是市民之一員，有被保障政治活動之自由，因此其限制之程度也應止於達到上開目的的必要最小限度的範圍內，其對於刑罰的限制，經過具體的審查結果，由於明顯超越達成立法目的合理的**必要最小限度範圍**，因此判決違憲[20]。二審高松高裁亦以同樣的理由維持原判[21]。

(3) 合理性的基準：採用此基準的最高裁判決極多，上開藥事法對於藥局開設距離的限制即為其一，其他如殺尊親屬重罰的規定（刑法第200條）〔見第六章第五節關於平等權保障之最高裁昭和48（1973）年4月4日判決〕，其違憲之分析稱：「該法條加重的程度，較為極端，與達成立法目的的手段明顯有失均衡，在找不到任何證據來證明時，此一差別更顯不合理。」可知：該判決對於刑罰之審查係採稍稍嚴格的審查基準，即所謂**「合理性的基準」**，尚未達前揭的**「嚴格的審查基準」**[22]；其他如最大判昭和51（1975）年4月14日（民集30卷3號223頁）關於眾議員定數分配規定之「公職選舉法第13條、別表」，認為眾議員定數分配雖屬於國會裁量權之範圍，但具體決定劃分選舉區與議員定數的分配上，造成選舉人投票價值的不平等，在國會斟酌過通常可考慮的各種因素，仍然無法達到**一般合理性**的程度時，應該推定其已超越國會合理裁量的界線而違憲。再如最大判昭和60（1984）年7月17日（民集39卷5號1100頁）亦沿襲前開判決的審查基準。在合憲判決方面，如該院同年3月27日關於薪水稅金上告事件（民集39卷2號247頁），其認為，在租稅的分類上，以所得性質不同為由而區分的立法，其目的應屬正當，該法中具體採用的區分種類與目的的關聯，除非顯著不合理，否則不能否定其合理性，以此解釋不違反憲法第14條第1項之

20　德島地判昭和44（1969）年3月27日判時560號33頁。

21　高松高判昭和46（1971）年5月10日判時646號95頁。

22　橫田耕一，〈合理性の基準〉，揭載於芦部信喜編，《憲法訴訟》第2卷，頁184。

規定，尚屬相當。再如大阪市屋外廣告物條例，被認為係為提升國民文化
水準為目的、保持都市美觀及公共福祉之故，可以對表現自由所為可容許
之必要且合理的限制[23]。

4. 綜合橫田氏分析日本各級法院的違憲審查基準之層次

(1) 嚴格的審查基準：限制精神自由的立法。
(2) 嚴格的合理性審查基準：限制經濟自由的立法、消極的許可限制的立法、
社會權與明白原則有關之立法。
(3) 合理性的基準：積極的及社會經濟政策的許可限制的立法、廣告物條例、
輕犯罪法、勞動基本權相關之限制立法。
　　其中限制經濟自由相關的立法大致採(2)、(3)的審查基準；精神自由的領
域之審查則較為嚴格。

5. 橫田個人認為妥當之審查基準

(1) 經濟自由的領域：採用二重審查基準，其中關於以消費者、小販店等經濟
弱勢者的保護為目的的積極限制，於今日仍有其必要性，且對該等限制的
各種情況的判斷及評價，需有專門的、技術的、政治的考量，與其無謂地
由法院介入審查，不如尊重立法機關的判斷，因此此一領域，宜採合憲性
的推定為前提，作最小限度的審查，也就是採**理性的基準為妥**。另關於
防止國民生命健康危害的消極目的之限制立法，則稍稍進入審查其立法事
實的合理性、限制目的、採取的手段之實質的關聯性，以「必要最小限度
的基準」或「較少限制之其他選擇手段之基準」等作為備用標準，並**採嚴
格的合理性審查基準進行審查**。
(2) 精神自由的領域：橫田認為目前日本最高裁的審查基準並不妥當，因此舉
下級審的審查基準作為參考：關於表現自由的保障，由於不只涉及個人自
我實現、取得真理之手段、從安定及變化間求取平衡之外，尚須從參與決
策的角度來評估其重要性，因此對其限制原則不被允許，對各種表現活動
的限制，原則上應排除其合憲的推定，至少有人認為限制政治表現自由的
場合（包括張貼傳單、家戶訪問）可考慮推定其違憲。關於此類的限制立
法，主張者（提出限制的一方）須就其有迫切需求的立法必要，及其採取

23　最大判昭和43（1968）年12月18日刑集22卷13號1549頁。

的限制手段與目的有不可或缺，或不得已的關聯等問題負責舉證，然後由法院採**嚴格的審查基準**，加以精查。若其限制含有商業、營利的內容，則其審查態度即可稍稍緩和，也就是採取**嚴格的合理性審查基準**。

(3) 勞動基本權、社會權的領域：由於此一權利的保障乃通往人類基本生活所必經之路，有必要作經濟的判斷，至少與生存權相關的場合，對其權利的限制須以**嚴格的合理性審查基準審查**，因此橫田無法苟同堀木訴訟[24]上告審判決所採取的「**合理性的基準**」。

(4) 平等原則的領域：此領域的審查基準甚多源自美國判例，橫田認爲：①表現自由及行使選舉權等基本權有關的「合理差別」之判斷，應經**嚴格的審查基準**；②從不確定的分類產生之差別的審查亦同；而原本爲社會弱勢者實質平等保障的（爲不確定分類所備用）差別，於合憲性推定之外，**應採「合理性的基準」乃至嚴格的合理性審查基準**；③**關於憲法第14條第1項後段所列舉的分類，無論歸類何者，以採中間審查之嚴格的合理性審查基準爲妥**[25]。

三、小結

　　從上開日本學者就美日兩國實務界及學術界關於各該國最高法院對立法機關立法的違憲審查基準所作之分析，可知該二國關於此一問題的梗概，爲比較觀察的方便，爰將我國國內關於違憲審查基準之分類研究，亦略述如下，不另於前章補述。

　　就個人所知，我國學者關於此問題的研究有：2007年李愷其碩士論文就自由權平等權之案例分析第七屆大法官違憲審查標準[26]、2009年湯德宗教授從比例原則的適用角度分析違憲審查基準，引用許宗力大法官於釋字第578號解釋之協同意見書，主張審查立法事實亦大致區分成三個層次：最寬鬆的基準、中

---

[24] 最大判昭和57（1982）年7月7日民集36卷7號1235頁認爲：兒童扶養手當（津貼）法涉及憲法第25條「健康文化的最低限度之生活」，決定其具體內容有高度的技術專門性及政策判斷，除非明顯地超出裁量的範圍，可見其有濫用之情形外，宜由立法機關裁量決定，認爲應採合理性的基準。

[25] 橫田耕一，〈合理性の基準〉，揭載於芦部信喜編，《憲法訴訟》第2卷，頁192-196。

[26] 李愷其，〈第七屆大法官違憲審查標準之研究—以平等權、自由權案例爲中心〉，碩士論文，國立臺灣師範大學，頁191-242，分爲嚴格、較嚴格、寬鬆等三個基準。

間的審查基準與最嚴格的審查基準等作爲大法官審查立法機關制定之法律是否違憲之審查基準[27]，與上開美日的審查基準類似，另2005年陳怡如博士主張將審查的內容分成四個領域：（一）涉及違反憲法第8條人身自由、第16條訴訟權之司法領域者構成違憲，其審查密度最嚴；（二）涉及違反非司法領域之基本權地位、法律地位得喪而宣告違憲者得附失效期限，其審查密度次嚴；（三）非以上兩種情形而有未告知及提供陳述機會者，以其已逾最低程序保障，侵害基本權之核心領域、人性尊嚴，惟考量人權保障之急迫性，兼顧立法形成之空間可給予合憲之宣告後附加修法之警告，其審查密度次寬；（四）完全無涉基本權者，程序保障如何設計，立法機關有最廣的形成空間，司法機關應給予尊重，並給予審查後不同之處置，其審查密度最寬[28]。

第四節　新憲法的特色

　　舊法時期的實體眞實發現主義，所追求的實體眞實，乃含有職權主義色彩追求發現事實眞相的訴訟程序。在此前提下，追查犯人並加以處罰，形成刑事訴訟的第一要務，所謂「寧可十人無辜受苦，也不讓一犯人脫逃」意義下，導致發展成欠缺人權觀念及權威主義之訴訟制度。戰後日本憲法引進美國「正當法律程序」以後，認爲被告或嫌疑者亦是人，擁有人權，偵查及審判權須予以最大的尊重，對於彼等自由的侵害應在可能的最小限度內爲之，並具備以下特色：

一、認同以法律規定的刑事訴訟程序，有其存在的必要及價值：侵害嫌疑人或被告之人權必須限制在最小的範圍內，及最低的條件下實施；濫權起訴應被禁止，欠缺任意性之自白及違法取得之自白應無證據能力；違反法律同時欠缺適正程序、不遵從保障被告之生命、自由、財產與人權保障等基本程序者即屬違反憲法第31條[29]。

27　湯德宗，〈違憲審查基準體系建構初探〉，揭載於廖福特主編，《憲法解釋之理論與實務》第6輯，頁1-38。

28　陳怡如，〈司法院大法官正當法律程序原則違憲審查標準之探究〉，《弘光人文社會學報》，第6期，2007年5月，頁179-206。

29　團藤重光，〈「法の適正な手續」および刑事訴訟法の法源〉，《法律實務講刑事編》，第1卷，頁35。

二、在以法律規定刑事程序之場合，大體而言，被要求將憲法第31條以下所明示默示關於適正程序諸原則，予以絕對的保障：從新憲法上開諸規定觀之，第31條乃保障程序的正當，第32條以下部分將之具體化，程序正當的保障，乃以之作爲刑罰權發動的條件而被規劃。刑事訴訟的第一要務並非爲處罰而設，而係爲被告或嫌疑者的無罪立證的需要所設，就其內容，並非實質的當事者對等，而應含有成就被告利益之餘地。

三、肯定無罪推定原則、消極的眞實主義、無辜的救濟主義：由於「一人也不能無辜受罰原則」不爲適正程序主義所容許，而採取無辜受罰之消極眞實主義的話，刑事程序將成爲衡量被告無罪立證之最大便宜措施的無辜救濟主義。第33條以下的諸規定即有可能與保護被告、嫌疑者所設計的眞實發現的要求，產生明顯的矛盾。

四、承認嫌疑者、被告與檢察官對等的當事人地位：檢察官及偵查機關乃當事人之一方，對被告或嫌疑者的人權侵害於必要的最小限度適正程序爲之，乃理所當然。由於檢察官及偵查機關乃當事人之一方，對被告的強制處分權僅裁判官擁有，其逮捕及拘留必要性的判斷亦同[30]，被告對搜查官員的訊問本無接受之義務，對被告之搜索令狀非裁判官之許可狀，而係命令狀。雖然如此，從檢察官爲國家機關、爲訴訟之原告以國家之立場實行公訴，對刑罰權之實現寄予積極的關心，此與審判主體的裁判所同爲國家機關相同，因此刑事裁判之本質仍爲職權主義，刑事訴訟之民事訴訟化有其限度。新刑事訴訟法雖然強調當事人主義，但其背後常帶著職權主義的色彩，於必要時即顯示出其作用。裁判所須從當事人相爭之中，立於客觀冷靜的立場。檢察官與被告之對立，非部分的對立，乃全體對部分的對立，此與民事訴訟的本質有異，因此所謂「刑事訴訟之民事訴訟化」自然有其限度[31]。

五、承認任何人權利受侵害時有接受法院裁判的權利（§32），亦即承認除刑事事件外，其餘包括民事事件、行政爭議事件均得循訴訟程序請求法院判斷是非曲直給予保障[32]。

30　按我國迄今仍採眞實發現主義，參閱最高法院56年台上字第118號判決謂：刑事訴訟法係採眞實發現主義，審理事實之刑事法院，應自行調查證據，以爲事實之判斷，並不受民事判決之拘束，如當事人聲明之證據方法，與認定事實有重要關係，仍應予以調查，就其心證而爲判斷，不得以民事確定判決所爲之判斷，逕接爲刑事判決之基礎。

31　杉原泰雄，《基本的人權と刑事手續》，第三章憲法第31條と刑事手續，頁98-104。

32　松井茂記，《日本國憲法》，頁510。

六、規定公務員須爲全體國民服務，非爲部分國民服務，宣示公務員就國家整
　　體利益考量依法行政，非爲部分國民利益考量之中立立場。

七、國民自由及權利之保障極大部分授權法律加以規定。

八、排除行政機關行終審裁判之工作，將違憲審查權統一由司法機關行使。

九、以10條條文來保障人身自由及生命之安全，彰顯其對此問題之重視。

第五節　關於刑事訴訟規則之合憲性

　　日本憲法第77條第1項規定：最高裁判所有權制定與訴訟相關的手續、律
師、裁判所內部規律及司法事務處理相關事項、規則之權限。第2項規定：檢
察官須遵循最高裁判所所定之規則行事。第3項規定：最高裁判所得將規定下
級裁判所有關規則之權限委由下級裁判所行之。因此，該國之最高裁判所於昭
和23（1948）年12月1日以最高裁判所規則第32號行政命令制定並公布施行**刑
事訴訟規則**，詳細規定一些訴訟法上無法兼顧到的細節，猶如我國司法院所定
的《**法院辦理刑事訴訟案件應行注意事項**》一般，給各級法院在適用訴訟法上
相關條文時參考辦理，使施行刑事訴訟更加周到及有統一之作爲。然由於該訴
訟規則係由最高裁判所訂頒，僅有行政命令之性質，其第213條之2規定：審判
程序之更新應依下列之規定辦理：

一、審判長應先命檢察官陳述起訴狀所載公訴事實之要旨（包括起訴狀更正書
　　或訴因變更等請求書面）。但被告或辯護人無異議者，得不爲全部或一部
　　之陳述。

二、審判長於前項程序終了後，應給予被告或辯護人，有就案件陳述之機會。

三、更新前審判期日所載被告或被告以外之人之供述書面，或勘驗結果之書
　　面，以及調查之書面或物品，法院應依職權以證據書類或證物調查之。但
　　法院認爲不能作爲證據之書面或物品，或作爲證據並不適當，且訴訟關係
　　人對於不爲調查並無異議者，應作不爲調查之裁定。

四、審判長於調查前款所示之書面或物品時，得經訴訟關係人之同意朗讀其全
　　部或一部，或以提示代之，並得以認爲適當之方法爲調查。

五、審判長於調查各項證據後，應聽取訴訟關係人之意見及辯解。

　　上開程序與刑事訴訟法規定之程序不盡相同，甚多便宜行事之處，與憲法第31條：要剝奪任何人生命或自由，或科處刑罰須以「法律」之規定不符；又上開「記載被告或被告以外之人之供述書面，或勘驗結果之書面」只需經該訴訟關係人之同意，或調查後，聽取該訴訟關係人之意見及辯解，縱無被告辯護人在場，均可逕行作為證據使用，與憲法第37條第2項：刑事被告在任何場合均有選任辯護人之權利之規定亦有牴觸。而有侵害被告人身自由基本權之疑慮，因此產生引用該規則進行之程序是否可以作為判決被告罪刑依據之疑義，於是有最高裁昭和38（1963）年2月19日第三小法庭判決出現。

　　該判決稱，刑事訴訟規則第213條之2所為審判程序之更新程序，並不違反憲法第31條、第37條第2項之規定[33]。至於理由為何？因筆者手邊之資料僅有《最高裁判所裁判集（刑事）主要裁判例要旨集》可資查考，而其內容僅載其裁判要旨，國家圖書館亦無此一資料，雖進一步進入該國最高裁判所所屬：https://www.courts.go.jp/app/hanrei_jp/detail2?id=54321網站，依其指示輸入事件番號、裁判日期、判例及登載卷號頁碼，甚至以關鍵字搜尋均無所獲，因此只好從缺，敬請讀者諒察。不過筆者覺得從上開最高裁制定**刑事訴訟規則**之權源係來自憲法的授權，即不難了解該規則之地位等同於刑事訴訟法之法律位階，或許因此最高裁才會有這樣的判決出現。惟學者早稻田大學教授齋藤金作進一步解釋，指出如依憲法第77條規定，最高裁判所有權制定與訴訟相關的手續、律師、裁判所內規及司法事務處理相關事項、規則之權限。以此規則之制定權是否可以修改或廢止法律？理應採否定之解釋。從而依裁判所法第10條[34]，以違憲的理由上告的話，本應由大法庭裁判才是（按本件判決是判斷依刑事訴訟規則第213條之2所為審判程序之更新程序判決是否違憲之問題，屬於該條第1款除外之事項）。若以之改依最高裁判所之規則由小法庭來審理（本件判決之作成機關為最高裁判所之小法庭），應認為違法[35]，因此對於上開最高裁昭和38（1963）年2月19日第三小法庭之判決從程序面是否合法提出質疑。

33　最高裁判例集146卷，頁157。

34　日本裁所法第10條（大法庭、小法庭的審判）規定，案件採用大法庭或小法庭審理，由最高法院決定。但下列案件，不能在小法庭進行審判：一、根據當事人的主張，對法律、命令、規則或處分是否符合憲法作出判斷時（其意見與已經作出的大法庭判決所適用之法律、命令、規則或處分之裁判相同者除外）。二、除前項之情形外，認為與法律、命令、規則或處分不適時。三、憲法或其他法令的解釋及適用意見與最高裁先前作出的司法判決相牴觸者。

35　齋藤金作，《刑事訴訟法》第一分冊，頁34。

第六章
日本各級法院對正當法律程序的運用狀況

第一節　關於刑事訴訟的正當法律程序

一、選任辯護人之正當法律程序

（一）關於犯罪嫌疑人之辯護人依賴權，最高裁大法庭昭和24（1949）年11月30日之判決認為：搜查機關只需給予犯罪嫌疑人委託辯護人之機會即為已足，憲法第34條並未要求做到告知嫌疑人有委託辯護人的權利為止（刑集3卷11號1857頁）。

（二）以訊問中為由拒絕接見，並不違反憲法第34條之規定：辯護人請求接見嫌疑人之際，在實務上每每被以在訊問中為由加以拒絕，最高裁大法庭平成11（1999）年3月24日之判決認為：最高裁（以往之判例）認為從刑事訴訟法第39條規定認可，除認有中斷訊問等致生顯著妨礙搜查之情形以外，為搜查之故有需要時，儘可能早日指定接見之日期及時間，以讓嫌疑人能有防禦之準備等解釋觀之，認為以訊問中為由拒絕接見並不違反憲法第34條之規定（判例集未登載此判例，但為學者所反對）[1]。

（三）因可歸責於被告之理由表明辭意後將國選辯護人解任，並拒絕國選辯護人再任之狀況下，法院照常審理及判決，最高裁第三小法庭昭和54（1979）年7月24日判決認未違反憲法第37條第3項（辯護人依賴權）之規定。

---

[1]　松井茂記，《日本國憲法》，頁516。

二、搜索扣押之正當法律程序

（一）認無證據能力之態樣

扣押狀不明確，造成無差別的扣押，所扣押之物無證據能力。東京地裁昭和41（1966）年1月13日裁定：關於恐嚇事件之搜索扣押許可狀中記載之扣押物件之內容欠缺明示性，因此基於該令狀所作無差別、任意的扣押物即無證據能力（判時441號62頁註62）[2]。

1. **有重大瑕疵之扣押狀所扣押之證物應被排除**：東京高裁昭和47（1972）年10月13日違反公職選舉法事件，以搜索扣押令狀本身有重大之瑕疵，據此執行結果所扣押之證物即應被排除（判時703號108頁註76）[3]。

2. **扣押令狀未載之物無證據能力**：大阪高裁昭和49（1974）年3月29日恐嚇事件，認定以事件相關之令狀執行搜索扣押，伴隨發現令狀未記載之扣押目的物──記載賭博開張之紀錄便條予以扣押，認定違反令狀主義，而否定該便條之證據能力（高刑集27卷1號84頁，判例タイムズ312號289頁）[4]。

3. **對竊盜犯進行職務詢問，在未持有凶器之狀況下進行臨檢而取得覺醒劑，應否定其證據能力**：大阪高裁昭和56（1981）年1月23日認為，對竊盜嫌疑犯進行職務詢問之際，並無持有凶器的具體狀況，於告知檢查身體，對方舉起手後，以手插入對方之衣服口袋內取得裝有覺醒劑之信封，為抑制違法搜索之故，認應否定該覺醒劑之證據能力（判時998號126頁）。

4. **使用詐欺手段之不法方法，脫免令狀主義之規定，應否定該檢查結果**：東京地裁昭和49（1974）年1月17日判決，被告因酒駕嫌疑被逮捕後，拒絕呼氣檢測而被留置，嗣向看守之警官表示尿意，該警官為檢查其酒精濃度之目的，向被告表示因陪同的幹部尚未到來，無法帶其如廁，請其在便器上排尿，而取得其尿液送檢。該院以其使用詐欺手段之不法方法，脫免令狀主義之規定，而否定該檢查結果之證據能力（判時653號121頁註58）[5]。

---

[2]　林賢宗，《自由心證法制新趨勢──從自由心證主義之發展軌跡談起》，頁90。

[3]　林賢宗，《自由心證法制新趨勢──從自由心證主義之發展軌跡談起》，頁91。

[4]　林賢宗，《自由心證法制新趨勢──從自由心證主義之發展軌跡談起》，頁91。

[5]　林賢宗，《自由心證法制新趨勢──從自由心證主義之發展軌跡談起》，頁93。

（二）認有證據能力之態樣

1. **認未違反令狀主義精神而有證據能力**：東京高裁昭和41（1966）年5月10日依槍砲不法持有嫌疑搜索之結果發現扣押之獵槍，本屬於扣押標的物不明瞭予以扣押之違法，但該獵槍係在合法的搜索過程發現之物，對被告之人權並未特別侵害，且構成持有該獵槍之本身之犯罪，非不能以現行犯逮捕，此一違法並未達埋沒令狀主義精神之程度（高刑集27卷1號84頁，判例タイムズ312號289頁註53）[6]。

2. **蒐集證據之程序雖有瑕疵存在，但其程度尚未達重大**：大阪高裁昭和49（1974）年7月19日判決，在處理交通事故被害汽車內發現槍彈及覺醒劑之報告為依據，取得令狀搜索汽車之際，除上開物件外又發現改造槍枝及覺醒劑之原料之故，將之一起帶回警局，再次聲請扣押許可狀放置在前移動的汽車內，將該等物品扣押之事件，除有前開理由之外，評估交通事故現場緊急回復的必要性，本件蒐集證據之程序雖有瑕疵存在，但其程度尚未達重大，而不採辯護人證據排除之主張（判時767號112頁）[7]。

3. **關於照相攝影**：最高裁的判例認許國民有未得他人的承諾不得擅自拍攝該他人的容貌之自由，在憲法第13條內有其規定。但「現在正在施行犯罪與施行後之間，於認為沒有間隙的場合，且有保全證據的必要性及緊急性，又有可以行超過一般可容許範圍相當的方法時」，在沒有令狀下亦可拍攝及照相〔最高裁大法庭昭和44（1969）年12月24日判決，刑集23卷12號1625頁〕。

4. **非單純以陪同的幹部尚未到來為藉口，在通常排尿的瞬間，放棄權利的意思下使其排尿，其採尿行為不能謂為違法**：東京高裁昭和49（1974）年11月26日判決認為，如非單純以陪同的幹部尚未到來為藉口，在通常排尿的瞬間，放棄權利的意思下使其排尿，對照嫌疑者身體被拘束中無令狀採取其指紋之情形，其採尿行為不能謂為違法〔判時766號122頁；最高裁昭和49（1974）12月3日決定亦肯定此說〕[8]。

5. **關於多人一起檢查及職務詢問附隨檢查所持品之問題**：最高裁認可為確認是否遵守交通規則而施行多人一起檢查之舉措〔最高裁第三小法庭昭和55

6　林賢宗，《自由心證法制新趨勢——從自由心證主義之發展軌跡談起》，頁92。

7　林賢宗，《自由心證法制新趨勢——從自由心證主義之發展軌跡談起》，頁92。

8　林賢宗，《自由心證法制新趨勢——從自由心證主義之發展軌跡談起》，頁93。

（1980）年9月22日裁定，刑集34卷5號272頁〕，亦認可職務詢問附隨檢查所持品。認為：未達搜查程度之檢查所持物品行為，只要不超過強制之範圍，在認為相當的限度內縱未得持有人之承諾，亦可施行檢查〔最高裁第三小法庭昭和53（1978）年6月20日判決，刑集32卷4號670頁；最高裁第一小法庭同年9月7日判決，刑集32卷6號1672頁）。

6. **新聞記者為求證自己在前與對方交談所聽到的錄音，縱未得前錄音對話一方承諾而為之對話錄音，不違法**：最高裁第三小法庭昭和56（1981）年9月16日決定，最高裁判例集35卷8號79頁。

7. **違法程度難謂重大，而肯定扣押物之證據能力**：最高裁昭和63（1988）年9月16日決定認為，警察擬對使用覺醒劑嫌疑之男子為職務詢問之際，男子拔腿逃跑，為警追及將之押上車同行，於路上丟下紙包為警目擊，判斷其內為覺醒劑而將之保管後對男子要求檢查所持物品之際，男子將上衣脫下丟出，警察判斷其默示同意，而觸碰其上衣及其他衣著，看到男子左腳襪子鼓起而取出覺醒劑及注射器，雖然執法方法及順序有不當之處（本可於其丟包之際以現行犯或緊急逮捕，再加以搜身），但於此情形難謂違法程度重大而否定取得之覺醒劑之證據能力（刑集42卷7號1051頁）[9]。

8. **關於破壞鑑定標的物未依刑事訴訟法第168條所定之法院許可程序時，該鑑定之證據能力**：最高裁昭和29（1954）年4月15日第一小法庭判決稱，關於破壞鑑定標的物，縱然未依刑事訴訟法第168條所定之法院許可程序（按該條第1項規定，鑑定人就鑑定有必要時，得經法院之許可進入有人住居或看守之住宅、建築物或船舶，且得檢查身體、解剖遺體、挖掘墳墓或破壞物品），惟由於該一處置並未成為本案強制處分之對象，只要未有異議，即無否定該鑑定證據能力之理由（最高裁判例集8卷4號471頁）。

9. **依照憲法第33條之規定**：除作為現行犯逮捕者外，如無主管的司法機關簽發並明白指出犯罪理由的拘捕令狀，對任何人均不得加以逮捕。本件未達具備逮捕條件，但具備別件之逮捕條件，為追及本件而加以逮捕，本屬非法。但最高裁認為，於別件逮捕進行關於本件之調查，此非專為本件之故所為之逮捕，應容許該別件逮捕行為〔最高裁第二小法庭昭和52（1977）年8月9日裁定，刑集31卷5號821頁〕，但學說普遍認屬違憲[10]。

---

[9]　林賢宗，《自由心證法制新趨勢——從自由心證主義之發展軌跡談起》，頁94。

[10]　松井茂記，《日本國憲法》，頁514。

10. **留置約六個半小時進行職務質問之舉措，雖已超越任意搜查容許之範圍，但該嫌疑犯反覆又異常之行為舉止，顯示其已覺醒劑中毒，有必要阻止其駕駛，就其一系列的手續觀之，難謂為重大違法，因此強制採尿之鑑定書不能否定其證據能力**。最高裁平成6（1994）年9月16日第三小法庭之裁定認為，警察官對使用覺醒劑之嫌疑犯，為使其任意同行，取走其汽車鑰匙阻止其駕駛，在現場留置約六個半小時進行職務質問之舉措，雖已超越任意搜查所容許之範圍，本屬違法，但該嫌疑犯反覆又異常之行為舉止，顯示其已覺醒劑中毒，有必要阻止其駕駛，因此警察行使最小限度範圍內的警力，在嫌疑犯固執自行駕駛並拒絕同行之下需要長時間的說服以外，隨後認定強制採尿手續本身又不違法之下，就其一系列的手續全體觀之，難謂為重大違法，因此依強制採尿取得尿液之鑑定書不能否定其證據能力（最高裁判例集48卷6號420頁）[11]。類似的案例尚有最高裁平成7（1995）年5月30日第三小法庭之裁定可資參照（最高裁判例集49卷5號703頁）[12]。

11. **警察基於令狀在搜索之現場對被告施以暴行，雖屬違法，但在之前發現之覺醒劑，無法否定其證據能力**：最高裁平成8（1996）年10月29日裁定認為，警察依令狀進行搜索之現場，對被告施以暴行雖屬違法，但其（施暴之）時點在發現覺醒劑之後，為被告言詞所激發之故，非為發現證據之目的利用搜索所為，其扣押之覺醒劑非違法蒐集之證據，無法否定其證據能力（最高判刑集50卷9號683頁）[13]。

12. 得被告承諾而實施之遠距扣押，其範圍因無法即時判斷與犯罪有關而加以概括扣押，甚或涉及跨境之他國主權，因「締結關於網路犯罪相關條約」的平成24（2012）年條約第7號法律不限於國內，只要係締約國之一，具有正當權限者之合法且任意同意的情況下，不經國際司法偵查互助，也得允許對於上開紀錄媒體進行遠距搜索及複製上開紀錄〔最高裁令和3（2021）年2月1日第二小法庭判決〕。

---

[11] 林賢宗，《自由心證法制新趨勢——從自由心證主義之發展軌跡談起》，頁94。

[12] 林賢宗，《自由心證法制新趨勢——從自由心證主義之發展軌跡談起》，頁94。

[13] 林賢宗，《自由心證法制新趨勢——從自由心證主義之發展軌跡談起》，頁94。

（三）與違法證據排除法則相關

1. 筆者在《自由心證法制新趨勢——從自由心證主義之發展軌跡談起》一書中曾分析日本學者接受此來自美國之採證法則之狀況，但實務上多在下級法院於法官之自由心證運用下加以採取，至最高裁階段或許由於涉及之爭議多屬法律甚至憲法層次之問題，與法官心證之認定事實較少連結，因此最高裁實務上出現該問題相關之判例尚不多見，偶有出現其態度亦甚消極。且及至研究正當法律程序問題之後，始發覺該國憲法第35條違反搜索扣押程序所得之證據並未如第38條第2項第3項一般規定違反之後的效果（不得為證），而容易被放置一旁不用，因此為使違反憲法或法律規定之其他（第38條以外）之違法行為得生遏止之效果，學界即主張包括違反第35條搜索、扣押程序取得之證據及有違反第31條的法律程序（**不經法律規定的手續**），不得剝奪任何人的生命或自由，或科以其他刑罰規定之情形，除非無關緊要的違反程序可作其他考量以外，均可適用違法證據排除法則加以排除[14]。如此，即與憲法第31條的正當法律程序之適用產生關聯，最高裁如何運用此一法則即值觀察。

2. 最高裁第一小法庭昭和53（1978）年9月7日判決認為，扣押等程序中如有埋沒憲法第35條及據此規定之刑事訴訟法第218條第1項所希望的令狀主義精神的重大違法存在，如果容許以之作為證據的話，對於將來抑制違法蒐證之立意，認為並不相當之場合，應認有違法證據排除之可能性（刑集32卷6號1672頁）。

3. 最高裁第三小法庭平成7（1995）年5月30日裁定認為，檢查所持物品之程序縱有違法，因發現持有覺醒劑而逮捕後，所接續的採尿程序之證據能力不能予以否定（刑集49卷5號703頁）[15]。

三、證據調查之正當法律程序

（一）綜合認定的數個證據中，縱有未經證據調查者，也不構成撤銷判決之理由。最高裁昭和27（1952）年3月6日第一小法庭判決稱，將未經適法的

14　松井茂記，《日本國憲法》，頁527；林賢宗，《自由心證法制新趨勢——從自由心證主義之發展軌跡談起》，頁90。

15　林賢宗，《自由心證法制新趨勢——從自由心證主義之發展軌跡談起》，頁94註28。

證據調查之證據，與其他的證據綜合考量，縱然有違法認定犯罪事實之情事，如將該未經證據調查之證據加以排除，仍可以認定犯罪事實時，不得以該一違法作爲撤銷判決之理由（最高裁判例集6卷3號363頁）。類似的判例尚有最高裁昭和28（1953）年7月2日第一小法庭裁定，其稱，綜合認定的數個證據中縱有未經證據調查者，亦不影響判決之效力（最高裁判例集84卷91頁）。

（二）犯菸草專賣法罪所製造之菸草，因爲不能沒收原物之故，而須追徵其價額時，是否需要對不能沒收事由所認定之證據加以調查？最高裁昭和30（1955）年7月5日第三小法庭裁定稱，依菸草專賣法之規定，沒收製造菸草罪所製造之菸草，因爲不能沒收原物之故，而追徵其價額時，由於該不能沒收的理由並非構成犯罪之事實，因此不一定要在審判庭上經由證據調查來認定，或在判決上說明該證據（最高裁判例集107卷105頁）。

（三）屬於判斷量刑事項之證據調查：最高裁昭和31（1956）年4月25日第二小法庭裁定稱，關於量刑事項判斷之證據調查，與犯罪構成事實有關之判斷不一定不同，無須依照刑事訴訟法所規定之法定程序，以經過證據調查後之證據爲限，此乃最高裁判所向來的判例〔昭和23（1948）年（れ）第1414號；昭和24（1949）年2月22日第二小法庭判決，最高裁判例集113卷411頁〕。

（四）經過被認爲適法的證據調查的證據書類未被編訂於紀錄時，如何認定犯罪事實？最高裁昭和31（1956）年9月13日第一小法庭裁定稱，雖然認定犯罪事實之證據需要經過證據調查，但從記錄第一審第二次之審判筆錄顯示，系爭證據書類業經記載有適法的證據調查之意旨之故，可以明白（該證據）業經證據調查，證據書類是否編訂於紀錄之內不能左右犯罪事實之認定，上訴論旨主張：證據書類如未編定入紀錄之內即無法進行調查，將形成對當事人強迫其不能之結果乙節，如依審判筆錄所載，已明示系爭證據書類引用自第一審裁判所之附件，其所在亦屬明確，且該紀錄可自由閱覽（刑事訴訟法第40條、第53條），並非如上訴論旨所謂強迫不能之物（最高裁判例集114卷635頁）。

（五）以英文記載的證明書及日文翻譯之適法的證據調查事例：最高裁昭和35（1960）年7月19日第三小法庭裁定稱，所論的證據調查聲請書五，當中的第2號及第3號裡證據標目所謂的麥克唐納士官的證明書各一份，該

譯文如其所言縱有未揭載部分，該等證明書於紀錄上明示在一張上段爲英文證明書，下段爲日文翻譯之故，作爲證據標目的士官證明書顯示已包含有日文翻譯之意旨，則關於證明書爲適法證據調查即等同認定於日文翻譯也經過適法的證據調查（最高裁判例集134卷649頁）。

四、認定事實之正當法律程序

（一）以依證據認定的事實作爲他事實的證據是否得當？最高裁昭和37（1962）年4月13日第二小法庭判決稱，依證據認定的某一事實作爲他事實的證據，參照昭和9（1934）年（れ）第1568號、昭和10（1935）年2月14日大審院判決（刑集14卷92頁）並無違法可言（最高裁判例集141卷789頁）。

（二）自白排除法則：憲法第38條第2項所謂「以強迫、拷問或威脅所得的自白，或經過非法的長期拘留或拘禁後的自白，均不得作爲證據」之規定，即學界所稱的「自白排除法則」。最高裁認爲此一法則應從其有意排除任意性有疑問之自白加以理解〔最高裁第二小法庭昭和33（1958）年6月13日判決，刑集12卷第9號2009頁〕，如此一來，縱然經過不當長期拘留之後自白犯罪，如果兩者之間無因果關係的話，仍然容許以之爲證據〔最高裁大法庭昭和23（1948）年6月23日判決，刑集2卷7號715頁〕，只是除此以外任意性有可疑之自白，或以違法的訊問方法取得之自白（如施用詐術取得的自白）均不得認其有證據能力〔最高裁大法庭昭和45（1970）年11月25日判決，刑集24卷12號1670頁〕。

（三）自白補強法則：憲法第38條第3項規定：「任何人如果對自己不利的唯一證據是本人自白時，不得被判有罪或科以刑罰。」因此演繹出所謂「自白補強法則」，在此原則下，縱然在審理庭上任意性無問題，審判官有可直接審酌之理由，最高裁大法庭昭和23（1948）年7月29日判決認爲在此情形下如亦禁止其採取作爲證據並不妥當（刑集2卷9號1012頁），其在共犯自白的場合，該院亦同樣認爲不該禁止〔最高裁大法庭昭和33（1958）年5月28日判決，刑集12卷8號1718頁〕，兩則判例均有學者持反對意見[16]。

---

[16]　松井茂記，《日本國憲法》，頁527。

（四）作爲補強證據的一犯罪事實之自白，可否援用作爲他併合關係中某犯
　　　罪事實存在的證明？最高裁昭和40（1965）年9月21日第三小法庭判決
　　　稱，像本件犯罪那樣的併合關係的數罪，在證明程序上，應以個別獨立
　　　犯罪加以調查，除必須依個數補強證據之外，該補強證據還需解爲與各
　　　該犯罪的構成要件事實有所關聯始爲相當。上訴論旨謂，如原判決那
　　　樣，哪怕是依適法的證據認可之物，其犯罪以外的他併合關係裡存在之
　　　犯罪事實，以之爲情況證據，作爲犯罪相關自白之十足補強的話，不得
　　　不謂其有違採證法則，甚至有誤解訴訟法之違法（最高裁判例集156卷
　　　615頁）。

（五）未經適法的證據調查之證據與其他證據綜合考量，認定犯罪事實之違法
　　　對判決的影響：最高裁昭和41（1966）年5月26日第一小法庭裁定稱，
　　　原判決雖然認可第一審判決，但是縱然有如上訴論旨所謂的以未經適法
　　　的證據調查之供述筆錄作爲認定犯罪事實的證據，此等違法如本件的情
　　　形，將該等未經證據調查之證據除外後，以其餘列舉的證據亦可認定犯
　　　罪事實之情形下，仍難成立撤銷判決之理由。最高裁判所多次之判例
　　　〔昭和24（1949）年（れ）第1946號；昭和25（1950）年1月19日第一
　　　小法庭判決，刑集4卷1號30頁；昭和26（1951）年（あ）第4677號；昭
　　　和27（1952）年3月6日第一小法庭判決，刑集6卷3號363頁〕可資參照
　　　（最高裁判例集159卷839頁）。

（六）審查上訴裁判所有無事實誤認，可使用證據之範圍：最高裁昭和45
　　　（1970）年11月5日第一小法庭判決稱，上訴審就共同被告中的一人，
　　　審查關於一審判決所示之事實有無誤認之際，以未經證據調查程序之其
　　　他共同被告於合併辯論前所調查的證據資料作審查，於法不合（最高裁
　　　判例集178卷105頁）。

（七）爲給予所謂刑事免責而囑託之證人訊問筆錄的證據能力：最高裁平成7
　　　（1995）年2月22日判決認爲，刑事訴訟法尚未採用刑事免責制度，給
　　　予刑事免責而取得供述之囑託證人訊問筆錄，不被容許作爲事實認定之
　　　證據（最高裁判例集49卷2號1頁）。此例顯示日本最高裁在新制未制定
　　　前，縱學界已有此主張，亦仍遵循正當法律程序而爲判決之情況。因與
　　　正當法律程序之適用有關，特將之條列於此，以供參考。其後至2016年
　　　修正之日本刑事訴訟法始有「刑事免責制度」之制定，並規定於公布二
　　　年內施行。因此在新法所定之條件下，經裁判所裁定免責之證人證言，

即得採爲認定事實之證據[17]。

五、採取共犯供述之正當法律程序

（一）未接受共同審理之單純共犯供述的證據能力：最高裁昭和26（1951）年
　　　9月27日第一小法庭判決稱，上訴論旨所指之證人橋場○、野場○男於
　　　本件侵入住宅部分各被告有共犯之關係，但並未以共同被告之身分接受
　　　共同審理。像這樣未受共同審理的單純共犯，其自認犯罪事實之供述的
　　　證據能力，依憲法第38條第3項之規定（任何人不得以本人之自白爲自
　　　己不利的唯一證據、判決有罪，或科處刑罰），並無受何等限制，此乃
　　　歷來大法庭之判例（最高裁判例集3卷6號734頁；最高裁判刑集53卷595
　　　頁）。

（二）最高裁昭和28（1953）年1月16日第二小法庭裁定，以證人之身分所爲
　　　之供述並未違反刑事訴訟法之規定，原審雖認爲一審判決第二至第六之
　　　事實所認定之證據中，三名共犯之公判庭供述違反刑事訴訟法第319條
　　　第2項、憲法第38條第3項。但從紀錄看來，一審採用的共犯供述，本非
　　　以被告身分的供述，而係以證人宣誓下所爲之供述，並未違反刑事訴訟
　　　法之規定，且一審係在共犯的供述之外，引用各個被害人的申報書作證
　　　據，因此所論違憲之主張欠缺採取之理由（刑集72卷89頁）。

（三）以檢察官作成的已亡故的同一被告之供述筆錄作爲認定事實之資料，不
　　　能認違反憲法第37條第2項及刑事訴訟法第321條之規定。最高裁昭和28
　　　（1953）年7月2日的案例謂，所論古瀨○俊既已死亡，則非在本案共同
　　　審理之故，設此人亦爲共犯，自屬刑事訴訟法第321條所謂「被告以外
　　　之人」，從而原審即便以檢察官作成的同一被告之供述筆錄作爲認定事
　　　實之資料，不能以此認爲違反憲法第37條第2項（被告有詰問證人之權
　　　利）及刑事訴訟法第321條（「被告以外之人」供述書面之證據能力）
　　　（刑集84卷9頁）[18]。此一規定經最高裁之上開判例，認定並不違憲

17　林賢宗，《自由心證法制新趨勢──從自由心證主義之發展軌跡談起》，頁91註20。有關該
　　制度之內容，詳林賢宗，《自由心證法制新趨勢──從自由心證主義之發展軌跡談起》，頁
　　186-187。

18　筆者按：日本刑事訴訟法第321條規定，被告以外之人所作成之供述書或記錄其供述之書面
　　經其簽名或用印者，在左列情形下可作爲證據……；其第2款稱，在檢察官面前供述之書

法第37條第2項之正當程序。

（四）採用證據需該證據合法有效成立，始能採用。最高裁昭和29（1954）年1月14日判決稱，第一審判決關於被告犯罪事實之認定，因非以命共同被告及被告本人宣誓，使其立於證人之地位在公判庭作供，並以之作爲斷罪資料之故，若以此爲前提主張違法，將因其欠缺此前提（使其立於證人之地位作供）而不能採用（刑集91卷295頁）。換言之，須使共同被告及被告本人立於證人之地位宣誓及作證，始能採取該證詞作爲斷罪之資料。

（五）被告對司法警察之供述筆錄的證據能力：最高裁昭和29（1954）年7月14日第二小法庭裁定稱，在公判庭上曾經以證據作成者作爲證人來訊問之場合及同意的效力，由於被告同意以其對司法警察之詢問筆錄，作爲第一審公判證據，則其後依辯護人之聲請，該供述者縱在公判庭以證人之資格受訊問，前開供述筆錄當然不能喪失其證據能力（刑集97卷329頁）。

（六）共犯供述與被告相關之犯罪事實，與憲法第38條第3項所謂「本人之自白」之關係。最高裁昭和42（1967）年2月16日第一小法庭判決稱，共犯供述之犯罪事實（自白），在與被告的關係中，屬於被告以外之人的供述，與憲法第38條第3項所謂的「本人的自白」並不相當，乃最高裁昭和29（1954）年（あ）第1056號、昭和33（1958）年5月28日大法庭（刑集12卷8號1718頁）之判解，至今尚無認其有變更之必要（最高裁判例集162卷381頁）。

六、與證明力相關之正當法律程序

（一）辯護人及被告雖同意以告訴狀爲證，但對於內容有異議，應認爲其有爭執證明力之意思。最高裁昭和28（1953）年5月29日第二小法庭判決稱，關於告訴狀，辯護人及被告雖同意以之爲證，但對於告訴狀之內容有異議之陳述時，雖認告訴狀有證據能力，但應認其有爭執證明力之意思（刑集81卷597頁）。

面，其供述者死亡、精神障礙、所在不明，或在國外無法在審判前或審判期日出庭時，該一資料可作爲證據。

（二）顯違正義足以影響判決，得將判決撤銷論知無罪。最高裁昭和32
（1957）年2月14日第一小法庭判決稱，合於刑事訴訟法第411條（顯違
正義之職權撤銷）第1款（違反法令足以影響判決者）、第3款（重大事
實誤認足以影響判決者）事由之事例：於贈、受賄被告事件，認定不可
分的供述，如擷取其一部，全體的意思即全不相同，以之作爲認定招待
與職務有關之判決，有違證據法及共同事實誤認之情形，依刑事訴訟法
第411條第1款、第3款可將之撤銷判決無罪（刑集11號2卷696頁）。

七、量刑考量之正當法律程序

（一）以未經起訴之犯罪事實作爲量刑考慮之資料，是否違反憲法第31條、第
39條的規定？最高裁昭和41（1966）年7月13日大法庭判決稱，以未經
起訴之犯罪事實認定所謂的餘罪（以其違反憲法第31條之規定），當然
不允許實質上以之於處罰之意旨上，作爲（從重）量刑之資料加以考
慮。但單純以被告之性格、經歷及犯罪之動機、目的、方法等情狀爲推
知之資料，以之爲（量刑之）考慮，則與憲法第31條、第39條並不違背
〔刑集20卷第6號609頁；最大判昭和42（1967）年7月5日，刑集21卷6
號748頁〕[19]。

（二）以被告所統率的部下之前科、經歷等作爲量刑之參考，與憲法第31條之
關係：最高裁昭和42（1967）年3月24日第二小法庭判決稱，以被告所
統率的部下之前科、經歷等作爲推知被告性格、經歷及其他量刑情狀參
考之資料，不違反憲法第31條之規定，參照最高裁大法庭判決〔昭和40
（1965）年（あ）第878號、昭和41（1966）年7月13日宣判，刑集20卷
6號609頁〕之意旨，至爲明瞭（最高裁判例集162卷1145頁）。

八、關於沒收之正當法律程序

最高裁昭和37（1962）年11月28日大法庭對第三人所有物判決沒收事件之
判決稱：未告知所有物之第三人給予辯解防禦之機會，而將第三人之所有物加
以沒收，違反憲法第31條之規定（刑集16卷11號1593頁）。

---

[19] 松井茂記，《日本國憲法》，頁509。

九、關於受迅速裁判之權利的保障

最高裁大法庭於昭和47（1972）年12月20日之高田事件判決中（刑集26卷10號631頁），確認刑事被告有權於裁判不當遲延之場合要求從刑事裁判中獲得解脫，於顯著遲延之結果被認為發生異常事態有害於被告受迅速裁判之權利時，應為被告免訴之判決。該院亦認為非僅計算遲延期間，而須就諸般狀況加以綜合考量（但該事件於一審即有中斷15年未加審理之情形）。自此事件後參照最高裁之判例〔最高裁第二小法庭昭和48（1973）年7月20日判決，刑集27卷7號1322頁；同院第一小法庭昭和50（1975）年8月6日判決，刑集29卷7號393頁〕即未發生侵害國民受迅速裁判之權利之情形[20]。

十、適用法律之正當程序

新憲法第39條雖採法律不溯及既往原則及罪刑法定主義，但關於程序法及判例解釋之變更，最高裁卻認為採取事後法並不違憲，此從下列事件可見端倪：

（一）關於程序法之溯及適用，最高裁大法庭昭和25（1950）年4月26日判決認為，程序法之變更縱然會有形成對被告不利之情形發生，但適用新法裁判並不違反憲法（刑集4卷4號700頁）。

（二）最高裁第二小法庭平成8（1996）年11月18日判決認為，對於行為時依最高裁之解釋不成罪之行為加以處罰，不違反憲法第39條之規定（刑集50卷10號745頁）。

（三）惟此舉學者認為有違信賴保護原則，至少在前者（程序法變更）對被告有明顯的不利益之情形，應認為適用犯罪時之舊程序法較為妥當[21]。

十一、關於一事不再理及禁止二重危險之正當法律程序

參考美國憲法制憲之日本新憲法，除有大陸法系一事不再理原則之外，兼採禁止二重危險（double jeopardy）之英美法設計，導致憲法第39條前後條文

---

[20]　松井茂記，《日本國憲法》，頁524。

[21]　松井茂記，《日本國憲法》，頁528。

似乎有點重複，但從該法第31條之法定程序觀點來看，毋寧解爲前段條文（任何人在其實行的當時爲合法的行爲，或已經被判無罪的行爲，均不得追究刑事上的責任）乃實現後段條文（對同一種犯罪不得重複追究刑事上的責任）之手段。且既然限制在刑事上之責任，自然不及於其他民事及行政懲戒責任。換言之，禁止二重危險只適用於刑事責任，民事及行政懲戒不在此限。此從下列最高裁之判例可知：

（一）最高裁第二小法庭昭和29（1954）年7月2日判決：被告依辯護士法受懲戒後，同一事實縱被刑事訴追而受有罪之判決，不能謂爲使其受二重危險（刑集8卷7號1009頁）。

（二）最高裁大法庭昭和33（1958）年4月30日判決：對違反所得稅法之行爲依行政措施施予加重課稅後，對該行爲科處刑罰，不違反憲法第39條（禁止二重危險）之規定〔民集12卷6號938頁；最2小判昭和45（1970）年9月11日，刑集24卷10號1333頁〕。

（三）最高裁第三小法庭平成10（1998）年10月13日判決：違反獨占禁止法被科處罰金後，國家對之另提返還不當得利訴訟而命其繳交金錢，不違反第39條之規定（判例集未載）[22]。

（四）最高裁大法庭昭和24（1949）年12月21日判決：以再犯之理由加重其刑無違反憲法第39條（刑集3卷12號2062頁）。

（五）最高裁第二小法庭昭和43（1968）年6月14日判決：以長習累犯爲由加重其刑無違反憲法第39條（刑集22卷6號477頁）。

（六）最高裁第二小法庭昭和44（1969）年9月26日判決：因有前科存在而犯常習暴行等罪，進一步以累犯加重其刑無違反憲法第39條（刑集23卷9號1154頁）。

（七）下級審判決無罪之行爲，檢察官對之提起上訴，在美國適用二重危險之法理爲法所禁，但最高裁大法庭昭和25（1950）年9月27日判決認爲該行爲乃訴訟終了前持續之訴訟行爲，不違憲（刑集4卷9號1805頁）。

22　松井茂記，《日本國憲法》，頁529。

第二節　關於民事之正當法律程序

一、任何人因公務員之不法行為而受損害，依憲法第17條規定國家被認為應賠償時，該公務員本身是否亦該賠償，憲法並未加以規定。一般認為該公務員亦應負責，至少有侵害人權故意之情形時，應追究其責任始為妥當。但實務上，最高裁昭和30（1955）年4月19日第三小法庭卻因憲法僅規定對國家或公共團體為請求，而認為對公務員本身不能究責（民集9卷5號534頁）[23、24]。

二、私有財產因公用而受損失，依憲法第29條第3項之規定可獲得補償。但生命、身體受侵害之情形可否請求賠償，憲法並未規定，因此在預防接種引起副作用而生損害的訴訟實務上即出現引用規定上之分歧：

（一）認為預防接種行為本身為違法行為，國家應加賠償〔東京高判平成4（1992）年12月18日判決，判時1445號3頁，上告審；最高裁第二小法庭平成10（1998）年6月12日判決，民集52卷4號1087頁〕。

（二）認為預防接種行為本身為適法行為，但認為應類推適用憲法第29條第3項之規定予以損失補償〔大阪高判平成6（1994）年3月16日判決，判時1500號15頁〕。學者松井茂記則認為應依第13條之規定補償較妥[25]。

第三節　關於非訟之正當法律程序

一、最高裁昭和35（1960）年7月6日大法庭判決：性質上關於單純的訴訟事件，法院可不受當事人意思之拘束，對當事人主張權利義務之有無，須於公開法庭上對審後，作終局認定事實之判決。本件法院對於訴請交付房屋事件，依金錢債務臨時調停法所應適用之調解程序以裁判取代，由於該法不適用於單純之訴訟事件之故，參照憲法第32條、第82條之規定為違憲

23　松井茂記，《日本國憲法》，頁511。

24　日本憲法第17條之規定僅限於請求國家或其所屬之公共機關賠償，與我國憲法第24條規定：「凡公務員違法侵害人民自由或權利者，除依法律受懲戒外，應負刑事及民事責任。被害人民就其所受損害，並得依法律向國家請求賠償。」不同，換言之，國家與該公務員對人民所受損害負連帶賠償責任，兩相比較自以我法之責任較重。

25　松井茂記，《日本國憲法》，頁511。

　　（民集14卷9號1657頁）。

二、最高裁大法庭昭和40（1965）年6月30日大法庭裁定關於家事案件，屬
　　於與上開情況不同之非訟事件，無需公開對審之手續（民集19卷4號1114
　　頁）[26]。

第四節　關於行政之正當法律程序

一、概說

　　二戰後的日本憲法，雖無類似美國聯邦憲法第5條及第14條修正條文同樣
之內容（此和我國相同），惟日本最高裁曾於1971年之個人計程車事件因處分
作成前之聽證程序有瑕疵而作出撤銷原處分之判決（最判昭和46年10月28日，
民集25卷7號1037頁）。之後於1992年的「成田新法判決」（如後所舉）中指
出，行政程序應受日本憲法第31條之「適正的法律程序」保障。該判決中對於
判斷行政程序是否「正當」，提出「綜合性比較衡量」基準，和我國大法官釋
字第689號、第709號解釋中所提示之審查基準非常類似[27]，另最高裁於舊所得
稅法時代，關於可否容許收稅官員於所得稅有關的無令狀進入檢查行為的爭議
事件（所謂川崎民商事件判決）中，曾經表示憲法第35條對於非以刑事責任
追及為目的之程序也有適用之可能性〔最高裁大法庭昭和47（1972）年11月22
日，刑集26卷9號554頁〕。由於發給令狀之機關依其憲法第35條、第33條之規
定屬於裁判官（司法官憲），又依憲法第13條規定立法機關及行政機關對國民
的生命、自由、追求幸福的國民權利（包括憲法賦予國民的基本財產權），只
要不違反公共福祉之原則下，應給予最大的尊重。雖然所謂「尊重」有些籠
統，但既然規定在憲法當中，立法及行政機關如何體現其保障國民的此等權
利，又司法機關在人民與國家機關發生適用憲法爭議時，採取之立場包括關於
此部分的正當程序之相關見解即值研究，因此本書將之一併摘要列出以供讀者
比較參考。

---

[26]　松井茂記，《日本國憲法》，頁513。

[27]　李仁淼教授，《正當行政程序之憲法依據》，頁80。

二、行政程序上正當法律程序之具體內容

（一）**告知及聽聞（聽證）**：與國民有關之所有政府的行政程序，依憲法第13條（全體國民無論何人均須被尊重。關於追求生命、自由及幸福之國民權利，只要不違反公共福祉，必須在立法及其他國政上給予最大的尊重）之規定，經由告知及聽證等程序給予國民最大之尊重。至於讓國民聽聞（聽證）至何等之程度，學者主張應依限制國民的利益與政府間之利益衡量後加以決定[28]。依日本行政程序法第2條第4款規定，第12條至第28條規定需要經聽證程序者，僅限於撤銷許可等不利益處分，以及駁回申請等非正式的程序事項始受保障（第5條至第11條）。除此之外，排除適用行政程序法之行政程序（第3條），加上關於不利益處分例外被認可之情形為數甚多（第13條第2項），而且依各別法律規定不適用行政程序法者亦不在少數。因此，包括學校對學生的懲戒、對公務員的處分、外國人的強制遣送處分、駁回申請開始生活保護或決定廢止保護，均排除行政程序法之適用生活保護法第29條之2。凡此等不適用行政程序法之程序，如果有需適用憲法第13條規定之正當法律程序情況，只要不能滿足該條之要求時，即應認為違憲[29]。

（二）**行政調查**：與刑事程序有關之行政程序，從上開最高裁對川崎民商事件判決所示，還是須適用憲法第35條〔進入任何人的住所、搜查或扣留文件以及持有物，除第33條（逮捕）的規定外，需依據正當的理由簽發之搜查令狀〕。除此以外之行政調查，則不認為有出示令狀之必要性；雖然在上開成田新法事件判決中（為發出禁止工作物使用之命令而進入檢查），為追究刑事責任，而與是否為必要蒐集資料、有無進入的必要、強制手段的程度、態樣等問題連結思考作綜合判斷後，才得出無令狀下進入檢查不違反第35條立法意旨之結論。但學說上仍然認為，在第13條正當法律程序所保障的權利當中，仍然應包含令狀主義之要求在內，換言之，行政調查時原則上仍應考慮有必要依令狀為之，當然緊急情況的無令狀檢查仍應被認可，惟其他一般性的抽查、分類的調查則有必要依

28　松井茂記，《日本國憲法》，頁532。

29　松井茂記，《日本國憲法》，頁532。

令狀行之，只是其要件應解爲較刑事程序爲緩和而已[30]。但依消防法第4條消防官進入劇場等公眾得進入之場所檢查，或保健所職員依食品衛生法（第17條）進入食品店等的檢查，均無須依令狀行之[31]。

（三）**與拒絕自我負責之特權相關**。憲法第38條（緘默權、拷問、脅迫、長期拘留下取得之自白、唯一的自白不得作爲判決之證據）被用在刑事訴訟以外之程序，如要求國民報告或記錄等的法律是否合憲，常常成爲問題。最高裁第三小法庭昭和59（1984）年3月27日判決稱，在非刑事訴訟程序上，只要實質上有連結爲追及刑事責任之資料取得作用的一般程序，仍有憲法第38條第1項的適用（刑集38卷5號2037頁）。但實際上，最高裁在關於**自動車事故報告的義務事件**〔最大判昭和37（1962）年5月2日，刑集16卷5號495頁〕中即認爲，舊道路交通取締法施行令第67條規定報告義務之內容乃交通事故相關之狀況，其所以規定有報告之義務乃便於使警方迅速知道事故發生，爲救護被害者、回復交通秩序之必要，採取適切的措施所爲合理規定，而且駕駛亦僅在上開警方必要措施之限度內負有報告之義務，除此之外並不包括與刑責之虞相關的事故原因及其他事項，因此認爲該規定爲合憲[32]。另於**麻藥使用者的記帳義務事件**〔最大判昭和31（1956）年7月18日，刑集10卷7號1173頁〕、關於**不法入境者之外國人登錄義務事件**〔最大判昭和31（1956）年12月26日，刑集10卷12號1769頁〕等判決中，亦認爲該等各式的報告或紀錄的規定，並不具備上開性質，且被要求提供的資訊，也不能稱爲屬於有「被刑事上問責之虞事項」之情形，而認爲合憲。

三、關於適用行政規則之正當法律程序

（一）按日本政府曾制定《關於原子彈被爆者援護法》，對於二戰期間遭受原子彈爆炸之受害者給予健康管理津貼，原告等爲該事件之受害者，於昭和30（1955）年至40（1965）年間移民巴西後，於平成3（1991）年至7（1995）年回國時曾申請獲准取得五年的給付權，其後再次出國，廣島

30　松井茂記，《日本國憲法》，頁533。

31　佐藤功，《日本國憲法概說》，頁256-257。

32　佐藤功，《日本國憲法概說》，頁255。

縣知事引用厚生省公眾衛生局長於昭和49（1974）年7月22日衛發第402號行政命令發布之《關於被爆者援護法等運用通達》（以下簡稱402號通達）規定移居國外之被爆者喪失領取上開津貼之權，而停發原告等之給付，平成14（2002）年原告等對當地縣政府提起給付訴訟，第二年該通達被廢，縣政府於是又恢復給付，但對於原告請求給付月的末日起超過五年的部分，以《地方自治法》第236條所定時效為由拒絕給付，原告認為縣政府此舉違反誠信原則，仍然堅持請求給付。第一審認可縣政府之主張，駁回原告之訴，第二審則認為縣政府違反誠信原則及權力濫用，廢棄改判原告勝訴，縣政府上訴最高裁結果被駁回，理由如下則判決所示。

（二）最高裁平成19（2007）年2月6日判決認為，憲法保障國民居住之自由，以出國為理由取消其受給權欠缺妥當性；最高裁於另一關於該法與居住的關係案件中認為該法（關於原子彈被爆者援護法）具有國家補償之性格〔最判昭和53（1978）年3月3日，民集32卷2號435頁；行Ⅱ號255頁〕；再查，所謂「通達」依國家行政組織法第14條第2項規定屬於行政規則之一類型，發布之對象為行政機關及其職員，僅對行政機關內部有效，並無裁判的規範性，裁判所不受拘束，可以自行解釋[33]。再者，地方自治法第236條規定：「以金錢給付為目的之普通地方公共團體的債權，關於時效的問題，除非**其他法律有規定**，五年間不行使時，因時效而消滅。」此乃因時效期間之經過使債權本身當然消滅的短期消滅時效特例，任意認可放棄時效利益，乃出於地方債權債務不安定之關係而設計之制度，與全國施行的會計法第30條的規定立意相同，乃出於國家權利義務早期決算的便利而考慮的特例。健康管理津貼之給付為受國家法定委託之事務，適用地方自治法第236條，固無爭議。但本案津貼之發放並無上開便宜考慮的基礎，且不許地方公共團體主張時效，不能解為違反國民平等處理的理念，而對於此事件給予特別的處理，也很難想像會帶來特別的障礙，因此健康管理津貼之受給權於適用地方自治法第236條之前提下，如行政機關依違法的通達妨礙國民行使具體的權利，由單方面自行且統一地處理主張短期消滅時效的特例，依誠信原則應不

---

[33] 按該院曾於他案（墓地埋葬法事件）認為「通達」並無外部的效力，無法請求取消〔最判昭和43（1968）年12月24日，民集22卷13號3147頁；行Ⅰ頁55〕。

被容許（民集61卷1號122頁；行Ⅰ27頁）。

（三）最高裁平成19（2007）年11月1日判決對於在國外居住之被爆者對國家提起國家賠償之事件亦認為，第402號通達之作成與發出，以及依該通達繼續處理之國家承辦人之行為，乃違反公務員職務上之注意義務，該當於國家賠償法第1條第1項之違法，該承辦公務員有過失至為明顯（民集61卷8號2733頁；行Ⅱ220頁）。此一判斷被認為與上一則判例之背景有關[34]。

四、免許執照申請及撤銷之正當法律程序

（一）最高裁昭和46（1971）年10月28日判決對於《道路運送法》關於個人計程車業申請免許執照被駁回的案件表示，該法為免行政機關對事實之認定有獨斷之嫌而設定執照的審查基準，規定須經公聽程序，自應公正地適用。「至於適用基準之必要事項，應解為須給予申請人主張及提出證據之機會，蓋申請人有透過此一公正程序接受判定執照准許與否之法的利益。若違反此一審查程序所作之駁回處分乃為違法之處分。」可知**賦予當事人公聽、主張、舉證程序乃行政處分必經之正當程序**。

（二）最高裁昭和50（1975）年5月29日判決同樣對於《道路運送法》關於客運業之免許執照規定須經運輸審議會的公聽程序稱，「該一程序乃行政處分之客觀的適正妥當和公正的擔保」「其內容對關係人而言，應解為**給予充分提出各種證據、其他資料和意見**，使反映於審議會之決定成為實質的可能」。

（三）學者認為上開二則判例可以看出行政程序也被要求正當行使，如果不備法所定之程序，即須受正當法律程序之限制，已為最高裁判例所明示，其在憲法上之根據就有求於第31條之規定了[35]。

（四）最高裁平成23（2011）年6月7日對於**撤銷一級建築師執照處分異議**之判決：

　1.事實概要：甲為某管理建築事務所之建築師，某日接到國土交通大臣依修正前之建築師法第10條第1項第2款及第3款之規定通知其撤銷一級建

34　小山剛、渡井理佳子等，《判例から學ぶ憲法行政法》，頁225。

35　佐藤功，《日本國憲法概說》，頁256。

築師執照；同時北海道知事亦通知同事務所創辦人乙建築師，依同法第26條第2項第4款之規定，撤銷其建築事務所之登錄處分，國土交通大臣之理由為：依建築物所在番號顯示該建築基地之建物設計者「未依建築基準法所訂之結構基準設計，以致出現耐震性不足之結構危險建築物」，以及「在結構計算書上掩飾可以被看到的不適切設計」，並稱「此事該當於建築師法第10條第1項第2款及第3款所定，對一級建築師之品位及信用的社會期待有顯著的傷害」等情；於是甲、乙等以行政機關之撤銷處分所示理由，與公開的處分基準所適用之規定不對應，欠缺行政程序法第14條第1項所定之理由提示要件，認為處分違法，從而其撤銷登錄亦屬違法而向當地法院訴請撤銷。經一、二審判決駁回〔札幌地判平成20（2008）年2月29日，民集65卷4號2119頁；札幌高判平成20（2008）年11月13日，民集65卷4號2138頁〕，於是向最高裁提起上訴。

2. 最高裁認為：關於應提示之理由應包括「處分根據之規定內容，與符合該一處分之基準是否存在？及其內容有無公表？該當處分之性質、內容，及成為處分原因之事實作綜合的考慮」[36]，其與建築士法第10條第1項第2款及第3款為基礎之處分基準相關者，在於「在該複雜的基準底下」如未能一併顯示與處分基準的適用關係時，若無法獲知以何理由為基礎、又如何適用處分基準而選擇該一處分的話，即有處分基準與適用關係上欠缺說明的情形，屬於行政程序法第14條第1項（行政機關作成不利益處分時須提示不利益處分之理由）規定之瑕疵。田原睦夫裁判官對本案之補足意見亦表示，以行政處分之公正度所重視之判例理論來說，**確立「正當法律程序」之施行**，應立於訴訟經濟之優先位置加以適用，附帶言之，行政程序法關於聽聞之通知，雖未包含關於處分基準之具體適用關係之事項，但從聽聞程序之立法意旨觀之，處分階段應顯示之事項也應在聽聞階段加以顯示之解釋在學說上亦已存在。原處分既然欠缺說明此等理由而有程序上之瑕疵，因此將原判決廢棄改判原處分撤銷（民集65卷4號2081頁；行Ⅰ120頁）[37]。

---

[36] 小山剛、岡田順太等，《判例から學ぶ憲法・行政法》，頁335謂：按行政程序法制定前之判例認為，依各別法要求附記之理由包括：1.適用法條；2.與該條有關之具體事實；3.與該事實對應的法條之適用關係。

[37] 小山剛、岡田順太等，《判例から學ぶ憲法・行政法》，頁330-335。

五、撤銷駕駛執照之正當法律程序

撤銷駕駛執照之行政處分，在聽證前須告知撤銷執照處分之原因，欠缺此項告知乃違反聽證制度之重大瑕疵，其作成撤銷執照之處分違反正當程序。

日本大阪地方法院於1980年之判決中指出：「……必須在聽證前告知撤銷執照等之處分原因，欠缺此告知之瑕疵，由於是違反聽證制度之重大瑕疵，此瑕疵不論是否會成為對本件處分有實體〔影響〕之根據，將其解釋為本件處分應予撤銷之事由仍屬相當。」〔大阪地判昭和55（1980）年3月19日，行集31卷3號483頁〕。

第五節　關於國民基本權利之保障

按有關國民基本權利之保障之議題，日本憲法學者有以其非屬程序問題而將其排除在正當程序保障之範圍外加以討論[38]，但由於日本憲法第81條規定，最高裁判所為掌管所有法律、命令、規則及處分合憲與否最終決定權之終審裁判所。因此仍然不乏因基本權利受侵害之國民，經由訴訟程序由最高裁作成認定爭議事件適用之法律是否違憲之判決。乃有甚多學者從最高裁之判例內容涉及法的正當程序，而一併列入本問題加以討論[39]，猶如美國最高法院對人民自由、財產權擔任把關的角色一般。縱然國會有權制定法律，且最高裁甚多判例均尊重國會立法時所作之考量，但最高裁對於法律之規定是否符合憲法之要求，仍有自己的標準，作出之解釋自然對制定及適用法律之機關產生一定的影響，且此部分在美國因為直接以憲法加以保護之故，而在解釋上產生是否違憲之判例之情形，因此基於比較法的觀點，筆者仍將日本此部分之判例摘要列出，以供讀者比較參考。

---

[38]　松井茂記，《日本國憲法》，頁535。

[39]　如小山剛、岡田順太等，《判例から學ぶ憲法・行政法》內對於森林法等事件之討論，頁115、147、219；佐藤功，《日本憲法概説》，第二章關於國民基本人權內所舉違憲事件之討論。

一、關於平等權之保障

（一）概說：日本新憲法第14條第1項規定：「全體國民無論何人法律之下人人平等。不因人種、信仰、性別、社會身分或門第，在政治、經濟或社會關係上毫無差別。」實務上最高裁對於依各人的年齡、自然之資質、職業、人與人的特別關係等各種狀況加以考慮，配合道義、正義、合目的性所作之差別規定應屬無妨〔最高裁昭和25（1950）年10月11日判決〕。因各人經濟社會及其他事實關係而有差異存在，法規的制定及適用上因而產生不均等在所難免，不能因此等不均等，即謂違反憲法第14條之平等原則〔最高裁昭和39（1964）年11月18日判決〕；從而有關量刑審查之差異設計〔最高裁昭和23（1948）年10月6日判決〕、選舉犯罪之受刑者之選舉、被選舉權之一時停止等，均不能被認為違反平等原則〔最高裁昭和30（1955）年2月9日判決〕，此依我國國情亦不難理解。然細閱其判例之演進，卻有其他不同的看法出現，或可以之作為衡量所謂正當法律程序與否之指針。

（二）最高裁昭和25（1950）年10月11日判決認為，刑法加重處罰殺尊親屬罪（第200條自己或其配偶殺害直系尊親屬者，處死刑或無期徒刑）乃法律著重子女對尊親屬道德義務之具體規定，支配夫婦、親子、兄弟關係的道德為人倫之大本，係通達東西的道德原理。原判決認其封建、反民主乃將親子之自然關係，與以戶主為中心人為的、社會的家族制度相混同所致，容易陷入現代風潮之同一弊病；親子關係並非「社會的身分」。而將原審〔福岡地裁昭和25（1950）年1月9日判決〕所認違憲之判決撤銷。

（三）最高裁昭和48（1973）年4月4日判決則認為，對尊親屬尊重報恩係社會生活的基本道義，刑法就此自然情愛及普遍的倫理固有加以維護的價值，然若為承擔較重的社會道義的非難，而反映在對殺害尊親屬罪的處罰上，甚至在法律上科以較一般刑罰為重的處罰，固不能因此即稱它是不合理的差別待遇。然而，刑法第200條僅規定法定刑為死刑及無期徒刑而已，與普通殺人罪之同法第199條的法定刑尚包含三年以上有期徒刑相比之下，科刑之範圍限於極重之刑，其結果無論如何斟酌情狀，均會產生無法緩刑的問題，從殺尊親屬罪量刑的實況觀之，科處死刑或無

期徒刑之例甚為稀有，顯然讓人感覺其法定刑失之過重。此一法定刑的規定方法，**並無法解釋前述維持對尊親屬的敬愛、報恩之普遍倫理的觀點，以及以合理的根據為基礎所作之差別待遇**。從而可知刑法第200條法定刑僅限死刑、無期徒刑乃不合理的差別設計，有違憲法第14條第1項之規定。

（四）自此判決以後至平成7（1995）年，日本藉刑法口語化之契機，連同傷害尊親屬罪等加重處罰之規定一併取消[40]。

（五）從此一判例及法制的轉變，可知立法的目的與方法如何取得平衡，乃立法機關於立法當時所需審酌之基本問題，如何在憲法賦予國民平等權的基礎上跳脫傳統的觀念設計出「適正的」子法（如本案刑法殺尊親屬罪的刑度），實乃立法機關在「正當的法律程序」下必須思考的問題。

（六）東京地裁昭和41（1966）年12月20日判決認為，**以結婚為退職條件之勞動契約或就業規則，作為解僱女子從業人員之理由，乃勞動條件附加對性別所作之差別待遇**；兩性平等乃憲法第14條、民法第1條之2所揭示之原則。勞動基準法第3條亦禁止以國籍、信仰、社會的身分為理由而有差別待遇；同法第4條禁止以性別為由而有薪資的差別，並於第61條以下為保護女子而規定異於男子之勞動條件，此乃顯示該法於認同依性別而異其勞動條件之同時，亦禁止不合理的性別差別待遇之立意。此等禁止乃勞動法公共秩序所由形成，其**對於勞動條件中有欠缺性別合理性差別待遇之勞動協約、就業規則等一律認其違反民法第90條公序良俗而無效；結婚退職之制，對女子而言，乃迫使其就結婚與在職作選擇之制，明顯限制結婚之自由**，該當民法第90條之規定而無效。且無已婚女性能力低下的證據，不問成績好壞一律退職，乃對女子之性別差別待遇。同性質的判例另有最高裁昭和56（1981）年3月24日判決：**規定女子55歲強制退休，較男性60歲之強制退休年齡之就業規則，並無合理的理由，亦屬對於女子之性別差別待遇**，該當於民法第90條違反公序良俗之契約而無效。

（七）昭和54（1979）年日本加入聯合國《消除對婦女一切形式歧視公約》（Convention on the Elimination of all forms of Discrimination against Women, CEDAW）後，至昭和60（1985）年陸續修正通過勞動基準

---

[40]　佐藤功，《日本憲法概說》，頁185。

法、勤勞婦人福祉法、男女雇用均法等，實施男女雇用機會均等、規定不得以婚姻、妊娠、生育爲由作爲退職、解僱之理由，另一方面則強化禁止懷孕婦女從事危險有害之工作，及延長產前產後之休業期間，同時廢止限制女子從事管理職或專門職之勞動時間，並緩和加班、假日勞動、深夜工作之限制等，無非在強化男女工作平等之中，兼顧保護婦女之身體，求取憲法保障性別平等權之衡平[41]。

二、職業選擇之自由及財產權與公共福祉的界線

日本新憲法第22條第1項規定任何人在不違反「公共福祉」之原則下，有居住遷徙及選擇職業之自由，第29條規定財產權之內容及範圍如何切合「公共福祉」由法律定之；私有財產在給予正當之補償下，爲公共之故得予取得、利用或限制使用。因此所謂「公共福祉」的界線即常生爭議。以下爲實務上之運作狀況：

（一）最高裁大法庭昭和25（1950）年6月21日判決認爲，依舊《職業安定法》禁止職業介紹收取費用不違憲（刑集4卷6號1049頁）；1999年新《職業安定法》修正將職業介紹自由化，並容許收取費用，其第30條規定擬從事有償職業介紹業之人士，其每處辦公室應分別向厚生勞動大臣申請有償職業介紹業許可。無關辦公室所在地，申請人應向業務總部所轄之都道府縣勞動管理局提交申請，勞動管理局再將申請資料提交給厚生勞動大臣。其後即無此項爭議，惟事先須取得許可證始得經營此業。

（二）最高裁大法庭昭和30（1955）年1月26日判決認爲，依《公眾浴場法》限制公共浴場開設之距離不違憲〔相同判例尚有：最高裁第二小法庭平成元（1989）年1月20日判決，刑集43卷1號1頁；最高裁第三小法庭平成元（1989）年3月7日判決，判時111頁〕。

（三）最高裁大法庭昭和47（1972）年11月22日判決於《小販商業調整特別錯置法》事件認爲，限制經濟自由之結果，會帶給社會：1.消除及緩和經濟活動弊害的消極作用；以及2.在福祉國家的理想下，爲社會經濟的均衡發揮調和發展之積極作用。後者在限制社會政策的場合裡，特別應適用緩和寬鬆的審查原則，換言之，此種場合限制在非顯然不合理的範圍

---

[41] 佐藤功，《日本憲法概說》，頁186。

內，裁判所不會宣告其違憲（刑集26卷9號586頁）。

（四）最高裁大法庭昭和50（1975）年4月30日判決就《藥事法》事件認為，限制開設藥局相關距離的規定，係著眼於保護公眾生命安全消極目的的規制。**其認可用意的正當性欠缺與手段的關聯性，應認為違憲**（民集29卷4號572頁）。但有學者則認為如不限制而招致業者過度競爭，讓部分業者無法安定經營，反易引起供給不良藥品之可能，而認無法肯定其合理性及必要性[42]。

（五）最高裁大法庭昭和62（1987）年4月22日判決就森林法事件認為，由於森林法第186條明文限制持分二分之一以下之共有者請求分割共有林之規定，導致受讓山林各持有二分之一的兄弟二人無法請求分割，該項規定意在防止森林的細分及森林經營的安定，保護森林的持續培養，以增進生產力，俾有助國民經濟的發展為目的，但此一規定**究為消極或積極目的並不明確，手段欠缺立法機關以限制手段達成目的的合理性，且超過必要的程度，應認為違憲**。將一、二審判決駁回分割之訴，改判廢棄發回（民集41卷3號408頁），結果該一規定於更審時被修正刪除[43]。一般言之，學者的通說認為，**關於經濟自由，於消極目的規制之場合，適用嚴格合理性之審查基準；於積極目的規制之場合，則適用「合理性」緩和寬大之審查基準**，只要非不合理者即應認為合憲[44]。

三、關於限制職業選擇自由之正當程序

（一）日本過去與臺灣的菸酒專賣相同，基於國家財政的目的，透過立法設有香菸及鹽的專賣制度，最高裁並透過判例承認其合憲〔最高裁大法庭昭和39（1964）年7月15日判決認香菸專賣制度合憲〕。不過經過時代的變遷，依《たばこ（菸草）事業法》第8條規定，香菸改由日本たばこ（菸草）產業株式會社獨占製造；食鹽則依《鹽事業法》規定，製造、特定販賣、批發業者改為登錄制；郵便事業依《郵便法》第2條規定仍由國家獨占經營。另外，憲法雖然規定國民有選擇職業之自由，但基於

---

[42] 松井茂記，《日本國憲法》，頁538。

[43] 小山剛、大林啓吾等，《判例から學ぶ憲法・行政法》，頁114。

[44] 松井茂記，《日本國憲法》，頁540。

某些事業無法讓其在市場上自由競爭，仍然對該等職業採取特許之制（如瓦斯、電氣、鐵道、旅客運送、航空等業），讓一定的企業有獨占的經營權，禁止未經特許者加入，以維持國家經濟及市場的穩定。又對於某些行業採許免許制，限制具備特殊條件及資格之個人或公司行號始能經營，以兼顧公眾的生命、財產之安全〔如食品衛生法第21條（飲食店）、古物營業法第3條（骨董店）、風俗營業法第3條（有關風俗營業場所之經營），乃至於石油精製業、小賣市場、公眾浴場、藥局、米穀小賣業、酒類販賣業、大規模小賣店，並規定某些專門職業（如醫師、藥師、辯護士、看護婦、齒科技工士），須經資格考試合格以擔保具備從事該行業之能力等〕。因此憲法規定選擇職業之自由，仍然在所謂「公共福祉」的前提下始能享有。

（二）從而《感染症預防法》第18條第2項規定對感染症患者可限制就業，實乃依循憲法上開規定當然之結果。

（三）最高裁第二小法庭昭和36（1961）年7月14日判決認為，基於保持人的尊嚴及維持性道德之需要，《賣春防止法》禁止賣春之規定合憲（刑集15卷7號1097頁）。

（四）最高裁第二小法庭平成5（1993）年6月25日判決認為，依《たばこ（菸草）事業法》第23條第3項規定對於香菸小賣業的正當配置規制，乃為保護既存小賣業者的合理措施，不違憲（判時1475號59頁）。

四、關於財產權使用限制之正當程序

如上所揭，憲法第29條雖規定財產權不得加以侵害，但其第2項緊接其後規定「財產權之內容及範圍於適合公共福祉之原則下**由法律定之**」，第3項又規定「私有財產於正當的補償之下，得為公用」，可想而知，其財產權在「公共福祉」及「正當的補償」之下仍得限制使用，甚或取為公用，以下即為實例。

（一）**為公共安全之使用限制**

1. 最高裁大法庭昭和38年6月26日判決認為，《奈良縣溜池條例》規定限制使用堤防之權利，乃防範災害於未然而不得已之措施，不違憲（刑集17卷5號

521頁）。

2. 最高裁大法庭平成4（1992）年7月1日判決認為，依成田新法《新東京國際空港の安全確保に關する緊急措置法》（新東京國際機場安全確保緊急處置法）第3條第1項之規定發布之工作物禁制使用命令，乃為禁止多數暴力主義破壞活動者等集合之用，係確保機場之設置及管理的安全，為公共福祉高度且緊急必要的合理措施，不違憲（民集46卷5號437頁）。

（二）為確保社會生活之使用限制

最高裁大法庭昭和25（1950）年11月22日判決認為，舊《糧食管理法》規定國民生產的主要糧食有賣給政府的義務之規定，不違反憲法第29條（財產權之保障）之規定（刑集4卷11號2389頁）。

（三）為確保更好的居住環境之使用限制

仙台高判平成3（1991）年7月18日判決認為，為對應《都市計畫法》指定之土地使用，限制可建之建物及其高度與寬度，以及為考慮日照而依條例規定制定及施行之日照規則，所設關於開發相關的限制，依《國土利用計畫法》第23條第3項買賣契約有申報義務之規定，不違反憲法第29條（財產權之保障）之規定（行集42卷6=7號1167頁）。

五、徵收私有財產及補償之正當程序

（一）概說

如美國憲法第5條規定「不得未經正當法律程序使人喪失生命、自由或財產。非有相當補償不得將私產收為公用」一般，日本憲法第29條第3項亦作正面的規定稱：「私有財產在正當的補償下得為公用之故加以取用。」並於其第2項規定：「財產權之內容及範圍於適合公共福祉之原則下**由法律定之。**」足見兩國均在各自的憲法條文內規定財產權受正當法律程序所保護。只是美國直接於憲法內規定須依「正當法律程序」，而正當法律程序則委由最高法院大法官解釋；日本關於財產權之內容，及何謂「適合公共福祉」則授權法律定之。而制定法律之機關屬於國會，但法律合憲與否的最終決定權卻在最高裁判所

（§81），因此與前開我國大法官釋憲及後述美國最高法院之判例一般，同樣衍生有國會或州議會制定法律之正當程序的問題。

（二）關於徵收土地補償與否之正當程序

歸納日本實務上對於取用私有土地是否給予補償之問題，不外須從其：1.取用之目的；2.限制之程度；3.所有人有無特別犧牲等方面加以考量[45]。最高裁於前揭奈良縣溜池事件認為，限制使用堤防之權利乃防範災害於未然不得已之措施，**對該所有權人乃「當然非忍受不可的責任及義務」**，因此無須加以補償；但對於河川附近限制採取砂石之相關事件則認為，已**「超越一般應忍受限制範圍的特別犧牲」**而應給予補償〔最高裁大法庭昭和43（1968）年11月27日，刑集22卷12號1402頁〕；與文化財保護法相關之最高裁第二小法庭昭和50（1975）年4月11日判決，亦有相同的認定（判時777號35頁）。

（三）關於所謂「正當的補償」之問題

1. 最高裁認為，所謂「正當的補償」，應以取用當時之經濟狀態已成立的事物所可以考量之價格為基礎，合理地算出相當的額度，非必一定要與通常需要的價格完全一致。因此，《自作農創出特別措置法》為決定買收農地最高價格，以自作收益價格為基礎，依稻米的公定價格為依據所算出之價格為合憲〔最高裁大法庭昭和28（1953）年12月23日判決，民集7卷13號1523頁〕。
2. 關於補償之時機，最高裁大法庭昭和24（1949）年7月13日判決認為，補償與提供財產之交換時點是否應同時履行，憲法並未要求（刑集3卷8號1286頁）。
3. 最高裁大法庭昭和43（1968）年11月27日判決認為，在法令認可取用的情形下，如果法令未規定如何給予補償的話，土地之所有人可依憲法第29條第3項之規定請求補償（刑集22卷12號1402頁）。

45　松井茂記，《日本國憲法》，頁554。

六、關於生存權之保障

（一）日本憲法關於生存權之保障規定於第25條，其內容為：全體國民均有經營健康、文化的最低限度生活之權利（第1項）；國家對於國民之食衣住行等生活各方面負有致力於向上提升其社會福祉、社會保障及公共衛生之義務（第2項）。據學者研究指出，此乃日本眾議院審議時參考德國基本法社會國家法制加入之條款，將國民之生存及福祉委由立法機關保障之宣示性條款，非出於麥克阿瑟或政府原始之草案所提，其地位及性質有待研究。不過從文義觀之，可解為國家對國民擔負有給付提升其最低生活品質之義務，國民有對之請求最低限度生活之權利。

（二）最高裁大法庭昭和23（1948）年9月29日於《食糧管理法》事件判決中稱，憲法第25條第1項乃對全體國民宣告，國家應對全體國民擔負經營健康、文化的最低限度生活國政之義務。惟並非每個國民對國家均可以依此一規定有具體的、現實有關的權利（刑集2卷10號1235頁），因此**難以之（憲法第25條）作為違反舊《食糧管理法》免責依據的判例**。

（三）最高裁大法庭昭和42（1967）年5月24日於所謂的「朝日訴訟」中，對於真正具有正面生存權問題性格的抗爭事件（按該案的上訴人曾受有生活保護法之生活扶助，因為其胞兄被發現有寄錢資助之行為，而被社會福祉事務所以寄錢之一部作為其生活費之認定，不足部分以醫療費自付額加以徵收。於是上訴人以厚生大臣所定之保護基準，較擔負健康、文化的最低限度生活為低為由，依違反憲法第25條之規定提起訴訟），該案雖因上訴人死亡之故而宣告結案，但最高裁在其附帶論述中，重複提及上開昭和23年的判例，即**憲法第25條第1項「乃對全體國民宣告，國家應對全體國民擔負經營健康、文化的最低限度生活國政之義務」**等語，並強調**「並非直接對每個國民賦予具體的權利」**。達成「健康、文化的最低限度之生活」乃抽象相對的概念，從而判斷什麼是最低限度的生活，一概委由厚生大臣作合目的性的裁量，其判斷是否得當，縱可歸責於政府，亦不生直接違法之問題（民集21卷5號1043頁），因此該法第25條之規定遂被定性為一種形式宣告的條文。至昭和57（1982）年7月7日該院於所謂「堀木訴訟」一案，亦僅表示殘障福祉年金及兒童扶養津貼禁止合併給付乃屬立法機關裁量之範圍。憲法第25條關於**健康、**

文化的最低限度生活之決定，涉及以複雜多樣且高度專門技術的考察爲
基礎的政策判斷之故，應考慮委由立法機關作廣泛的考量，除了顯著欠
缺合理性，有不得不被視爲超過或濫用自由裁量權之情形外，應屬不適
合裁判所審查判斷之事務（民集36卷7號11235頁）。惟其並未從正面否
定該條所定生存權之法的性格，使該條之性格愈顯模糊，以致於學界對
此有很多論爭[46]。由於國民的最低生活基準涉及政治的考量問題，法院
的態度多尊重國會立法時的決定，而於爭訟時採取寬鬆的審查態度。

（四）秋田地方裁判所平成5（1993）年4月23日對於行政機關關於生活保護法
之處分，曾就其解釋是否適當作成判決，稱行政機關以當事人將生活保
護費儲存爲理由削減其支給金，乃行政裁量權的濫用（行集44卷4=5號
325頁）。

（五）福岡高等裁判所平成10（1998）年10月9日判決認爲，以有能力參加學
資保險爲由，削減上訴人之生活保護額度爲違法（判例集未登載）[47]。

七、關於受教權之保障

日本憲法第26條第1項規定：「全體國民有**依法律規定**憑其能力平等受教
育的權利。」此乃國民有接受教育權利，政府不得妨礙教育活動及學習自由根
據的由來，從而此一規定一般被認爲具有對政府的請求權之性格，或因此性格
之故，實務上即有認爲拒絕接受普通教育者，不認其爲違法之事例。如：

（一）札幌高等裁判所平成6（1994）年5月24日判決認爲，縱然拒絕接受普通
教育也不能認爲其爲違法（判時1519號67頁）。

（二）如當事人本人想就學，縱然學校教育法第23條規定有障礙的兒童免除就
學之義務，且公立學校方面以其有障礙爲由拒絕其就學者，仍被認爲違
反憲法第26條之規定，如神戶地方裁判所平成4（1992）年3月13日判決
認爲，以有障礙爲由拒絕其受公立學校教育之機會，應認爲違反憲法第
26條之規定（行集43卷3號309頁）。

（三）至於**有關義務教育爲無償**之解釋，最高裁大法庭昭和39（1964）年2月

46　依松井茂記分析計有：1.程式（宣示）規定說；2.具體的權利說；3.抽象的權利說等，以第
　　三說爲通說（松井茂記，《日本國憲法》，頁559）。

47　松井茂記，《日本國憲法》，頁561。

26日判決認為，憲法第26條第2項後段所謂義務教育為無償之規定，乃不徵收學費之意，並非所有教育相關的費用均為無償（民集18卷2號343頁）。

八、關於勞工基本權之保障

（一）日本憲法第27條、第28條規定關於勞工基本權之保障，此為美國憲法及法國人權宣言所無之規定，美國憲法雖將勞工的結社權納於人民結社自由之範圍內，但並無如日本憲法第28條後段的團體交涉、團體行動權，日本之所以有此特別規定，乃出於二戰前對勞工運動之鎮壓，麥克阿瑟認為，為使日本經濟民主化有其必要，乃參考德國威瑪憲法賦予此權[48]。

（二）關於勞動條件，依憲法第27條第2項規定，包括薪資、工作時間、休假及其他工作條件相關的基準依法律之規定。換言之，授權立法機關依法律制定，但參照資本主義國家契約自由之精神，於勞動基準法內關於最高勞動時間的規定，認可企業與勞工公會締結協定之場合，依雙方之協議行之（第36條）。惟據學者觀察，日本勞動基準法所定最高勞動時間的限制幾乎很少被落實，形成有名無實的形式規定[49]。

（三）最高裁大法庭昭和24（1949）年5月18日判決認為，憲法第28條規定保障勞工之結社權，乃係在雇用者與被雇用者的關係上，出於保障經濟弱勢受僱者之用意，從而無此關係之市民團體、按日計酬之勞工團體等並無第28條所定之權利（刑集3卷6號772頁）。就此可知，縱使身為受僱之勞工，此項權利之行使對象亦限於其雇主，非其所屬之職業安定所等自不包括在內，此應為當然之解釋。

（四）最高裁大法庭昭和41（1966）年10月26日判決於所謂「全遞東京中郵事件」中，對於當時國營企業勞動關係法所為禁止罷工之規定認為，憲法第28條規定之勞動者結社的權利，以及團體交涉、團體行動的權利包含公務員、公營事業勞工在內，惟基於對其勞動基本權的尊重及確保，比較衡量認為於合理必要的最小限度範圍內可以加以禁止，且對於違反者

---

[48] 松井茂記，《日本國憲法》，頁564-565。

[49] 松井茂記，《日本國憲法》，頁567。

科處刑罰亦應以必要且不得已之場合爲限（刑集20卷8號901頁）。

（五）按日本公務員之勞動者如自衛隊員、警消、海上保安廳、監獄職員等受到極大的約束[50]，此參考其制定的自衛隊法第64條；國家公務員法第98條第2項、第108條之2第3項、第5項、第108條之5；地方公務員法第37條、第52條第3項、第5項、第55條第1項、第2項等規定自明；甚至公營事業（如郵電、林野、印刷、造幣職員）之團體行動權均以法律規定（如國營企業勞動關係法、地方公營企業勞動關係法）加以限制。

（六）最高裁第一小法庭平成元（1989）年12月14日判決認爲，聯合商店以協議威脅解僱之藉口，強制要求加入特定勞工公會之行爲，乃侵害選擇加入勞工公會之自由及其他公會的結社權，不被許可（民集43卷12號2051頁；最高裁第一小法庭平成元（1989）年12月21日判決，判時1340號135頁）。

（七）最高裁大法庭昭和43（1968）年12月4日判決認爲，勞工公會不得對其成員施以強制之行爲，或對違反公會決定之候選會員加以處分、徵收政治活動之臨時會費〔刑集22卷13號1425頁；最高裁第三小法庭昭和50（1975）年11月28日判決，民集29卷10號1698頁〕。

50　松井茂記，《日本國憲法》，頁569-572。

第七章
美國之狀況

第一節　美國憲法關於正當法律程序之保障

　　如前所言，美國憲法關於正當法律程序之規定，不限於人身自由之保護，尚及於對私有財產之保障，茲歸納美國憲法關於正當程序之保護有如下的規定：

一、人民有保護其身體、文件與財物之權，不受無理拘捕、搜索與扣押，並不得非法侵犯。除有正當理由，經宣誓或代誓宣言，並詳載搜索之地點、拘捕之人或扣押之物外，不得頒發搜索票、拘票或扣押狀（第4條修正案）。

二、非經大陪審團提起公訴，人民不受死罪或污辱罪之審判，惟發生於戰時或國難時，服現役之陸海軍中或民團中之案件不在此限。受同一犯罪處分者，不得令其受兩次生命或身體上之危險、**不得強迫刑事罪犯自證其罪，亦不得未經「正當法律程序」使其喪失生命、自由或財產**。非有相當賠償，不得將私有財產收爲公用（第5條修正案）。

三、凡出生或歸化於美國並受管轄之人，皆爲美國及其所居之州之公民。**無論何州不得制定或執行剝奪美國公民之特權或赦免之法律，亦不得於未經「正當法律程序」使任何人喪失其生命、自由或財產**。並須予該州管轄區域內之任何人以法律上之同等保護（第14條修正案第1項）。

第二節　美國最高法院有關正當程序的早期見解

一、概說

　　根據美國國會季刊出版的美國最高法院指南（Congressional Quarterly's Guide to the U.S. Supreme Court, 1979）所述，美國對於「正當法律程序」的

保障，大部分是保障公正的訴訟程序，亦即保障政府必須如何（how）處理某事務，或者不能以何種方法處理某事務，並非保障政府要做什麼（what）或不能做什麼事務[1]。美國憲法第1條至第10條修正案關於權利章典的大部分規定是有關訴訟程序之規定，由於法律規定及現實發生的情況往往有很大的落差，因此前最高法院法官道格拉斯（William O. Douglas）即言：「堅守法律保護條款乃成為法律之下平等執法的主要保證[2]。」就被告發犯罪者之立場言之，訴訟上的權利乃是賦予被告個人有接受政府公正處理之保障。由於個人與政府力量不對等，如不能給予公正處理的保障，則個人的力量在政府面前即顯得微不足道。但此一保障並非被告的權利，而是指「基本上得自共同社會的保證，也就是檢察官、法官及陪審員從數世紀以來累積的經驗裡學到的法律原則（rule）之中，正當地行使其權利的一種保證[3]」。最高法院法官馬休斯（Stanley Matthews）曾在其主筆的烏爾塔多訴加利福尼亞洲（Hurtado v. California）判決中定義該所謂「正當程序」，可說是「受歲月和習慣所認可一般，須尊重有關自由與正義的原則，以保持及促進公共利益為目的，經由立法機關自由裁量下，所新設計出來任何由公權力執行的法律程序」（any legal proceeding enforced by public authority whether sanctioned by age and custom, or newly devised in the discretion of the legislative power ,in furtherance of the general public good,which regards,and preserves these principles of liberty and justice）[4]。該一憲法上的保障，並不限於刑事訴訟程序有其適用，即在其他行政、民事程序裡亦不例外地一體適用。只是實務上發生爭議的多半在人身自由之保護的刑事訴訟程序上而已[5]，且美國憲法第1條至第10條修正案所謂的權利章典保障條

---

1   Congressional Quarterly's Guide to the U.S. Supreme Court, 1979, p. 523.

2   Congressional Quarterly's Guide to the U.S. Supreme Court, 1979, p. 523.

3   同前註引述憲法學者費勒曼（David Fellman）在其所著《The Defendant's Rights》一書之言，見New York: Rinehart & Co., Inc., 1958, pp. 3-4.

4   Hurtado v. California, 110 U.S. 516 at 537, 1884.

5   我國國家圖書館典藏的1997年版的《Congressional Quarterly's Guide to the U.S. Supreme Court, 1997》雖有多處提及關於正當法律程序在實務上的運用狀況，但卻僅專章介紹Due Process and Criminal Right (pp. 559-608)而已，不若1979年版的尚及於其他個人權利（individual right）來得周到，這也許也是後來的修訂者因為以前的著者已經闡述周詳而不再重複介紹的原因，筆者撰寫此書旨在從最新最高法院的判例史程讓國內讀者了解其運用正當法律程序原則演變的經過，以及該原則在各個層面今昔適用的範圍及寬嚴狀況，以便作為採擷之參考，因此仍然以1979年的版本為基礎，再加上其後至截稿日個人所發現的新判例如本節概說後述及自序所言，以免跟不上時代的腳步，而生缺漏，尚請讀者諒察。

款，雖然其中第5條後段規定有「**不得未經『正當法律程序』使其喪失生命、自由或財產**」等語。但頒布初期並不適用於州法，只直接適用於聯邦各級法院受裁判的個人，不及於在各州及各地區法院之受裁判者。直到1868年憲法第14條修正案頒布以後，憲法明文規定：「凡出生或歸化於合眾國並受管轄之人，皆為合眾國及其所居之州之公民。**無論何州不得制定或執行剝奪合眾國公民之特權或赦免之法律，亦不得於未經『正當法律程序』使任何人喪失其生命、自由或財產。**並須予該州管轄區域內之任何人以法律上之同等保護。」在文字上明確地顯示各州不得**制定或執行**剝奪該國公民特權或赦免的法律，且使人**喪失生命、自由或財產時**須遵循「**正當法律程序**」。但從聯邦最高法院的判例史上觀察，其實初期並不盡然，第14條修正案未涵蓋吸收（incorporation）上開權利章典之見解，在實務上始終為主流意見，主導最高法院的判決，一直到1947年之亞當森訴加利福尼亞州（Adamson v. California）事件仍認為保障拒絕自己認罪之特權並不適用於州法[6]。其後布拉克（Hugo L. Black）、墨菲（Frank Murphy）、道格拉斯、拉列吉（Wiley B. Rutledge）等四名最高法院法官持反對說，認為第14條修正案無論聯邦或州，凡美利堅合眾國的所有人均應擴大適用[7]。至1960年代以後在首席大法官塔夫脫（William Howard Taft）及休斯（Charles Evans Hughes）的主導下始成為多數意見，擴大適用於全國各州。由於此一法律原則，如前所述，源於英國大憲章而發揚於美國，經過美國最高法院長期以來實務判例詮釋的結果，不只拘束該國各級法院，更影響及於其他英美甚至大陸法系諸國。近年來，我國刑事訴訟新制已從職權主義、糾問式的問案方式逐漸改採當事人進行主義及彈劾式的問案方式，為活絡法庭活動而改採類似英美的交互詰問制及證據法則，甚至引進德國改良的國民法官參審之制，雖與英美陪審制的全員素人法官尚有距離，然其保障人權、提升當事人地位對等之方向，已是既定之事實，將來美國關於人權相關的法律解釋，勢必成為權衡民主法治之指標，因此筆者特選擇早年留學期間憑以研讀該較為完整介紹之上開文獻所留之譯文加以節錄，參考1979年由威爾伯（W. Allan Wilbur）執筆，指導教授內田一郎先生編譯出版的《アメリカ合眾國の連邦最高裁判所とデュー プロセス・オブ・ロー（due process of law）の保障》一書[8]，

---

[6]　Adamson v. California, 332 U.S. 46 at 53, 1947.

[7]　Congressional Quarterly's Guide to the U.S. Supreme Court, 1979, p. 528.

[8]　該書由早稻田大學比較法研究所昭和61（1986）年11月15日發行。

以及1997年經比斯庫皮克（Joan Biskupic）、威特（Elder Witt）兩位法學家修訂由國會季刊誌出版的《Congressional Quarterly's Guide to the U.S. Supreme Court》中所引用之較具代表性之案例，予以揀選整理修正，將美國最高法院所作有關「法的正當程序」歷來的見解，及近年來美國最高法院陸續公布的相關判例，略作增補，按我國法律的分類方法，重新分類，並概述如後，俾有助於讀者搜尋參考。惟個人才疏學淺，語文能力有限，錯誤難免，爰將所選輯的案例名稱及其出處，附註於所選案例譯文之後，方便讀者對照原文校正引用，尚請鑑察。

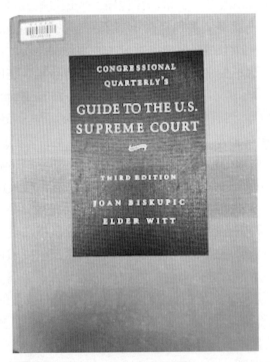

圖7-1　美國《Guide to the U.S. Supreme Court 1997》封面

二、實體正當法律程序

實體正當法律程序（substantive due process of law）最早出現於1873年聯邦最高法院駁回路易斯安納州給予屠宰場獨占事業認可爲違反第14條修正案之事件之反對意見中。該事件聯邦最高法院認爲州給予（特定）屠宰業者獨占認

可，對紐奧良屠宰業者並未剝奪其營業機會，及憲法對彼等認爲違反法的正當程序的平等保護，而駁回其上訴。但布蘭多里（Joseph P. Bradley）大法官的反對意見則認爲，不遵法的正當程序禁止社會階層市民選擇適法的職業營生之法律，乃剝奪市民自由及財產的行爲，不認同法庭意見。其後1877年姆安訴伊利諾州（Munn v. llionois）事件，聯邦最高法院於考慮受限制企業之實際狀況後，逐漸向布蘭多里大法官之意見接近，認爲限制有碾米設備的大穀倉使用費的伊利諾州法律爲合憲。該法院認爲穀倉乃影響公共利益企業之一種行業（affected with a public interest），自須受該州政府之規範（Munn v. llionois, 94 U.S. 113, 1877），此一裁定乃此後半世紀一系列相關裁判的最初裁判。在1887年穆勒訴堪薩斯州（Mugler v. Kansas）事件，哈蘭（John Marshall Harlan）大法官主筆的法庭意見認爲各級法院不應受制定法所用文字之束縛，亦不應單純看其外表而被誤導，各級法院在深入調查立法機關有無跨越立法權限之問題時——此一面固爲其自由，另一面則爲其應承擔的嚴肅義務——應該就事件的實體加以考察。因此如果制定法的立法用意在保持公共衛生、公共道德或保護公共安全，那麼與此目的及現實無關，且與美國憲法所保障之權利有極明顯侵害的話，以維持美國憲法效力之立場加以判決乃各級法院之職責（Mugler v. Kansas, 123 U.S. 623 at 661, 1887）。1890年芝加哥密爾瓦基及聖坡路鐵道公司訴明尼蘇達州（Chicago, Milwaukee and St. Paul R.R.Co. v. Minnesota）事件，宣告爲規範經濟事務而制定之明尼蘇達州制定法無效之判決首度使用實體正當程序的法理判決各法院有權決定鐵路票價是否適當。1898年同法院在另一史密斯訴艾姆斯（Smyth v. Ames, 171 U.S. 361，該案亦稱爲「最高運費案」）事件更明確地指出公益事業費用適當與否，各法院經過再檢討的結果，應有守護該費用爲公益事業而公正收取之責任。因而廢除了內布拉斯加州的鐵路關稅法，聲稱該法違反了美國憲法第14條修正案，因爲其未經正當法律程序而獲取財產。

　　一般而言，聯邦最高法院對各州應遵守行使福祉權能（police power）多數的法律認爲有效，但對於訂定使用費、規範價格、薪資或工作時間相關的法律，則幾乎對州立法機關的判斷難以苟同，薪資及工作時間的規範屢屢以**違反契約自由（freedom of contract）**爲由宣告無效。

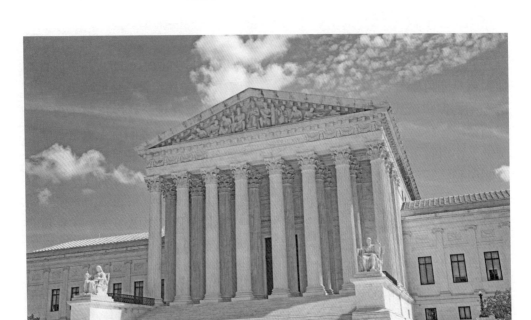

圖7-2　美國聯邦最高法院

　　例如，1898年霍頓訴哈迪（Holden v. Hardy）事件，美國最高法院裁定限制礦工和冶煉廠的最大限工作時間一日10小時之法律合憲。但七年後之1905年洛克納訴紐約（Lochner v. New York）事件，認為紐約州法規定了麵包師的最長工作時間一日10小時，一周60小時，違反美國憲法第14條修正案規定的麵包師的契約自由權而無效（該案決定後來已被有效推翻）。二者差別在於礦工長時間在無日光極不健康條件下工作，而麵包師的勞動環境傷害及罹病危險較小之故。但其後聯邦最高法院在穆勒訴奧勒岡州（Muller v. Oregon, 208 U.S. 412, 1908）事件中，承認婦女獲得的工作時間可少於男子；在邦廷訴奧勒岡州（Bunting v. Oregon, 243 .U.S. 426, 1917）事件中，認為10個小時的日工作時間，對於男性和女性都是可以接受的，顯然已放棄反對最大限勞動時間法。

　　再如，美國國會於1918年曾授權工資委員會為首都的女僱工查明和確定適當的工資。然而在阿德金斯訴兒童醫院（Adkins v. Children's Hospital, 261 U.S. 525, 1923）事件中，最高法院以五比三作出判決，認為國會授權工資委員會的這一法律規定違反了憲法第5條修正案中有關生命、自由和財產所作出的保證。根據判決中的多數意見，雇主和僱工依據憲法有權訂立彼此同意的任何形

式的契約，因此認爲該工資委員會的成立是對契約自由原則的一種違法干涉。

三、實體正當法律程序法理的終止適用

由於經濟不景氣及羅斯福（Franklin D. Roosevelt）總統（1933年至1945年間擔任美國總統）爲經濟回復暨增進社會保障所推出的新政策（The New Deal），給予最高法院停止適用實體正當法律程序很大的壓力，使最高法院不得不放棄其「超立法機關」（super-legislature）的角色，而將立法的好壞及適切與否委由立法機關運用智慧自行決定。

例如，在內比亞訴紐約（Nebbia v. New York, 291U.S. 502, 1934）事件中，美國最高法院即將牛奶工業本非受公共利益影響之工業一事委由立法機關認定，裁定紐約州對奶農、經銷商和零售商的牛奶價格進行監管的法律爲合憲[9]。

圖7-3　美國聯邦最高法院内堂

圖片來源：維基百科，https://zh.wikipedia.org/zh-tw/%E7%BE%8E%E5%9B%B
D%E6%9C%80%E9%AB%98%E6%B3%95%E9%99%A2。

9　但參照後續該院如後所引的許多案例，如馬修斯訴埃爾德里奇（Mathews v. Eldridge, 424 U.S. 319, 1976）、康乃狄克州訴杜爾（Connecticut v. Doehr, 501 U.S. 1, 1991）等，該院在有關憲法上人民權益的保障上於必要時仍然不時透過所謂正當法律程序的運用撤銷立法機關的違憲立法，此與其說是大法官的解釋前後不一，毋寧說是彼等在政治壓力下權衡公私利益下運用司法解釋權的一種智慧，值得留意！

四、契約自由與正當法律程序條款

　　由於上開政府政策的轉變，其後最高法院在判定婦女的最低工資法無效的案例中，不得不繼續使用的「契約自由」（freedom of contract）的法理，而有如下的案例出現。

（一）於1936年的莫爾黑德訴紐約（Morehead v. Tipaldo, 298 U.S. 587 at 610, 1936）事件中，五名裁判官以五比四的投票結果裁定該州法案違憲。巴特勒法官（Pierce Butler）代表多數意見稱，強制支付合理價值的工資，並不適用阿德金斯案的原則和裁決，他認為，簽訂工資契約以換取工作的權利是「受正當程序條款保護的自由之一部分，決定給付工資的雇主與從業員工間的契約條款，包含在此自由權的範圍之中」，國家無權干預此類契約。婦女無權獲得特殊照顧，任何剝奪雇主和女性僱員就工資達成一致的自由，「讓雇主和男性僱員自由這樣做的措施，都必須是任意的」。不過翌年（1937年）在西海岸旅館訴帕里什（West Coast Hotel v. Parrish）事件中，最高法院在振興經濟的大前提下還是裁定州立法規定最低工資不違憲。推翻了自1923年阿德金斯訴兒童醫院一案以來的判決，結束了美國法律史上，最高法院傾向於判決管理商業的法律違憲的所謂洛克納（Lochner）時代[10]。

（二）其後1941年最高法院分別在美國訴達比木材公司（United States v. Darby lumber Co.）、奧爾森訴內布拉斯加州（Olsen v. Nebraska）、1952年日光照明公司訴密蘇里州（Day-Brite Lighting, Inc. v. Missouri）等事件中確認聯邦及州所規定之最低工資及最大勞動時間，或州所規制的職業安定所手續費合憲，甚至對密蘇里州Missouri Rev. Stat., 1949, § 129.060法案中規定任何有權投票的僱員都可以在選舉日的投票開始和結束之間缺席四個小時，並且對於任何雇主如果因僱員缺席而扣除工資，得課以輕罪，亦認為不違反第14條修正案的正當程序或平等保護條款（Day-Brite Lighting, Inc. v. Missouri, 342 U.S. 421 at 423, 1952）。在在有意尊重立法機關的立法智慧，以停止由司法機關擔任超立法機關的角色。

---

[10] 洛克納訴紐約（Lochner v. New York, 198 U.S. 45, 1905）是美國最高法院的一項里程碑式的判決，認為紐約州的一項法規規定了麵包師的最長工作時間，違反了美國憲法第14條修正案規定的麵包師的契約自由權。

（三）但是在隱私權保護方面，最高法院在法的平等保護之下，則在連續多起
　　事件中經過實體的考量對州的立法作出違憲的判斷，例如：

1. 1942年的斯金娜訴奧克拉荷馬州（Skinner v. Oklahoma）事件裁定允許
強制絕育罪犯的法律[11]，違反憲法。因爲這侵犯了美國憲法第14條修正
案賦予的個人權利，特別是平等保護及正當程序條款。

2. 1965年的格里斯沃爾德訴康乃狄克州（Griswold v. Connecticut, 381 U.S.
479, 1965）事件中，康乃狄克州的考姆斯托克法（Comstock laws）禁
止任何人使用「任何避孕及有助流產的用品」，該法律將鼓勵或使用節
育措施定爲犯罪，被告格里斯沃爾德在此情形下被判有罪，經上訴到聯
邦最高法院，道格拉斯法官（William Orville Douglas）主筆的多數意見
認爲，雖憲法未言及「隱私權」，然根據憲法諸多條款皆是以保障人民
權利爲目的，如美國憲法第9條修正案即保留憲法所無規定權利屬於人
民，因此康乃狄克州的禁止使用器具墮胎侵犯個人獨處權利而違憲。懷
特大法官（Byron White）稱，婚姻隱私的基本權利，構成正當程序條
款下的自由，並受到第14條修正案針對各州的保護。最高法院最後以七
比二表決結果，認爲此法「違反婚姻隱私權」，宣告法律無效。

第三節　審判之正當法律程序

一、審判中立

　　摩爾訴登普西（Moore v. Dempsey, 261 U.S. 86, 1923）事件中，被告請求
人身保護令狀，聲稱在阿肯色州法院進行的訴訟，雖然表面上符合審判要求，
但僅在形式上滿足了這些要求。他們辯稱，彼等是在武裝暴徒的壓力下被定罪
的，法院公然無視他們的憲法權利，而且審前宣傳損害了訴訟程序。聯邦最高
法院霍姆斯大法官（Oliver W. Holmes Jr.）爲首的法庭意見認爲暴民主導審判
違反了正當程序規定，剝奪了被告獲得第14條修正案正當程序條款的保障。最
後以六比二裁定推翻了地方法院駁回請願人人身保護令狀的決定。此案後來成

---

[11]　1936年5月施行的奧克拉荷馬州《習慣性刑事絕育法》，該法案允許該州對被判三次或三次
　　以上「構成重罪」的個人，處強制絕育作爲其判決的一部分。

為最高法院審查各州刑事審判是否符合「權利法案」的先例。

二、無利害關係

圖米訴俄亥俄州（Tumey v. Ohio, 273 U.S. 510, 1927）事件中，俄亥俄州禁酒法規定違反該法被判有罪，裁判長得收取罰金中之一部，乃違反憲法第14條修正案的正當程序對被告之保障。代表法庭意見之塔夫脫首席大法官稱，和司法資格有關的所有事情，無例外地須考慮影響及於憲法的有效性，因此有無親族、個人偏見、州的政策如何、利害關係厚薄等情事，一般被認為在立法機關考量之範圍。但在被告事件裡，達到對被告不利益的裁判結果有實質的金錢、個人直接的利害關係的裁判官所作的判決，若及於被告的自由及財產的話，即剝奪了被告正當法律程序的保障而有違美國憲法第14條修正案。

三、選擇陪審的權利

鄧肯訴路易斯安那州（Duncan v. Louisiana, 391 U.S. 145, 1968）事件中，根據路易斯安那州的法律，簡單的毆打是一種輕罪，最高可判處兩年監禁和300美元罰款。上訴人被判犯有簡單毆打罪，被判處有期徒刑60天和罰款150美元。鄧肯曾要求陪審團審判，但遭到拒絕，因為路易斯安那州憲法僅在可能判處死刑或苦役監禁的情況下才允許陪審團審判。他提出上訴，理由是該州違反了保障人民接受陪審團審判的權利的憲法第6條和第14條修正案。法院根據路易斯安那州最高法院的上訴管轄權受理了此案。最高法院以七比二支持鄧肯，認為在刑事案件中，接受陪審團審判的權利是美國正義觀的基礎和核心。因此，依據憲法第14條修正案的正當程序條款得要求各州尊重陪審團審判的請求。

同樣情形也發生在紐約，1970年鮑德溫訴紐約（Baldwin v. New York, 399 U.S. 66, 1970）事件中，上訴人在紐約市刑事法庭被指控犯有輕罪。根據紐約市刑事法院法第40條，該法院的所有審判都沒有陪審團。上訴人要求陪審團審判的動議被駁回並被定罪，判處最高一年徒刑。州最高法院維持原判，鮑德溫上訴至聯邦最高法院。懷特大法官、布倫南大法官（William J. Brennan）、馬歇爾大法官（Thurgood Marshall）得出結論認為，根據第6條修正案，被指控

犯有嚴重罪行的被告必須享有由陪審團審判的權利，正如第14條修正案對各州適用的那樣，儘管「微不足道」罪行可以在沒有陪審團的情況下進行審判，但在授權判處六個月以上監禁的情況下，就有受陪審團審判的權利而言，任何罪行都不能被視為「輕微」。

四、陪審團人數問題

（一）威廉姆斯訴佛羅里達州（Williams v. Florida, 399 U.S. 78, 1970）事件中，被控搶劫罪的威廉姆斯要求組建一個12人的陪審團，而不是佛羅里達州法律規定的非死刑案件的六人陪審團，但被拒絕了。在審判中被告被定罪，上訴法院維持原判，因而上訴到聯邦最高法院。最高法院認為，陪審團審判的憲法保障並不要求陪審團成員人數固定為12人，表示該數字是一個歷史偶然數字，儘管在普通法中被接受，但制憲者並沒有明確打算永遠將一項對第6條修正案的干預目的編為憲法的要求。威廉姆斯通過憲法第14條修正案（正當法律程序）適用於各州的第6條修正案的權利，並未因佛羅里達州提供六人陪審團（非12人陪審團）的決定而受到侵犯。

（二）但在1978年巴柳訴喬治亞州（Ballew v. Georgia, 435 U.S. 223, 1978）事件裡，美國最高法院認為，該案授權在五個陪審團的一致投票下進行刑事定罪的喬治亞州法規是違憲的。從而可知聯邦憲法第6條修正案雖未規定陪審團人數，但從此二例可知審理輕微刑事犯罪的最低人數應為六人[12]。

五、陪審員全員一致意見與否之問題

（一）在1972年約翰遜訴路易斯安那州（Johnson v. Louisiana, 406 U.S. 356, 1972）事件中，路易斯安那州的法律允許陪審團以非一致同意的方式（12名陪審團中的九名成員）對被控重罪的約翰遜（Johnson）定罪，約翰遜上訴至聯邦最高法院，該院以五比四的投票結果裁定，陪審團的不一致裁決並未違反美國憲法第14條修正案的正當程序條款和平等保護

---

[12] Congressional Quarterly's Guide to the U.S. Supreme Court, 1979, p. 530.

條款。

（二）但是1979年的伯奇訴路易斯安那州（Burch v. Louisiana, 441 U.S. 130, 1979）事件中，聯邦最高法院認為路易斯安那州允許六人陪審團對輕罪只有五名陪審員同意即可定罪的法律，違反了憲法第6條修正案。因而被認為在非輕罪審判中，使用六人陪審團的州必須全員一致才能定罪。

六、關於陪審員種族的問題

（一）威特斯訴喬治亞州（Whitus v. Georgia, 385 U.S. 545, 1967）事件中，威特斯（Whitus）因謀殺罪被喬治亞州最高法院定罪，而向聯邦法院提交了人身保護令狀，主張起訴和定罪他們的大陪審團和小陪審團的組成有種族歧視。地區法院駁回了令狀，上訴法院維持原判。乃上訴到聯邦最高法院，並稱，由於他們的縣有45%的非裔美國人，因此每次陪審團都是白人或幾乎全是白人組成，是歧視和不公平。最高法院批准調卷令，並發現該州實際上沒有非裔美國人擔任過陪審員，足以支持種族歧視的主張，因而撤銷了該判決，裁定要求喬治亞州地方法院重新選舉陪審團審理此案。

（二）埃爾南德斯訴德克薩斯州（Hernandez v. Texas, 347 U.S. 475, 1954）事件是一個具有里程碑意義的案件。二戰後美國最高法院審理和裁決的第一起，也是唯一一起墨西哥裔美國公民權利案件。墨西哥裔美國工人埃爾南德斯（Peter Hernandez）因1951年謀殺了一名男子被判有罪，他的律師團對裁決提出上訴，辯稱他受到了歧視，因為陪審團中沒有墨西哥人判定他有罪而被定罪，他們爭辯說，根據第14條修正案，埃爾南德斯有權由同齡人組成的陪審團受審，並稱墨西哥裔美國人雖然是白人，但在案件審理的傑克遜縣被視為不同階層，並受到歧視，德克薩斯州否認了他們的主張，理由是墨西哥人是白人，第14條修正案不保護白人族群。辯護律師證明，儘管許多墨西哥裔美國人是公民，並且在其他方面有資格在傑克遜縣擔任陪審員，但在過去的25年中，沒有墨西哥裔美國人被選為陪審員候選人之中，陪審團受到種族限制，導致埃爾南德斯被剝奪了第14條修正案規定的法律平等保護。聯邦最高法院經過調查，確定該地區確有種族隔離的情形存在後，裁定埃爾南德斯勝訴，將該案發回，要求由不歧視墨西哥裔美國人的陪審團對他進行重審。由首席大法

官華倫（Earl Warren）執筆之法院一致裁定，墨西哥裔美國人和美國所有其他民族，在美國憲法第14條修正案下享有平等的保護。影響所及憲法第14條修正案的保護，被認定涵蓋美國任何可以證明存在歧視的民族或族裔群體。

七、關於受告知的權利

（一）關於被告事實的受告知（包含與人權有影響之合法訴訟程序相關的事項之受告知），乃屬於美國憲法之法的正當程序的保障（due process of law）中實質且重要的內容之一。捲入合法的訴訟程序的所有當事者，他們對與具體的告發相關事項，在審判開始以前為給予防禦的準備時間，以及給予自集體訴訟事件脫離的充裕時間，首先有必要受到告知。美國聯邦最高法院無論民事或刑事訴訟裡為給予適當防禦的準備，均利用各種機會將之明確告知於當事人。最近並擴大適用於從債權者對消費者一方財產的查封中保護消費者，及從一部行政行為中保護個人。

（二）告知的概念包含於憲法第5條及第6條修正案條文之中，第5條修正案規定：「非經大陪審團提起公訴，人民不受死罪或侮辱罪之審判……」此一正式起訴之告知義務參照聯邦最高法院對烏爾塔多訴加利福尼亞州（Hurtado v. California, 110 U.S. 516）事件之裁定意旨，僅對聯邦犯罪被告發的人們有其適用。第6條修正案規定：被告有權「**在一切刑事訴訟中得知控告的性質和理由，……**」（to be informed of the nature and cause of the accusation），此一原則事實上乃為公正裁判基本且重要的原則。透過第6條修正案及法的正當程序充分且明確地要求預先告知被**告犯罪所適用的法律及何種行為被禁止**。

（三）從最高法院就康納利等訴總建築公司（Connally v. General Construction Co., 269 U.S. 385, 1926）事件所作的判決，可以明顯地看出，被告受告知或起訴之內容必須明確而非含糊的；按此案係關於奧克拉荷馬州法規的爭議，該法規實質上含糊地要求企業向工人支付不少於「工作所在地的現行每日工資率」的工資。此一用語因含糊不清而違憲。判決顯示，該院擴展並確立了第14條修正案正當程序原則的關鍵結構，同時確立了模糊原則；也定義了對任何法律都至關重要的必要條件，如果缺乏這些要件，將被視為無效。其後至1952年，聯邦最高法院在博西摩托訴美國

（Boyce Motor Lines, Inc. v. United States, 337 at 340, 1952）事件中，認
為聯邦州際商務委員會制定關於安全運輸爆炸物和其他危險物品的法規
非常模糊，以至於普通人必須猜測其含義，並在其應用上存在分歧，這
缺乏正當法律程序的首要要素，而駁回了基於涉嫌違反該法規的起訴
書。認為定義不明之法律無效，確立了**禁止曖昧不明用語的法律，及對
個人告發不確實的起訴狀**可以加以駁回的正當法律程序。

八、接受公開審判的權利

（一）美國憲法第6條修正案除保障被告受迅速裁判之權利外，同時也保障其
受公開裁判之權利。聯邦最高法院認為此一權利專為保障被告之利益所
設計，非為一般公眾或媒體相關者所設計。在甘尼特公司訴德帕斯誇萊
（Gannett Co., Inc. v. DePasquale, 443 U.S. 368, 1979）事件中，初審法
院認為，被告有權獲得公平審判凌駕於「新聞界和公眾的憲法權利」之
上。聯邦最高法院亦認為，對報導謀殺事件的審前訊問之媒體及公眾不
公開，屬審理法官的權限。該權利可以獨立於訴訟各方的主張之外，並
稱憲法第6條修正案對公開審判的保證僅是為了被告的利益。憲法沒有
任何地方提到公眾獲得刑事審判的任何權利，參照過去的案例，儘管社
會對公開審判有著強烈的興趣，但公眾並沒有可強制執行公開審判的權
利。

（二）對妨害公開審判被告的處置：1970年聯邦最高法院在伊利諾州訴艾倫
（Illinois v. Allen, 397 U.S. 337, 1970）事件中，全員一致駁回對在法庭
吵鬧及辱罵法院而被法官命令在其同意遵守法庭秩序以前退庭，並於審
判結束後判決有罪而以人身保護令狀（habeas corpus）請求救濟的搶劫
案被告艾倫（Allen）（艾倫聲稱他被伊利諾州初審法官錯誤地剝奪了
在整個審判期間保持在場的憲法權利）。該院認為根據本案的事實，法
庭沒有濫用自由裁量權，由於被告的擾亂行為，使自己喪失了第6條修
正案和第14條修正案規定的對抗權利。
布拉克法官代表的法庭意見稱，美國所有法院在訴訟程序上表現的威
信、秩序、禮儀等特質，基本上實為使刑事司法適切地運用的重要之
物。……吾人相信妨害審判、不服法院命令、對倔強反抗的被告有必要
給予法官充分的裁量權。雖然沒有一種方案適用於所有情況，但憲法允

許法院至少有三種處理頑固被告的方法：1.在萬不得已的情況下綁住他並塞住他的嘴，從而讓他留在現場；2.以犯刑事或民事藐視法庭罪傳喚他；3.在審判繼續進行的同時，將他帶出法庭，直到他承諾行為端正為止。

九、關於強制證人於審理庭出庭作證之程序

（一）1967年傑基·華盛頓訴德克薩斯州（Washington v. Texas, 388 U.S. 14, 1967）事件中，本案被告傑基·華盛頓因謀殺案試圖傳喚其同案被告作為證人，但德克薩斯州法規定同案多名被告不能相互作證；因為州法認為，這樣各被告會串供，在證人席上各自撒謊。法官支持該州反對共同參與者的證詞，被告因而被判有罪，德州上訴法院維持原判。傑基·華盛頓再上訴到聯邦最高法院稱：「根據憲法第6條修正案，刑事案件中被告有權透過強制程序獲取對其有利的證人，此項權利依第14條修正案的規定適用於各州。」聯邦最高法院的首席大法官柏格的法庭意見肯定該意見，認為：「本案被告為了證明抗辯事實，有權提出自己一方的證人。此一權利乃美國憲法中法的正當程序保障的基本要素之一，而被告卻被剝奪了這一權利。」因而推翻了下級法院的裁決。

（二）不過由於此一判例一度被辯護律師用來作為拖延訴訟之手段，而於後來的雷泰勒訴伊利諾州（Ray Taylor v. State of Illinois, 484 U.S. 400, 1988）事件中被限制縮小。該案最高法院表示，在某些特殊情況下，例如快速審理案件的需要等公共利益的理由，可以拒絕某些被告一方的證人出庭作證，即使這樣會對被告不利。維持了下級法院法官因辯護律師故意不披露證據，而阻止辯方證人作證的命令。

十、關於請求詰問對自己不利證人的權利及傳聞證據之問題

（一）波恩特訴德克薩斯州（Pointer v. Texas, 380 U.S. 400, 1965）事件，憲法第6條修正案規定，在刑事訴訟中，被告有權與不利於他的證人面對面；採取強制性程序來獲得對他有利的證人。波恩特（Pointer）案初審審判結束後，被害商店的經理菲利普斯（Phillips）搬到了加利福尼亞州，並沒有返回德克薩斯州接受地方法院對波恩特的刑事審判，檢察官

轉而以菲利普斯在審查審判中作證的筆錄爲證。波恩特的律師以無法對菲利普斯進行詰問而反對，但被否決。陪審團判處波恩特無期徒刑。在向德克薩斯州刑事上訴法院提出上訴時，波恩特的律師重申了這一論點，即菲利普斯的缺席，剝奪了波恩特與第6條修正案所保障的對質和詰問其不利證人的權利。參照特納訴路易斯安那州（Turner v. Louisiana, 379 U.S. 466, 1965）事件的判決，憲法第6條修正案認爲被告有權面對和詰問對他不利的證人是一項基本權利。這項權利對於公平審判至關重要，且第14條修正案使這項權利成爲各州的義務。最高法院最後裁定撤銷原判發回重審。

（二）在錢伯斯訴密西西比州（Chambers v. Mississippi, 410 U.S. 284, 1973）事件中，錢伯斯被控謀殺一名警察，另一名男子蓋博・麥克唐納除了向第三方供述外，還承認了謀殺罪，並被拘留。一個月後，麥克唐納否認供述並被釋放。在庭審中，錢伯斯多次試圖證明麥克唐納承認了罪行，並向第三方供認不諱。地區法院認爲供詞證據不可採信，而且這些供述是傳聞。錢伯斯上訴並辯稱地區法院拒絕採納證據，違反了第14條修正案的正當程序條款。大法官鮑威爾（Lewis F. Powell, Jr.）發表了支持多數的意見，認爲地方法院拒絕對錢伯斯進行公正審判，侵犯了他的正當程序權利。根據正當程序條款，被告有權與證人對質和詰問，並有權爲自己傳喚證人。法院還認爲，傳聞陳述並非不可信的證據，而是錢伯斯辯護的重要組成部分，可能導致陪審團作出不同的決定。因此，錢伯斯的定罪被撤銷發回重審。同樣情形，戴維斯訴阿拉斯加州（Davis v. Alaska, 415 U.S. 308, 1974）事件，聯邦最高法院首席大法官伯格[13]執筆的法庭意見稱，對於非行少年保護觀察中的身分，也就是少年證言的信用性可以彈劾的事項，禁止其反對訊問，乃剝奪被告請求對質的權利。

13　伯格爲第15任的首席大法官，其於任職的1969年至1986年期間作成的判例簡稱爲伯格法院（Burger Court），與其所接任的第14任首席大法官華倫（Earl Warren）簡稱華倫法院（Warren Court）名字近似，請特別留意。

圖7-4　第15屆首席大法官華倫‧厄爾‧柏格（Warren Earl Burger）
圖片來源：維基百科，https://zh.wikipedia.org/zh-tw/%E6%B2%83%E4%BC%A
6%C2%B7%E5%8E%84%E5%B0%94%C2%B7%E4%BC%AF%E6%
A0%BC。

十一、關於迅速審判的問題

（一）美國憲法第6條修正案的快速審判條款規定：「在一切刑事訴訟中，被告有權接受快速和公開的審判……。」該條款保護被告在出示起訴書或類似指控文書與審判開始之間不會出現延誤。

（二）1967年克羅菲爾訴北卡羅來納州（Klopfer v. North Carolina, 386 U.S. 213, 1967）事件中，聯邦最高法院認為各州基於正當法律程序，對被告負有保護其受迅速裁判權利的義務。在1972年巴克訴溫戈（Barker v. Wingo, 407 U.S. 514, 1972）事件中，最高法院制定了衡量遲延與否的四個因素，如考慮延遲時間的長度、延遲的原因、被告是否主張其獲得快速審判的權利，以及對被告損害的程度，以決定是否遲延。違反快速審判條款會導致刑事案件被駁回。在這些參數範圍內，確定該案的五年等

待審理並不違反憲法。參照維基百科上的說明，除了憲法保障外，各州和聯邦法規還賦予更具體的快速審判權。如在紐約，控方必須在六個月內對除謀殺以外的所有重罪「準備好接受審判」，否則無論案件的是非曲直，指控都會被依法撤銷。這也稱為**「就審規則」**。在加州法院，被告有權在100天到一年內接受審判。另國會於1974年通過了《快速審判法》（The Speedy Trial Act of 1974），規定自逮捕或正式起訴與審理間的最終期限為100天。如無法遵守這個最終期限，大多數的事件即可能被駁回起訴[14]，且為保護被告，等待審判的時間不會超過一定時間。1979年該法修正規定，審判不得在被告首次出庭後30天內開始，以確保被告有時間提供適當的辯護；反之等待時間過長亦非法之所許，如1992年多格特訴美國（Doggett v. United States, 505 U.S. 647, 1992）事件中，最高法院即裁定讓多格特等待審判達八年半，確實侵犯了他的第6條修正案權利；另外，值得注意的是，迅速審判之權，不得隨意放棄。如聯邦最高法院在澤德納訴美國（Jacob Zedner v. United States, 547 U.S. 489, 2006）事件所示，即裁定被告不能使用快速審判條款放棄其獲得快速審判的權利，**因為該條款保護案件中的所有當事人（非被告一人），以確保他人的利益不受到影響。**

十二、與非行少年相關之正當法律程序

聯邦最高法院認為，聯邦憲法關於法的正當程序的保障條款及第6條修正案，對非行少年相對於成年人的保障僅保有其一部而非全部。一般而言少年法院的程序非為刑事，而以民事審理加以考量，少年法院的程序為保護非行少年之故，不採公開審判程序，不讓社會知悉其前科紀錄之不利條件以給予非行少年矯正之機會作為規劃。至1967年為止，法的正當程序的保障條款僅在公正的適用上被引用於少年法院，直到1967年In re Gault事件裡，聯邦最高法院才對因違反法律被告的少年作出對自己不利證據的提出者，有反對詢問權之判斷。並進一步承認非行少年有與成年人相同的委任律師請求權，及不被強迫自陷於罪等受告知的權利（In re Gault , 387 U.S. 1, 1967）。1970年In re Winship事件中，聯邦最高法院對於地方法院以「證據優越」（by a pre ponderance of

---

[14]   Congressional Quarterly's Guide to the U.S. Supreme Court, 1979, p. 576.

the evidence）認定有罪之12歲竊盜非行少年（Winship），應適用與成人訴訟程序相同標準的「超過合理的懷疑」（beyond a reasonable doubt）為有罪之證明，將原判以剝奪非行少年有關法的適正程序（due process of law）所保障諸權利為由加以撤銷。但卻於翌（1971）年的麥基弗訴賓夕法尼亞州（McKeiver v. Pennsylvania, In re Burrus, 403 U.S. 528, 1971）事件中，拒絕將陪審裁判擴大適用於少年法院。四年後的1975年同法院則同意將憲法第5條修正案關於免於二重危險的保護擴大適用於非行少年（Breed v. Jones, 421 U.S. 519 at 529, 1975）[15]。

十三、關於精神病犯責任能力之舉證責任

1984年，被告小特奧菲洛・梅迪納（Teofilo Medina, Jr.）從加利福尼亞州聖安娜的一家當舖偷了一把槍，在接下來的幾周裡，他搶劫了兩個加油站、一家汽車乳品店和一個市場，謀殺了這些場所的三名員工，又試圖搶劫第4名員工，並向兩名試圖跟隨他逃跑的路人開槍後，不到一個月被捕，並被指控犯有多項刑事犯罪，包括三項一級謀殺罪。在審判前，被告的律師要求在加州舉行能力聽證會。根據加州刑法典第1637條規定：「當一個人精神上無行為能力時，不得對其進行審判或判處懲罰。」同法第1369(f)條則規定：「應當推定被告在精神上有行為能力，除非有大量證據證明被告精神上無行為能力。」該案陪審團發現原告在犯罪時精神正常。在量刑階段，陪審團認定這起謀殺案是有預謀、故意的，並作出了死刑判決。被告在直接向加州最高法院提起上訴時，並沒有對該法第1369(f)條中規定的舉證標準提出質疑，但辯稱該法將舉證責任歸於他，侵犯了他的正當程序權利。加州最高法院指出，能力推定的主要意義是讓被告（或人民，如果他們質疑他的能力）反駁他的責任，並且根據其條款，能力推定是影響舉證責任的推定[16]。

被告據此上訴到聯邦最高法院，最高法院甘迺迪大法官（Anthony Kennedy）發表了法院的意見，認為，本質上受質疑的推定是對舉證責任的重述，根據我們所說，該推定不違反正當程序條款。**傳統上，正當程序要求只遵守最基本的程序保障；社會利益與被告利益之間更微妙的平衡則留給立法部**

---

[15]　Congressional Quarterly's Guide to the U.S. Supreme Court, 1979, p. 531.

[16]　加州最高法院判例集第51卷，Cal.3d, at 885, 799 p. 2d, at 1291.

門。奧康納大法官（Sandry Day O'Connor）與蘇特法官（David Souter）同意判決，認為憲法規定舉證責任可以由被告承擔，能力的確定主要基於精神科醫生的證詞，檢方主要擔心的是被告會假裝無能力以避免審判。如果證明能力的責任落在政府身上，被告在精神病學調查中合作的動力就會減少，因為不確定的檢查將有利於辯方，而不是檢方。被告也可能不太願意向朋友或家人提供有關被告精神狀態的資訊。因此，各國可能會決定，如果辯方有動力出示其掌握的所有證據，就能更全面地了解被告的能力。透過讓辯方承擔舉證責任，可能會更全面地獲取資訊，這可能會超過在勢均力敵的案件中，稍微無能力的被告受到審判的危險〔梅迪納訴加利福尼亞州（Medina v. California, 505 U.S. 437, 1992）〕。

十四、關於鑑定責任能力機構的提供

　　阿克訴奧克拉荷馬州（Ake v. Oklahoma, 470 U.S. 68, 1985）事件中，阿克（Glen Burton Ake）於1979年被指控謀殺一對夫婦並傷害他們的兩個孩子而被捕。在他受審時，由於他的怪異行為促使法官下令對其進行精神病學能力評估。精神病醫師的一份報告稱阿克有妄想症，特別是阿克聲稱自己是上帝的「復仇之劍」，並且他將坐在天堂上帝的左邊。阿克被診斷為可能患有偏執型精神分裂症，醫師建議進行長期的精神評估，以確定阿克是否有能力接受審判。阿克隨後在州立醫院接受了幾個月的治療，然後接受審判。阿克的律師通知法院，他將提出精神錯亂辯護，並要求由國家承擔費用進行精神評估，以確定請願人在犯罪時的精神狀態，並稱他有權根據聯邦憲法進行這樣的評估。法院駁回了阿克的請求，認為阿克無權獲得此類協助。阿克隨後受到審判，被判犯有兩項謀殺罪，並判處死刑。案件上訴到聯邦最高法院，馬歇爾大法官代表的法庭意見，考慮到「所尋求的精神科援助的可能價值，以及如果不提供此類援助，程序中出現錯誤的風險」，認為個人和國家都有強烈的利益，但國家在審判中獲勝的利益，必然受到其對刑事案件公正和判決準確性利益的影響。且要求國家為貧困被告提供一名精神科醫生並不是一個過大的經濟負擔，於是推翻了下級法院的判決，將此事發回重審，結果阿克被定罪並被判處兩項無期徒刑。

第四節　關於禁止不合理的搜索、逮捕及扣押的保障

一、概說

美國憲法第4條修正案明文保障「人民有保護其身體、住所、文件與財物不受無理的拘捕、搜索及扣押，並不得非法侵犯」的國民權利，此一權利乃出自起草者們過去對英國時代曾經使用一般的逮捕狀（general warrant）或政府搜查官員對走私業者、違反貿易、航海法者使用臨檢令之事實有著鮮明的記憶，爲使搜索正當化，免於個人隱私遭警察或其他官員恣意侵害所爲之設計。頒發搜索狀必須有合理的理由（reasonableness），經宣誓或代誓宣言，且須載明應搜索的場所、逮捕之人、扣押之物。有關搜索令狀禁止不合理的搜索、逮捕、扣押內容有效解決具體事件的指針，如聯邦最高法院本身於1967年所承認一般，多年來一直是聯邦最高法院法官間意見無法整合的問題。不過該院在卡馬拉訴舊金山市縣市政法院（Camara v. Municipal Court, 387 U.S. 523, 1967）事件中，舊金山公共衛生部的一名檢查員要求卡馬拉允許搜查他的住所。檢查員聲稱，該物業的入住許可證不允許一樓作住宅使用。

搜索是例行的年度檢查。卡馬拉拒絕讓檢查員在沒有搜查令的情況下進入大樓，檢查員在沒有搜查令的情況下又回來了兩次，卡馬拉把他拒之門外。第一次訪問大約一個月後，卡馬拉因拒絕接受檢查而被捕，並被指控違反舊金山住房法（SFHC）。卡馬拉尋求禁止搜索令狀，辯稱舊金山住房法授權檢查的部分違反了第4條和第14條修正案。加州高等法院駁回了令狀的聲請，卡馬拉上訴到聯邦最高法院，懷特大法官以六比三的多數票撤銷了州高等法院的判決，認爲卡馬拉擁有憲法權利，要求檢查員在搜查他的家之前應獲得搜索令，並且不能因拒絕同意檢查而被定罪[17]。可以確定未獲得正當的同意搜索私人財產爲不合理的（unreasonable）搜索，根據有效搜索令所爲之搜索即不構成不合理的搜索[18]。此應爲第4條修正案當然的解釋。

但對於搜索令狀主義的要求，聯邦最高法院對於伴隨適法的搜索及對移動中車輛的搜索，因實際狀況的需要而例外加以認可，其後隨著時間的推移亦在聲請人議論中創設了一些新的例外。如1977年的通用汽車租賃公司訴美國

---

[17]　Congressional Quarterly's Guide to the U.S. Supreme Court, 1979, p. 553, 註2。

[18]　Congressional Quarterly's Guide to the U.S. Supreme Court, 1979, p. 539.

（GM Leasing Corporation v. United States）事件，上訴人是美國財政部、國稅局（IRS），以及國稅局的一名地區主任和幾名代理人，被上訴人通用汽車租賃公司是一家猶他州公司，據稱在猶他州鹽湖城從事豪華汽車租賃業務。美國國稅局工作人員在納稅人的住所車道上觀察到幾輛汽車，隨後調查顯示，這些汽車登記在被上訴人公司和另一家由納稅人組織和控制的公司。經進一步查明，被上訴人公司係納稅人的分身或受讓方，因此認應查封其資產，以清償納稅人的欠稅。爲此國稅局人員在無搜索令狀下逕自進入被上訴人的住所扣押其資產和文件（這也是納稅人其他辦事處的所在地），被上訴人公司於是在美國猶他州地方法院對上訴人提起訴訟，認爲國稅局人員非法進入被上訴人公司的辦公室，從而侵犯了被上訴人和納稅人的憲法第4條所保障的隱私權。初審法院於1974年5月24日作出有利於被上訴人的判決，包括取消對上述資產的所有徵稅和留置權，以及就上訴人處置的資產向被上訴人支付金額不定的金錢賠償。上訴人首先質疑初審法院關於被上訴人不是納稅人的另一個身分的裁定，從絕大多數證據表明，被上訴人公司沒有獨立的存在，而是納稅人的另一個分身。被上訴人是四個由納稅人發起成立的公司之一，他對被上訴人施加了實質性的控制。雖然被上訴人有三位董事，但他們不過是傀儡，其等不作任何商業決定、不承擔任何職責、不參加董事會議，也不領薪水。納稅人與被上訴人資產交易亦顯示，被上訴人部分資產、豪車等值每個數千美元，由納稅人所有，並轉移給被上訴人。其他證明被上訴人是納稅人分身的證據是被上訴人本應從事汽車租賃業務，但並未租賃汽車，也沒有僱員，不支付工資、不繳納州銷售稅或使用稅、不發行股票，也不召開股東大會。被上訴人雖稱股票已經發行，但沒有出示股票證書、股東會議紀錄或其他文件證據來證實其事。上訴人爭辯說，初審法院錯誤地認定被上訴人的文件和汽車被非法扣押，並下令歸還汽車和複製文件，且認定上訴人克萊頓參與搜查和扣押具有惡意，但沒有證據支持這一發現。從紀錄中可以清楚地看出，上訴人進行了法定有效的徵稅，而不是非法搜查和扣押。上訴人因此根據區域顧問律師的建議進行扣押，足以證明其行爲出於善意。聯邦最高法院認爲彼等係出於合理與眞誠的信念進入屋內扣押，屬於法律容許的**善意的例外**，因而將判決撤銷發回重審。反之，如未依法取得搜索票而獲得之證據，爲使搜索官員的行爲得到匡正，實務上即發展出所謂的**違法證據排除法則**（enclusionary rule）。簡言之，侵害憲法第4條修正案被告權利所蒐集到的證據，不得作爲被告不利益的使用。此爲1914年weeks

訴美國（Weeks v. U.S., 1914）事件以來聯邦各級法院普遍採用的證據法則[19]，雖然至1949年沃夫訴科羅拉多州（Wolf v. Colorado）事件聯邦最高法院仍然明確地拒絕適用違法證據排除法則於州警察官，但至1961年馬普太太訴俄亥俄州（Mapp v. Ohio）事件，該院已對州的被告擴大適用，並於1963年的基爾訴加利福尼亞州（Ker v. California）事件中，該院將第4條修正案的保障，在州的行為各方面與聯邦的行為同視。雖然此法則適用到後來又有很多的例外被認可，以肆應實務上的需要（如後所述），但大體而言，**憲法第4條修正案禁止不合理的搜索、逮捕及扣押的適正程序的基本精神仍一直被最高法院採為適用法律的指針。**

二、第4條修正案所禁止之態樣

（一）為確保作為被告不利使用之證據為目的所進行之搜索及扣押，除特別情形外，須使用搜索令狀

在古萊德訴美國（Felix Gouled v. United States, 255 U.S. 298, 1921）事件中，古萊德被告詐欺，其友人是一名政府特工，他受調查人員之託，藉故造訪古萊德，問是否可以從其辦公室打個電話。古萊德同意了，當古萊德暫時離開辦公室時，該特工從辦公室沒收了牽連古萊德的文件，並將其交給調查人員作為證據，古萊德因而被判有罪。古萊德至起訴後始知此事，並拒絕同意以之為自己不利之證據，聲稱扣押侵犯了憲法第4條修正案及第5條修正案對他保障的權利而提起上訴。美國最高法院引用了Weeks事件的原則肯定上訴有理，認為此一搜索秘密進行，未有搜索令狀，且扣押的信件究屬何物不明，該信件僅為單純的證據（mere evidence），非屬合理的扣押範圍。憲法第4條修正案的不合理搜查和扣押不一定涉及使用強暴或脅迫，如果是在政府或其代表人透過熟人偷偷摸摸，或以商務拜訪為由，進入犯罪嫌疑人的住宅或辦公室，無論文件所有者是否在場，只要在其不知情或未同意的情況下搜查而取得其文件，即屬於不合理的扣押，不得用作證明被告犯罪之證據使用。代表法庭意見的克拉克法官（John H. Clarke）認為，在犯罪與刑罰相關的程序中，**為確保作為被告不利使用之證據為目的所進行之搜索及扣押，非使用搜索令狀不可。**若非如此，

---

[19]　林賢宗，《自由心證法制新趨勢——從自由心證主義之發展軌跡談起》，頁73以下。

其可以申請使用搜索令狀者，以：1.因公眾或請求公訴者與扣押標的或對該標的財產之占有權有利害關係，認可一次進行搜索及扣押之場合；或2.被告發者非法持有該標的財產，可適法使用警力取得該財產等情形為限[20]。

（二）不問何人占有，凡屬犯罪所得、犯罪所用之物，或有相當理由相信可以發現有犯罪證據的財產者，即得對該等財產頒發有效的搜索令狀

聯邦議會迄今為止，並未制定對純證據之扣押授予使用搜索令狀之法律。聯邦刑事訴訟規則（Federal Rules of Criminal Procedure）亦僅限制在聯邦使用搜索令狀的對象為供犯罪所用之物及犯罪所得之物而已，並未及於其他證據。且以往認為純證據不許扣押的判例，與純證據所生限定的扣押範圍，以及何者為純證據、何者為犯罪所用之工具、犯罪所得之證據常生混亂，因而於1967年為最高法院放棄適用。該院於沃登訴海登（Warden v. Hayden, 387 U.S. 294, 1967）事件中表示第4條修正案的文字沒有內容支持純證據與犯罪之間的關聯。該條保證人民的人身、房屋、文件和財產的安全，無論這些物品的用途如何[21]。現在簽發的搜查令狀允許扣押所有犯罪有關的證據，其後1976年該院於美國訴米勒（United States v. Miller）事件中認為銀行存戶往來相關的銀行紀錄非屬憲法第4條修正案保護的私文書；於安德列森訴馬里蘭州（Andresen v. Maryland）事件中同意以律師業務上之紀錄作為不利於彼的證據使用，均為放棄純證據不許扣押之著例。1978年該院在蘇爾徹訴史丹佛日報（Zurcher v. The Stanford Daily, 436 U.S. 547 at 554, 1978）事件中即認為第4條修正案搜索容許的範圍，不以在犯罪嫌疑者所占據的場所為限。代表多數意見的懷特大法官在其執筆的法庭意見書即稱：「在現有的法律之下，不管第三人占有與否，凡屬犯罪所得、犯罪所用之物，或有相當理由相信可以發現有犯罪證據的財產的話，即可正確地對該等財產頒發有效的搜索令狀。」

（三）第4條修正案不適用於搜索扣押外國人在外國的財產

美國訴烏奎德斯（United States v. Verdugo-Urquidez, 494 U.S. 259, 1990）是美國最高法院的一項判決，該判決確定第4條修正案的保護不適用於美國特

---

[20]　Congressional Quarterly's Guide to the U.S. Supreme Court, 1979, p. 542.

[21]　Congressional Quarterly's Guide to the U.S. Supreme Court, 1997, p. 577.

工搜查和扣押非居民之外國人在外國所擁有的財產。該案的事實是一位墨西哥公民維爾杜戈—烏奎德斯（Rene Martin Verdugo-Urquidez）因涉嫌參與酷刑和謀殺緝毒局特工薩拉查（Enrique Camarena Salazar）而被捕，並被帶到美國。美國緝毒局認爲有必要搜查被告的家，因此獲得了墨西哥政府的授權進行搜查，並發現了據信是被告大麻運輸紀錄的文件。

　　當政府試圖在法庭上提供這些文件作爲證據時，被告表示反對，聲稱這些文件是在沒有搜查令的情況下獲得的，根據憲法不能在審判中使用。美國地方法院同意其意見，並援引排除規則禁止使用這些文件。政府對此裁決提出上訴，第九巡迴上訴法院維持了這項裁決，政府隨後向最高法院提出上訴。最高法院認爲，第4條修正案禁止不合理搜索和扣押的規定不適用於美國特工搜索和扣押非美國居民之外國人在外國擁有的財產。首席大法官倫奎斯特（William Rehnquist）爲法院撰寫了這份意見，懷特大法官、史卡利亞大法官（Antonin Scalia）、甘迺迪大法官和奧康納大法官也參與其中，認爲第4條修

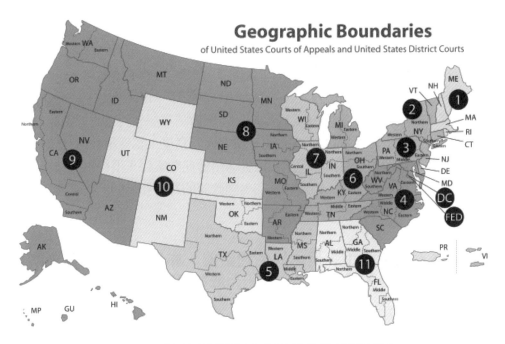

圖7-5　美國聯邦巡迴上訴法院的管轄範圍圖

圖片來源：維基百科，https://zh.wikipedia.org/zh-tw/%E7%BE%8E%E5%9C%8
B%E6%B3%95%E9%99%A2。

圖7-6　第16屆首席大法官倫奎斯特（William Rehnquist）

圖片來源：維基百科，https://zh.wikipedia.org/zh-tw/%E5%A8%81%E5%BB
%89%C2%B7%E4%BC%A6%E5%A5%8E%E6%96%AF%E7%89
%B9。

正案旨在保護美國人民，被告被捕非自願前來美國，未能與美國建立足夠的關
係，自無法引用該條受到保護。甘迺迪大法官發表了一份同意書，認為在此類
案件中適用第4條修正案將干擾美國採取旨在保護國家海外利益的行動能力。

　　史蒂文斯大法官（John P. Stevens）發表協同意見，認為第4條修正案及其
附帶的禁止不合理搜查和扣押的禁令確實適用於此類案件，但得出的結論是，
這種搜查和扣押是合理的，因為它是在美國政府的許可和協助下在墨西哥進行
美國法院沒有權力發出此類的搜查令[22]。

（四）在有搜索令下，進入民宅搜索前，亦須先行敲門並表明自己的身分，其取得之證據始合於第4條修正案之要求

　　威爾森訴阿肯色州（Wilson v. Arkansas, 514 U.S. 927, 1995）是美國最高法
院的一項判決，該院認為，執行搜查令時，傳統的、源自普通法的「敲門並宣

---

[22]　Joan Biskupic and Elder Witt, Congressional Quarterly's Guide to the U.S. Supreme Court, 1997, p.
577，以及維基百科關於該案之說明。

布」規則必須納入「合理性」，而根據第4條修正案分析逮捕令的實際執行是否合理，正是由此一行為加以判斷。因此，高等法院裁定，舊的「敲門並宣布」規則雖然不是硬性要求，但也不是一紙空文。1992年11月至12月期間，毒販威爾森與男友雅各合租一棟房子。在此期間，阿肯色州警察局的一名線人向她購買了大麻和冰毒。隨後，在11月底，同一線人透過電話聯繫威爾森，安排在當地商店進行大麻交易。根據線人的證詞，當威爾森出現時，她在自己面前揮舞著一把半自動手槍，威脅說如果被她發現自己（線人）為當局工作就要殺了他。線人隨後買了一袋大麻就離開了。第二天，根據線人提供的訊息，警方申請了搜查令，其中規定必須逮捕雅各和威爾森。宣誓書詳述了線人的毒品交易，以及雅各先前的縱火和燃燒彈犯罪前科。下午，警方進行了搜查。當警察接近其住處時，發現門沒上鎖。警方並未敲門即打開未上鎖的紗門後，始表明了自己的身分，並宣布他們持有搜索令。於是進入屋內，沒收了大麻、甲基安非他命、安定、吸毒用具、武器和彈藥，並在浴室裡發現了威爾森，她試圖將大麻沖入馬桶來湮滅證據。雅各和威爾森被捕，並被指控運送大麻、甲基安非他命、持有吸毒用具和持有大麻等罪。在預審聽證會上，威爾森提出動議，要求排除搜索過程中發現的證據。她辯稱，搜查無效，因為警察在進入之前沒有敲門並表明身分。她說，這項行動證明排除對她不利的證據是合理的。該動議隨後被駁回，陪審團判定她所有指控有罪，判處32年監禁。阿肯色州最高法院維持了她的定罪，威爾森上訴到聯邦最高法院，最高法院以一致（九比零）的裁決推翻了阿肯色州最高法院的裁決，裁定威爾森勝訴發回更審。克拉倫斯‧托馬斯撰寫了多數意見，認為根據普通法規則，「敲門並宣布」規則是進行搜查時適用的合理性標準的一部分。

憲法第4條修正案保護「人民的人身、房屋、文件和財物安全的權利，免受不合理的搜查和扣押」。在評估這項權利的範圍時，我們著眼於制定框架時的普通法所提供的針對不合理搜索和扣押的傳統保護措施，「雖然第4條修正案的基本命令始終是合理的搜索和扣押」〔紐澤西州訴TLO（New Jersey v. TLO, 469 U.S. 325 at 337, 1985）（如後所引）〕但透過對搜索和扣押的普通法的審查，毫無疑問地顯示，搜查住宅的合理性可能部分取決於執法人員在進入之前是否表明他們的存在和權力。此外，阿肯色州最高法院沒有充分考慮阿肯色州搜查和逮捕威爾森和雅各的理由的論點：

1. 首先，被告（阿肯色州檢方）辯稱，鑑於原告曾用半自動武器威脅政府線人，而且雅各先生此前曾被判犯有縱火罪和燃燒彈罪，因此警方有理由相

信，事先發布公告會使他們陷入危險；其次，檢方亦認為，事先公告會產生申請人銷毀易於處理的毒品證據的不合理風險。

2. 這些考慮因素很可能為本案的突然進入提供必要的理由。縱然如此，由於阿肯色州最高法院沒有解決其充分性問題，發回重審，允許州法院對事實作出任何必要的調查，並在一審中作出合理性的確定。

（五）公立學校官員無搜索令在學校搜查學生的標準

　　紐澤西州訴TLO（New Jersey v. TLO, 469 U.S. 325, 1985）是美國最高法院的一項具里程碑意義的判決，該判決確立了公立學校官員無需搜索令即可在學校環境中搜查學生的標準，以及蒐證到什麼程度。

　　此案以紐澤西州米德爾塞克斯縣皮斯卡特維高中的一名學生為中心，當時只知道她名字的縮寫為TLO，她在學校衛生間吸菸被抓到後遭到搜查是否有違禁品而被送到校長辦公室，副校長要求查看她的錢包，發現錢包頂部有一包萬寶路香菸和捲紙，副校長將其與吸食大麻聯繫在一起，相信更徹底搜查「可能會發現吸毒的進一步證據」，於是搜查了錢包的其餘部分，並發現了少量大麻、菸斗、幾個空塑膠袋、一張寫有學生姓名的索引卡記錄誰欠她錢，還有兩封暗示她交易大麻的信。副校長打電話給TLO的母親，並將在TLO錢包中發現的證據交給警方。應警方要求，TLO母親將她帶到派出所詢問，TLO承認在學校販賣大麻。TLO詳細說明，當天早些時候，她以每支1美元的價格出售了「大約18支至20支大麻香菸」。TLO因在非吸菸區吸菸而被學校停學三天，並因在學校持有大麻而被額外停學七天。州政府因在TLO錢包中發現毒品和用具而對她提出犯罪指控，但她以搜查錢包違反了第4條修正案禁止不合理搜查和扣押的規定為由提出抗辯。

　　紐澤西州高等法院確認了搜查的合憲性，但紐澤西州最高法院推翻了原判，認為搜查她的錢包不合理。州政府上訴到美國最高法院，該院雖認為第4條修正案適用於學校官員在學校環境中進行的搜索，但學校官員在搜查學生之前不需要有合理的理由，也不需要取得搜索令。相反地，為了使搜查合理，學校官員必須「合理懷疑」該學生違反了法律或學校規則。聯邦最高法院懷特大法官以六比三作出的裁決中表示，校方稱，他們確實需要「合理懷疑」才能進行搜索，而TLO是否擁有香菸與她是否說實話有關，而且由於她是在衛生間裡被抓到並直接帶到辦公室的，因此可以合理地假設她的錢包裡有香菸。於此，

副校長有合理的理由懷疑有人違反校規，而不僅僅是「預感」搜查錢包。當副校長搜查香菸時，涉毒證據一覽無遺。清楚的視覺觀察是第4條修正案的搜索令要求的一個例外的保證（Plain view is an exception to the warrant requirement of the Fourth Amendment）。因為對香菸的合理搜查導致發現了一些與毒品有關的材料，這證明了搜查的合理性（包括袋子內的拉鍊隔間），從而發現了香菸和其他證據，包括一小袋大麻和捲菸。裁定學校搜查TLO錢包的行為符合憲法，為學校搜查和學生隱私樹立了新的先例。

（六）在無搜索許可的情況下進入包含手機實際位置的CSLI歷史紀錄時，即違反美國憲法第4條修正案

　　以前政府機關可以透過聲稱需要將訊息作為調查的一部分來獲取手機位置紀錄，但自卡本特訴美國（Carpenter v. United States, 138 S. Ct. 2206, 2018）事件之《美國判例彙編》第138卷第2206號判決後，該院則一反過去認為，政府在沒有搜索許可的情況下進入包含手機實際位置的CSLI（Cell Site Location Information，亦即以手機跟訊號台之間的訊號來回作出的定位）歷史紀錄時，違反了美國憲法第4條修正案。

　　本案緣起於2010年12月至2011年3月間，密西根州底特律地區的一些人密謀並參與該地區RadioShack和T-Mobile商店的武裝搶劫。2011年4月，警方抓獲並逮捕四名劫匪。本案上訴人卡本特（Timothy Carpenter）原不在最初的被捕者之列，但一名被捕者供認不諱，並交出了他的手機，以便FBI調查員可以查看搶劫發生前後手機撥打的電話。調查人員獲得了搜查令，檢查手機中的訊息，以找到被捕者的更多聯繫人，並蒐集更多關於犯罪集團的證據。

　　根據歷史手機站點之記錄，調查員確認卡本特也是該犯罪團體的一員，並在127天內開始蒐集有關他手機位置的訊息。反過來，這些訊息顯示卡本特在四次搶劫案發生時都在兩英里範圍內，這一證據被用來拘捕卡本特。在刑事法庭上，卡本特被以犯有多項影響州際貿易的協助和教唆搶劫罪，以及另一項在暴力犯罪期間使用槍支的罪名判處116年監禁。卡本特向美國第六巡迴上訴法院提出上訴，辯稱應該禁止使用歷史蜂窩站點位置訊息（CSLI）定位對他不利的證據，因為警方在搜查之前沒有獲得搜查令。2015年巡迴法院維持原判，該裁決主要基於史密斯訴馬里蘭州的先例，指出卡本特自願使用蜂窩電話網

路[23]，並且根據第三方原則（The Third Party Doctrine）[24]，他沒有現實的期望數據應該是私有的。因此警方對該訊息的審查並不構成憲法上的「搜索」，也不需要根據第5條修正案。卡本特於是向美國最高法院提出上訴，該院於2018年作出裁決，首席大法官羅伯茲（John Roberts）撰寫的多數意見法院裁定認為，第三方原則不能擴展到歷史蜂窩站點位置訊息，**由於手機的普及，CSLI可能比GPS數據帶來更大的隱私風險，可以讓政府對個人的行動進行「近乎完美的監視」**。因此根據第4條修正案，政府必須獲得搜查令才能調閱CSLI的歷史紀錄而作了上開認定。

（七）關於證據保存之義務

在加利福尼亞州訴圖貝塔（California v. Trombetta, 467 U.S. 479, 1984）事件中，被告涉嫌在加州高速公路上醉酒駕駛，而在不相關的事件中被攔下，每位涉嫌者都接受了呼吸分析（Intoxilyzer）測試，並記錄了血液酒精濃度，其濃度依加州法律推定為醉酒。儘管保存被告的呼吸樣本在技術上可行，但逮捕人員按照他們的慣例，並沒有這樣做。隨後，被告在被指控醉酒駕駛的案件中，要求法院排除酒精測試結果的報告，理由是逮捕人員未能保存被告的呼吸樣本，而彼等認為這些樣本可以作為他們彈劾有罪的測試結果。

加州上訴法院雖然接受被告的意見，但經州政府上訴聯邦最高法院馬歇爾大法官代表的法庭意見則認為，第14條修正案的正當程序條款並不要求執法機構保存呼氣樣本，以便在審判時證明呼氣分析測試的結果，因此，州政府未能為被告保存呼氣樣本並無不當。就呼吸樣本而言，其目的僅限於向呼吸分析提供原始數據。**審判時提供的證據不是呼吸本身，而是從呼吸樣本中獲得分析的結果**。當局並未刻意銷毀呼吸樣本，以規避國家向刑事被告披露其擁有的物證的正當程序要求〔布雷迪訴馬里蘭州（Brady v. Maryland, 373 U.S. 83）事件〕。從樣品來看，當局的行為是善意的，並符合其通常做法。無論憲法賦予各州**保存證據的義務，該義務必須僅限於可能在嫌疑人辯護中發揮重要作用的**

---

[23] 參考維基百科的解釋，所謂蜂巢式網路（cellular network），又稱行動網路（mobile network），是一種行動通訊硬體架構，分為類比蜂巢式網路和數位蜂巢式網路。由於構成網路覆蓋的各通訊基地台的訊號覆蓋呈六邊形，從而使整個網路像一個蜂窩而得名。

[24] 在本案之前，最高法院一直認為，一個人對於自願移交給第三方（例如電話公司）的訊息沒有合理的隱私期望（Reasonable Expectation of Privacy, REP），因此當政府官員尋求這些訊息時不需要搜查令，這一法律理論被稱為第三方原則。

證據。爲了滿足憲法重要性的這一標準〔參見美國訴奧古斯（United States v. Agurs, 427 U.S. at 427 U.S. 109-110）事件〕，證據必須具有被銷毀之前顯而易見的具有無罪價值，又必須具有被告無法透過其他合理可用的手段獲得。本案事實不符合上述條件。

　　儘管保存呼吸樣本可能有助於被告的辯護，但對呼吸分析和加州測試程序進行冷靜的審查只能得出這樣的結論：保存的樣本被證明無罪的可能性極低。呼吸分析的準確性已經過加州衛生部的審查和認證，爲了保護嫌疑人免受機器故障的影響，該部門制定了測試程序，其中包括兩次獨立的測量，並由空白運行包圍，以確保機器上沒有酒精痕跡，除了極少數情況外，保存的呼吸樣本只會證實呼吸分析的判定，一旦呼吸分析表明被告醉酒，呼吸樣本更有可能提供有罪證據，而不是無罪證據。即使人們假設本案中的毒物分析儀結果不準確，並且呼吸樣本可能是無罪的，但這並不意味被告沒有其他方法來證明自己的清白。被告完全有能力提出如校準錯誤、機器測量的外部干擾，以及操作員錯誤等問題，而無需求助於保存的呼吸樣本。

（八）關於逮捕的限制

1. 從歷來的判例觀之，聯邦最高法院適用第4條修正案令狀主義的原則於犯人的逮捕上面，顯然未如搜索場合要求的嚴格。早期該院適用普通法（Common low）上的規則於逮捕行爲，容許在現行犯及非現行犯的犯罪中，搜查官認有合理的逮捕理由之情形下，可以加以逮捕。1925年該院在卡羅爾訴美國（Carroll v. United States）事件中即稱：警察官對於重罪以合理的理由爲基礎，相信其有罪者，縱無令狀亦得加以逮捕。此爲普通法上之規則（the usual rule）（詳Carroll v. United States, 267 U.S. 132 at 156, 1925）。但是對於伴隨搜查的逮捕（investigatory arrests），則認爲如果有意將被疑者所暴露的證據提出法庭使用的話，須依搜索令狀行之。另於1976年美國訴華生（United States v. Watson, 423 U.S. 411, 1976）事件中認爲，有相當理由爲基礎，在公共場所裡，縱無逮捕令狀，亦得對被疑者加以逮捕。被疑者在自家玄關被發現，經警察上前追捕，並尾隨被疑者進入住宅加以逮捕之情形，該院認爲該住宅的玄關屬公共場所，所爲之逮捕合法（United States v. Santana, 427 U.S. 38 at 42-43, 1976）。
2. 在抓捕犯罪嫌疑人的高速追捕中，魯莽漠視生命，致人死亡，是否違反實

質性正當程序？在加利福尼亞州薩克拉門托縣（Sacramento）治安官與兩名騎摩托車的男子之間的高速追逐中，車速達到每小時100英里，最終駕駛人威拉德（Brian Willard）失去控制，自行翻倒。一名警員沒能及時停下來，撞擊了後座的路易斯（Phillip Lewis），導致他死亡。路易斯的父母起訴該縣治安部門，指控副警長故意和魯莽的行為剝奪了路易斯根據第14條修正案正當程序享有的生命權，指責政府在沒有嚴格遵守法律程序的情況下致路易斯死亡，構成了違反正當程序的行為。地區法院作出了有利於副警長的裁決，第九巡迴上訴法院推翻了這一裁決，隨後最高法院一致作出了對該部門有利的裁決，認為警察的此一行為並未違反憲法實質的正當程序。多數意見的基礎是對第14條修正案正當程序概念的分析和「震撼良心」測試的應用。先前的案例認為，正當程序概念的核心是「保護個人免受政府任意行為的影響」。在處理行政行為時，只有最惡劣的行為才是「憲法意義上的任意行為」，在這種情況下，「故意冷漠」的指責就沒有任何意義，因為在高速追逐中，沒有時間深思熟慮。此外，在這種情況下，警員面臨著巨大的壓力，他們必須果斷行事，同時保持克制。因此，法院認為，無意傷害嫌疑人身體或惡化其法律困境的高速追捕，不會引起第14條修正案規定的責任（Sacramento v. Lewis, 523 U.S. 833, 1998）。

3. 在美國刑法中，逮捕嫌疑犯必須基於進行逮捕之人本身所了解的事實和情況，以及他們擁有合理可信的資訊，足以相信嫌疑人已經實施或正在實施犯罪等可能拘留嫌疑人的原因存在，才可逮捕嫌疑人，或向法院聲請發給搜查令。所謂的「可能的原因」，並沒有普遍接受的定義或表述。上開要求普遍被認為係沿用自美國最高法院1964年貝克訴俄亥俄州（Beck v. Ohio, 379 U.S. 89, 1964）事件所釋示的原則（按：該案警方在沒有正當理由的情況下逮捕了被告，因此在附帶搜查中，從他身上發現的可作為刑事處罰的證據不予採信）。至於在多長時間內必須將未經逮捕令逮捕的嫌疑人（無逮捕令逮捕）送上法庭，以確定是否存在有拘留嫌疑人的可能原因，參照最高法院河濱縣訴麥克勞克林（County of Riverside v. McLaughlin, 500 U.S. 44, 1991）事件的多數意見，認為嫌疑人通常必須在被捕後48小時內獲得可能原因的認定；持不同意見者則認為，一旦警方完成逮捕的行政步驟，通常就應該儘早舉行可能原因的聽證會。

（九）逮捕伴隨搜索

1. 警察官於逮捕犯罪嫌疑者之際，得無搜索令狀對被逮捕者及其直接的周圍加以搜索，最高法院法官認為係基於保護警察的生命、防止逃跑、阻止破壞證據所必要之作為[25]。聯邦最高法院在安格內羅訴美國（Agnello v. United States）事件中認為，合法逮捕犯罪嫌疑人所為無令狀搜索的權限，乃為發現犯罪所得，或與犯罪手段相結合的物品加以扣押而被認可之行為。同理，為發現武器或為脫免拘束所使用之物而加以扣押，無疑應被認可（Agnello v. United States, 269 U.S. 20 at 30, 1925）。至1947年該院在哈里斯訴美國（Harris v. United States, 331 U.S. 145, 1947）事件中，進一步地確認逮捕伴隨搜索為憲法第4條令狀主義的例外。該案被告哈里斯被告發詐欺及偽造文書，聯邦搜查官無令狀進入其公寓搜索，雖未發現詐欺及偽造文書的相關證據，但在其他房間發現了被盜的幾枚徵兵卡，隨後哈里斯即被以不法持有該等徵兵卡被判有罪。哈里斯認為扣押無效，上訴到最高法院，該院認為該房間雖非被逮捕當場所在之房間，但為哈里斯所管理，因此逮捕所伴隨搜索有效，而駁回其訴（Harris v. United States, 331 U.S. 145 at 150-151, 1947）。

2. 但次年該院在特魯皮亞諾訴美國（Trupiano v. United States）事件中卻有意將無令狀所容許的搜索範圍加以縮小。該案乃對紐澤西州農場蒸餾酒製造所的數人的逮捕附隨扣押運作中的蒸餾酒製造所的案件，最高法院認為逮捕有效，但扣押無效。該案代表多數意見執筆的法官墨菲認為，適法逮捕伴隨之搜索通常須加以嚴格的限制，**此從逮捕時需有其必要的狀況而來，而有無必要，不以適法逮捕為已足；除此之外，尚須考慮對警察官未準備搜索令狀是否有不合理或不可能實行等狀況存在**，本案一直未能說明聯邦搜查官員在著手進行逮捕以前，為何不能請求發給搜索令之理由，因而認為扣押無效。

3. 1950年該院在美國訴拉比諾威茲（United States v. Rabinowitz）事件中進一步排除上開案例的解釋，認為搜索之合理性須就各個事件的實情來解決**所謂必要的問題，也就是從事件的整體氛圍（total atmosphere）加以判斷**（United States v. Rabinowitz, 339 U.S. 56 at 63, 66, 1950），而非僅就準備搜

---

[25] Congressional Quarterly's Guide to the U.S. Supreme Court, 1979, p. 544.

索令狀是否不合理，或不可能實行等狀況作決定。

4. 1969年契米訴加利福尼亞州（Chimel v. California）事件中，該院認爲，被逮捕者及被逮捕者直接支配的領域爲限所爲伴隨搜索爲合理的搜索，該領域包含從該場所到被逮捕者可以取得武器或破壞證據的領域。

5. 1970年維爾訴路易斯安那州（Vale v. Louisiana）事件，該院對於路上被以麻藥嫌疑逮捕之人，搜查官無令狀前往其住宅搜索認非屬緊急事情（exigent circumstance）。次年在柯立芝訴新罕布夏州（Coolidge v. New Hampshire）事件中，認爲在嫌疑人住宅逮捕，而在他處停車場停車的嫌疑人車輛無令狀搜索非屬正當。

6. 賴利訴加利福尼亞州（Riley v. California, 573 U.S. 373, 2014）事件是美國最高法院的一件具有里程碑意義的判例。賴利（David Leon Riley）屬於加利福尼亞州聖地牙哥的林肯公園幫派，2009年8月2日，他和其他人向從他們身邊駛過的敵對幫派成員開火，對方槍手隨後進入賴利的汽車並將車開走。同月22日，警察將駕駛另一輛車的賴利攔下；他駕駛的是過期駕照登記的標誌汽車，且賴利的駕照早被吊銷，警方要求扣押該車。在扣押汽車之前，警方需要進行庫存搜查，以確認車輛在沒收時擁有所有物件，以防止日後的責任索賠，並發現隱藏的違禁品。在搜查過程中，警方找到了兩支槍，隨後以持有槍支爲由逮捕了賴利。賴利被捕時手機放在口袋裡，一名幫派探警取出分析了賴利製作幫派標誌的影片和照片，以及手機上存儲的其他幫派標記，以確定賴利是否與幫派有關聯。隨後，賴利通過彈道測試與8月2日的槍擊案有關，並分別提出了包括向一輛被占用的車輛開槍、謀殺未遂和使用半自動槍支襲擊等指控。受審前，賴利表示警方從他手機獲得關於他的幫派關係的證據不得作爲證據，但被否決了。在審判中，一名幫派專家就賴利是林肯公園幫派的成員、所涉幫派之間的競爭，以及槍擊事件可能與幫派有關的原因作證。陪審團判定賴利的所有三項罪名成立，並判處15年至終身監禁。加州上訴法院第4條區第一分庭維持原判，於是賴利上訴到最高法院。由於州及聯邦法院在手機附帶搜查（SITA）方面的看法分歧，第4條、第5條及第七巡迴法院曾裁定，警官可以按照各種標準附帶搜查逮捕事件中的手機。喬治亞州、麻薩諸塞州，以及加利福尼亞州的最高法院亦遵循了這一裁定，但其他法院如第一巡迴法院以及佛羅里達州與俄亥俄州的最高法院均不同意此類裁定。因此合併本案由最高法院作成統一解釋，最高法院首席大法官羅伯茲（John G. Roberts）就本案撰寫

一致同意的法庭意見書，認爲逮捕後的無令狀搜查例外是爲了保護警官安全和保存證據，而這兩者在數字數據〔（digital data），或稱數位資料〕搜查中均不存在爭議。數字數據不能用作傷害逮捕人員的武器，警察可以透過斷開電話與網絡的連接並將電話放入「**法拉第袋**」（Faraday bags）[26]，於等待逮捕令的同時保存證據。該院將手機描述爲裝有大量私人資訊的小型計算機，與可以從被捕者身上沒收的傳統物品（如錢包）區分開來。因此認定，**逮捕期間無令狀的搜查與扣押手機的數據內容是違憲的**。

　　由以上諸例的演變過程，可以看出美國聯邦最高法院對於憲法第4條修正案令狀主義所謂不合理的搜索扣押**由寬而嚴**的解釋趨勢。

圖7-7　第17屆首席大法官小約翰‧羅伯茲（John G. Roberts）

圖片來源：維基百科，https://zh.wikipedia.org/zh-tw/%E7%B4%84%E7%BF%B0%C2%B7%E7%BE%85%E4%BC%AF%E8%8C%A8。

---

[26] 以科學家法拉第（Michael Faraday）之英文名命名。它本質上是以鋁箔三明治製成的袋子，價格便宜、重量輕且易於使用，將手機放置其中可以隔離其無線電波，防止遠端消磁及中斷手機與網路的連線。

圖7-8　美國現任最高法院大法官

圖片來源：維基百科，https://zh.wikipedia.org/zh-tw/%E7%BE%8E%E5%9B%B
D%E6%9C%80%E9%AB%98%E6%B3%95%E9%99%A2%E5%A4%
A7%E6%B3%95%E5%AE%98%E5%88%97%E8%A1%A8。

（十）對於移動中的車輛的搜索

1. 從聯邦最高法院在卡洛訴美國（Carroll v. United States, 267 U.S. 132, 1925）
   事件裡主筆的首席大法官塔夫脫的法庭意見中可以看出，實務上自美國政
   府成立以來，對於商店、住宅等建築物容易請求發給搜索狀的搜索，與輸
   出入禁制品的船舶或動力船隻、車輛、自動車之間的搜索有必要加以區
   分，後者請求發給令狀的手續，事實上有其困難，因此容許其在合理的情
   況下無令狀搜索，因為從車輛所在地到發給令狀機關間該車輛即有可能逃
   走。

2. 直至1979年該院在德拉瓦州訴普洛施（Delaware v. Prouse, 440 U.S. 648,
   1979）事件中，對於沒有相當理由可認為有犯罪或違法活動嫌疑的車輛，

為檢查汽車駕駛的駕照或汽車登錄事項而對汽車駕駛無差別的攔檢，認為德拉瓦州警的此種類似對人的拘捕（seizure）行為及其後的搜索，均違反第4條修正案之規定，而不許可該州法院以此無差別停車後在車內發現的麻藥作為證據。

3. 1981年羅賓斯訴加利福尼亞州（Robbins v. California, 453 U.S. 420, 1981）事件，最高法院認為在合法搜查的汽車中發現的密閉容器，警方需要搜索令才能打開封閉的行李或其他物品；1982年該院在美國訴羅斯（United States v. Ross, 456 U.S. 798, 1982）事件中稱，如果警方有充分的理由懷疑他們攔截的汽車內有毒品或其他違禁品，他們可以徹底搜查整個車輛，包括車內所有容器和包裹。九年後該院在加利福尼亞州訴阿塞維多（California v. Acevedo, 500 U.S. 565, 1991）事件中進一步確認如果警方有充分理由相信其中一個集裝箱有違禁品，即使對整車缺少合理的理由也無須搜查令來搜索汽車和車內所有封閉的集裝箱[27]。

4. 關於酒駕的蒐證，密西根州警察局訴西茨（Michigan Dept. of State Police v. Sitz, 496 U.S. 444, 1990）事件中，一群密西根州居民對州警採用隨機清醒檢查站抓捕醉酒司機的做法提起訴訟，認為清醒檢查站通常在夜間的一個未經宣布的地點對來往的車輛進行出乎意料的作業。他們在午夜後不久開始，持續到凌晨1點左右，期間總共進行了兩次逮捕，並對124名毫無戒心和無辜的司機進行攔截和詢問。

執行期間，司機在車內時會被攔下並進行簡短詢問，如果警察懷疑司機喝醉了，司機將被送去檢查站進行清醒測試。當地的居民認為他們的憲法第4條修正案禁止不合理搜索和扣押的權利受到侵犯，最高法院則認為，密西根州在制止醉酒駕駛方面具有「重大的政府利益」，並且這種技術與實現該目標有合理的聯繫（儘管有一些證據表明相反）。法院還認為，對司機的影響（如延誤他們到達目的地）可以忽略不計，為了獲得「合理懷疑」而進行的簡短詢問對司機免受不合理搜索的第4條修正案權利的影響亦可以忽略不計（這意味著任何更詳細或侵入性的搜查都會受到不同的對待）。該院最後以六比三裁定這些檢查站符合第4條修正案「合理搜索和扣押」的標準。

5. 美國訴瓊斯（United States v. Jones, 565 U.S. 400, 2012）事件也是美國最高

---

[27] Congressional Quarterly's Guide to the U.S. Supreme Court, 1997, p. 585.

法院一件具有里程碑意義的案件。2004年，瓊斯（Antoine Jones）在哥倫比亞特區（District of Columbia）被警方懷疑販毒。調查人員要求並取得將GPS跟蹤設備安裝到瓊斯汽車底部的授權令，但該搜查令僅涵蓋哥倫比亞特區，並且只在有限的時間內有效，在調查過程中，警方在瓊斯妻子的大型吉普休旅車切諾基（Jeep Grand Cherokee）上安裝了GPS設備，連續四週每天24小時跟蹤車輛在哥倫比亞特區周邊各州的移動情況，這超出了原始授權令的時限和地理位置。2005年底，聯邦調查局根據有關車輛被追蹤到的地點的數據，以意圖散布毒品罪名逮捕了瓊斯，並於2006年底在刑事法庭受審，瓊斯提出了反對採用GPS數據的主張。聯邦陪審團在共謀指控上陷入僵局，並宣判他多項其他罪名無罪。政府對瓊斯進行了重審，於2008年初，陪審團就一項共謀分發和持有並意圖分發五公斤或更多的古柯鹼，以及50克或更多古柯鹼的罪名部分作出有罪判決，判處瓊斯終身監禁。瓊斯提出上訴辯稱他的刑事定罪應該被推翻，因為警方使用GPS追蹤器違反了第4條修正案對不合理搜索和扣押的保護。2010年，美國哥倫比亞特區巡迴上訴法院同意瓊斯的上訴理由，並推翻了對他的定罪，認為警方的行動是搜索，違反了瓊斯「對隱私的合理預期」（reasonable expectation of privacy）。聯邦檢察官對巡迴法院的裁決提出上訴，2011年6月，最高法院授予調卷令以解決兩個問題。第一個問題是，未經授權在被告車輛上使用跟蹤設備，以監控其在公共街道上的行蹤，是否違反了第4條修正案？第二個問題是，政府是否侵犯了被告的第4條修正案權利，在沒有有效逮捕令，且未經被告同意的情況下，在其車輛上安裝跟蹤設備？

最高法院認為，在車輛上安裝全球定位系統跟蹤設備，並使用該設備監控車輛的行蹤，屬於根據第4條修正案進行的搜索。多數意見認為，警察在瓊斯的汽車上安裝GPS設備，侵犯了瓊斯的「個人物品」。這種非法侵入，試圖獲取資訊，本身就構成了搜查。在得出此結論後，該院拒絕繼續審查是否存在任何使搜查「合理」的例外情況，因為政府在下級法院對此問題並無何意見。且在沒有物理入侵的情況下，未經授權使用GPS數據，例如從無線服務提供商或工廠安裝的車輛跟蹤和導航服務中以電子方式蒐集GPS數據，並未侵入被害人之車輛。最高法院僅表示：「可能透過電子手段達到同樣的結果，而不伴隨侵入，是對隱私的違憲侵犯，但在本案不需要我們來回答這個問題。」而將這些問題留待未來發生的案件中進行裁決。

美國前副檢察長兼代表瓊斯的律師戴林格三世（WalterE. Dellinger III）表

示，該決定是第4條修正案歷史上的一個標誌性事件，並稱該決定使執法部門在沒有搜查令的情況下使用GPS跟蹤設備的風險更大。聯邦調查局局長穆勒（Robert Mueller）在2013年作證說，瓊斯案的決定限制了該局的監視能力。最高法院裁定該證據違憲，將此案發回地方法院，以確定是否可以根據蒐集到的其他證據恢復對瓊斯的刑事定罪，警方透過《存儲通信法》（Stored Communications Act）[28]啓用的程序獲得了基地台位置數據。哥倫比亞地方法院胡維爾法官（Ellen Segal Huvelle）於2012年底裁定，政府可以使用手機站點數據來對付瓊斯。在瓊斯拒絕接受15年至22年監禁的認罪協議後，於2013年初開始了一項新的刑事審判。2013年3月，陪審團平分秋色宣布無效審判（a mistrial was declared）[29]。政府計畫進行第四次審判，但在同年5月，瓊斯接受了15年的辯訴交易，併計入服刑時間，結束該案。

（十一）關於監聽

聯邦最高法院截至1967年爲止，尚未將經由電子儀器的監聽及取締方式納入憲法第4條修正案不受不合理搜索、逮捕、扣押的安全保障範圍。從1928年至1967年爲止，該院始終堅持將該條限制在物理的侵入建物及對有形物品的扣押的場合予以適用，未及於監聽。直至1967年卡茲訴美國（Katz v. United States, 389 U.S. 347, 1967）事件，聯邦最高法院對於在公共電話亭外裝竊聽器，而獲知參與違法賽馬賭博的被告通話內容，並以之爲據提出於法庭，判決被告有罪之案件，始經由多數意見認爲，**第4條修正案所保護者爲人，而非場所，人們就其知情之情形下向公眾公開訊息者，無論從其住家或事務所爲之均非憲法第4條保護之對象，但是人們有意保持之隱私，縱然在公眾得接近之領域裡發生，也應受憲法之保護**。當卡茲進入電話亭後，其想排除者非別人眼睛的入侵，而是不請自來的耳朵。他並沒有僅僅因爲在可能被人看到的地方打電話，就將不讓他人聽見的權利加以拋棄（Katz v. United States, 389 U.S. 347 at 351）。政府以電子方式監聽和記錄被告的言論，侵犯了他在使用電話亭時

28　儲存通訊法（編纂於18 USC第一百二十一章§2701-2713），旨在解決第三方網路服務供應商持有的「儲存的有線和電子通訊以及交易紀錄」的自願和強制披露問題（ISP）。它被編爲1986年電子通訊隱私法（ECPA）的第二章。

29　英美法所謂無效審判，有出於陪審團無法作出決定；或因法律錯誤導致無法進行公平審判而被法官宣告終止的審判；或在陪審團審議了兩個問題後幾週沒有作出判決，而由法官宣布審判無效等情形。

正當依賴的隱私，因此構成了第4條修正案意義上的「搜索和扣押」。正式將監聽納入憲法第4條修正案不受不合理搜索、逮捕、扣押的安全保障範圍。其後在布恬科訴美國（Butenko v. United States）及伊凡諾夫訴美國（Ivanov v. United States）等事件中，該院一再確認政府利用電子儀器違法蒐集一切的資料，有可能被引用作為對不知情的被告不利的使用，從而認可被告為確認政府將何部分資訊計畫作對其不利益之使用，及為對使用該資訊者提出異議之理由，認可對該資訊加以檢討。

1. 聯邦議會於是在1968年制定《防止犯罪及街道安全綜合法》（Crime Control and Safe Streets Act），首開以法律規定在美國獲取監聽命令的規則，該法案的第三篇允許法院授權政府官員在特定情況下進行電子監聽，並詳細規定聯邦搜查官應遵循的具體手續，首先須經司法機關首長自身或其指定的輔佐官同意；其次是聯邦下級法院法官的許可發給的搜索及扣押令狀方始合法[30]。

2. 1972年尼克森政府要求以國家安全為由，經由有線電話監聽獲取證據之主張（United States v. U.S. District Court, 407 U.S. 297, 1972）即被駁回；1974年美國訴佐丹奴（United States v. Giordano, 416 U.S. 505, 1974）事件則因監聽請求書未經司法機關首長親自同意，僅由其指名以外的輔佐官所認可而無效。

3. 根據美國1968年《綜合犯罪控制與安全街道法案》（the Omnibus Crime Control and Safe Streets Act of 1968）Title III（美國聯邦法典第18章USC §2510-§2520）的規定[31]，允許法院授權政府官員在特定情況下進行電子監控。1973年3月14日，司法部官員向美國紐澤西州地方法院提出申請，尋求根據18 USC §2518授權截取本案原告營業辦公室的兩部電話的通話內容。在審查為支持政府請求而提交的宣誓書後，地方法院授權同意進行為期20天的竊聽，或直到實現攔截目的為止。法院認為有充分理由相信上訴人是一個陰謀的成員，其目的是竊取州際貿易中運輸的貨物，違反了《美國法典》第18篇第659條。此外，法院還發現有理由相信上訴人的商務電

---

[30] Congrwssional Quarterly, Congress. and the Nation, Vol. II (Washington, D.C.: Congrwssional Quarterly, 1969), pp. 326-327.

[31] 按該法於1986年經美國國會於制定電子通訊隱私法（The Electronic Communications Privacy Act of 1986, ECPA），將原來的Title III擴充納入電子通訊加以規範，成為新的聯邦監聽法（The Federal Wiretap Act of 1986）。

話正在用於推進這一陰謀，以及調查該陰謀的手段，除了電子監聽之外，其他方法不太可能成功，而且會很危險。竊聽令仔細列舉了受影響的電話以及被截獲的對話類型，最後，法院命令負責攔截的官員採取一切合理的預防措施，「盡量最小化對通信的攔截」（to minimize the interception of communications），並要求官員定期提交進度報告。3月14日法院命令的20天期限結束時，政府請求延長竊聽授權。此外，政府首次請求法院允許其截取上訴人辦公室內進行的所有口頭通信，包括那些不涉及電話的通信。1973年4月5日，法院批准了政府的第二次請求，其關於竊聽上訴人電話的命令與3月14日的命令密切相關。法院發現有合理理由相信上訴人辦公室被上訴人和其他人利用與被指控的共謀有關，因此還授權在最長20天內攔截與該共謀有關的所有口頭通訊。1975年11月6日，上訴人被指控犯有五項罪名，包括密謀竊取州際運輸的布料。在審判中，從政府提供的證據表明，1973年3月上訴人曾被要求在其紐澤西州的倉庫中存放「一批商品」。儘管上訴人婉拒了該請求，但上訴人隨後將請求方指示給了同事希金斯（Higgins），由他與希金斯分擔所提供的1,500美元倉儲費。事實證明，根據該合約存放的商品是一輛裝滿價值25萬美元布料的拖車，三名男子於1973年4月3日偷走了這些布料，並將其運至希金斯的倉庫。竊案發生兩天後，聯邦調查局特工逮捕了希金斯和參與搶劫的人員。

政府在上訴人的審判中將監聽所截獲的各種對話作爲證據，從截獲的電話交談顯示，上訴人已在希金斯的倉庫安排地方存放，並幫助談判了該存放的條件。希金斯被捕後進行的一次電話交談，清楚地表明上訴人已建議其他參與搶劫的人「坐穩」，不要使用電話。最後，政府根據4月5日竊聽令從上訴人辦公室截獲的對話紀錄顯示，上訴人與搶劫案的各個參與者討論了在同夥被捕後該如何進行處理。可以得出明確的推論，上訴人是竊取卡車布料計畫的積極參與者。法院的命令（授權電子監控）隱含的是同時授權特工秘密進入有關場所並安裝必要的設備，上訴人本人亦表示此類設備只能透過此類入口安裝，因此法院認爲在大多數情況下，安裝此類設備的唯一方法是由門口進入，且進入必須是秘密的，不得引起懷疑，而且安裝必須在不知情的情況下進行。第三巡迴上訴法院維持了上訴人的定罪（575 F. 2d 1344, 1978），該院同意地方法院的觀點，駁回了上訴人的論點，即秘密進入上訴人辦公室需要單獨的法院授權，儘管對於政府特工來說，更謹慎或更可取的做法，是在考慮闖入時，或在攔截口頭通信的請求中包含一

項關於需要秘密進入的聲明。聯邦最高法院亦認為，根據憲法，執法人員可以進入執行搜索令，而這種進入是有效執行搜索令的唯一手段。官員們不需要在進行（正式）授權的搜查之前宣布他們的目的，因為這樣的宣布會導致嫌疑人逃跑或關鍵證據被破壞，參見達莉亞訴美國（Dalia v. United States, 441 U.S. 238, 1979）事件。

（十二）私人搜索

1921年的布爾多訴麥克道威爾（Burdeau v. McDowell, 256 U.S. 465, 1921）事件中，被告麥克道威爾（McDowell）的前雇主私自進入其事務所，爆破打開其金庫並破壞鑰匙，從金庫的抽屜取出證物交給法院作為證明麥克道威爾涉及郵務詐欺之用，麥克道威爾則以其前雇主扣押該文書及物品侵害其憲法第4條修正案不合理的搜索、逮捕、扣押安全保障的權利為由提起上訴。聯邦最高法院則以第4條修正案只對政府的行為有效為由駁回其訴，並稱麥克道威爾可以對以此方法奪取其文書之人起訴。

（十三）職務檢查

1968年特里訴俄亥俄州（Terry v. Ohio, 392 U.S. 1 at 27, 1968）事件中，美國聯邦最高法院認為警察對於行動可疑者，為確認是否持有凶器對可疑者所持物品的檢查（frisking），即警察實務所謂聯邦憲法第4條修正案界線內的一種合理的搜索，縱無搜索令狀，或未有逮捕理由的充分情報，仍許進行此一搜索。法庭意見認為，如果警察有合理的理由懷疑被攔下的人「攜帶武器並且目前相當危險」，則可以對該人的外衣進行快速表面搜索以尋找武器。這種合理的懷疑必須基於「**具體和可闡明的事實**」，而不僅僅是基於直覺。

（十四）國境檢查

1970年代以前，美國對於進入該國的人們所實施的無令狀搜索，均排除在憲法第4條修正案所保障的範圍外加以思考。直到1973年聯邦最高法院在桑切斯訴美國（Almeida-Sanchez v. United States, 413 U.S. 266, 1973）事件始對離國境25英里、又無相當理由可認為違法被乘載的外國人進行車輛搜索之行為，認為違反憲法第4條修正案（依美國政府制頒的《移民和國籍法》第287(a)(3)條

規定,「在距離美國任何外部邊界的合理距離內」,由總檢察長頒布的條例授權規定將「合理距離」定義爲「距離美國任何外部邊界100英里以內」)。對汽車和其他交通工具進行無令狀搜索,甚至僅單純認爲車上的乘客爲墨西哥人而對乘客詢問之攔車行爲,亦加以否定。該院認爲巡邏人員只有在了解具體可闡明的事實並從中作出合理推斷,合理懷疑車輛中可能有非法進入該國的外國人時,即所謂須「有根據地懷疑」車內人員是非法居留該國的外國人,才可以攔截車輛(United States v. Brignoni-Ponce, 422 U.S. 873, 1975)。

三、簽發搜索、逮捕令狀之下級法院應有的態度

1948年聯邦最高法院法官傑克遜(Robert H. Jackson)在詹森訴美國(Johnson v. United States, 333 U.S. 10 at 13-14, 1948)事件表示,第4條修正案之要點屢屢與競爭相伴隨,立於中立立場替從事舉發犯罪的警察官作證據價值判斷的下級法院法官,負有對證據作客觀公正又合理推理的責任。簽發搜索令狀之法官於公平無私作決定之際,如果心存有充分證據的話,縱然警察官不依令狀搜索也無所謂的心態,則將使第4條修正案形同具文,使人們的居住安全任由警察官裁量。自保護隱私權衍生而來的搜索權,原則還是須取決於司法官,非由警察官或政府的執行人員一人所可決定。

(一)搜索及逮捕須有相當的理由

所謂「相當的理由」(**probable cause**),雖然不確定可以根據此一事實宣告有罪,但此一事實有義務使作合理考慮及愼重判斷之人達到相信受搜索的住宅內部有違法事實發生。如果無適當的事實作根據,僅有宣誓作主張,即非有效的令狀,此爲內桑森訴美國(Nathanson v. United States, 290 U.S. 41, 1933)事件以來最高法院所確認之原則。其後1964年在阿吉拉爾訴德克薩斯州(Aguilar v. Texas, 378 U.S. 108, 1964)事件中,該院亦曾進一步表示,儘管支持搜索令的宣誓書可能基於傳聞訊息,無需反映宣誓人的個人觀察,但地方法官必須知悉提供訊息之人所依賴的一些基本情況,以便從中得出結論,認爲未披露身分的舉發人或其提供的訊息是可靠的。

（二）關於得受搜索者承諾之搜索

　　獲得搜索場所所有人或占有人任意承諾所為之搜索，屬有效之搜索，但根據1973年施內克羅斯訴巴斯塔蒙特（Schnekloth v. Bustamonte）事件中，史都華大法官（Potter Stewart）代表多數意見所為之判決稱，儘管知道拒絕同意的權利是決定同意搜索是否出於自願的因素，但國家無需證明同意搜索的人知道第4條修正案規定有拒絕同意的權利。換言之，**在要求被搜索人同意搜索之際，警察對被搜索人無須告知可以拒絕同意**。

　　1974年在美國訴馬特洛克（United States v. Matlock, 415 U.S. 164, 1974）事件中，最高法院進一步承認，得居住占有人一人的同意進行搜索者，可以將搜索時發現的證物作為另一占有者不利的證據來使用，並不違反第4條修正案對不合理搜索和扣押的規定。

（三）強制個人將財產、文書及所持品提出之命令

　　關於第4條修正案不合理搜索之範圍，早在1886年博伊德訴美國（Boyd v. United States, 116 U.S. 616, 1886）事件中聯邦最高法院即著有判例，認定如對私人企業的文書附加罰則強制命其提出，猶如對身體搜索一般，強制使受命者自行將自陷於罪之證據提出的話，則該當第4條修正案的不合理搜索、扣押條款所禁止使用之文書。

四、逮捕及審訊前須告知被告的基本事項

　（一）米蘭達訴亞利桑那州（Miranda v. Arizona, 384 U.S. 436, 1966）事件是聯邦最高法院於1966年審理，並最終以五比四作出判決的一個里程碑式的案件。該判決稱，美國憲法第5條修正案中，禁止任何人在任何刑事案件中被迫自證其罪，所以執法官員應該在審問前告訴嫌疑人有權保持沉默，並獲得律師的幫助和建議，換言之，在實施逮捕和審訊嫌犯時，警方必須及時提醒被告以下事項：1.有權保持沉默，並拒絕回答警方提出的問題；2.如果回答警方的問題，這些供詞將會用來起訴或審判；3.可以請律師，並且可以要求審問時有律師在場給予幫助；4.如果請不起律師，法庭將免費為之指派一位。由此推翻了亞利桑那州最高法院的判決

並發回重審。這樣的四項內容就是後來諸多案例被引用的著名的「米蘭達告誡（警告）」（Miranda Warning）。該判決中尚規定，警方在告知嫌疑人擁有以上權利後，還必須確定他們的確已經明白了其中的意義，如果他們仍然自願放棄這些權利配合警方，那麼在其後的供詞以及根據這些供詞所獲得的其他任何證據，才能在法庭審判中呈庭，否則就是無效的。

（二）不過至1971年哈里斯訴紐約（Harris v. New York, 401 U.S. 222 at 224. 226, 1971）事件中，聯邦最高法院以五比四票通過代表法庭意見的柏格首席大法官認為：「在審判前未接受關於自己的權利宣告以前所為的供述，固然不得作為被告不利益的證據使用，**如果被告為自我防衛而站上證人席宣誓作證，如其供述與審判前之供述產生矛盾，則可以其證言作為彈劾被告信用性來使用**。……並非可以將米蘭達事件的案例作為護身符，把以前自己矛盾發言的危險假借防禦為名，利用免被究責偽證來加以曲解。」

（三）1976年美國訴曼杜賈諾（United States v. Mandujano）事件中，該院認為縱使假設大陪審庭的證人將來可能成為被告，在該庭以證人身分作證以前，對大陪審庭的證人並不需要給予米蘭達警告，因為他不是被警方拘留的嫌疑人，米蘭達警告針對的是法院認為警察審問被拘留者時普遍存在的弊端而設。而大陪審團不太可能像警察那樣濫用權力，因此，沒有發出此類警告不能成為證人可以虛偽陳述的依據，因為該證詞僅與其因偽證而被起訴有關。同樣的情形亦適用於警察官對少年嫌疑犯的詢問，少年嫌疑犯被詢問前既已告知米蘭達警告，縱然要求與緩刑觀護人會面，亦不等同於要求與律師見面。其同意接受詢問即視同放棄請求律師之權利，所為之供述可作為證據使用（Fare v. Michael C., 442 U.S. 707, 1979）。

（四）美國最高法院在1981年愛德華茲訴亞利桑那州（Edwards v. Arizona, 451 U.S. 477, 1981）事件中之裁決認為，一旦被告援引第5條修正案的律師幫助權（辯護權），警察即必須停止拘留審訊。只有在被告的律師出面，或其本人與警方進行進一步的溝通、交流或對話後，才允許重新審訊，違反此規則而獲得的陳述將侵犯被告的第5條修正案權利。按愛德華茲（Edwards）在家中被捕，罪名是搶劫、盜竊和一級謀殺。他在警察局被告知米蘭達權利，愛德華茲表示，他了解自己的權利，並願意接

受質疑。在被告知另一名嫌疑人因同一罪行被捕後，愛德華茲否認參與其中，然後尋求「達成協議」。愛德華茲隨後打電話給縣檢察官，不久之後他對審訊官員說：「在達成協議之前我需要一名律師。」於是審訊立即停止，愛德華茲被帶到縣監獄。第二天早上，兩名警察來找他，表示想和他談談，起初愛德華茲拒絕了，但他被告知必須與偵查人員交談，警方告知他的米蘭達權利，並從他那裡獲得了供詞。在審判中，愛德華茲要求捨棄自己的供詞，下級法院和亞利桑那州最高法院均駁回其請求，但聯邦最高法院則認為，一旦援引放棄聘請律師的權利，不僅必須是自願的，而且必須構成對已知權利或特權的知情和明智的放棄。愛德華茲在宣讀了他的米蘭達權利後承認這一事實，並不表明他理解獲得律師幫助的權利，並明智地、有意地放棄。一旦援引第5條修正案規定的聘請律師的權利，儘管已經宣讀了米蘭達警告，但僅透過被告對審訊的回應並不能證明係有效的放棄。根據愛德華茲的說法，警方的拘留審訊是不被允許的。換言之，在被告援引第5條修正案的律師幫助權後，**如果沒有律師在場或在知情且明智地放棄該權利的情況下，警察不得重新啟動拘留審訊**，此與第6條修正案賦予律師的權利不妨礙警方在該權利賦予後立即啟動審訊有所不同。

（五）在2009年以前，由於受聯邦最高法院判決密西根州訴傑克遜（Michigan v. Jackson, 475 U.S. 625, 1986）事件的影響，如果嫌疑人在傳訊或類似程序中主張其獲得律師的權利後警察方開始審訊，那麼對警方發起審訊的任何權利的放棄都是無效的。但到了蒙特霍訴路易斯安那（Montejo v. Louisiana, 556 U.S. 778, 2009）事件發生後，美國最高法院卻以五比四的結果推翻了密西根州訴傑克遜事件的裁決，認為**被告可以有效地放棄其聘請律師接受警方審訊的權利，即使警察是在提審或類似程序中附加了第6條修正案被告聘請律師的權利後才開始審訊**。本案被告蒙特霍（Montejo）被指控犯有一級謀殺罪，同時也被任命了法庭指定的律師，他既沒有明確要求也沒有拒絕。當天稍晚在監獄裡，警方宣讀了蒙特霍的米蘭達權利，他同意一起去尋找凶器。在警車裡，蒙特霍給受害者的遺孀寫了一封無罪的道歉信。直到返回後，蒙特霍才終於第一次見到了法庭指定的律師。在審判中，縱然蒙特霍反對，道歉信仍被接受。陪審團判定蒙特霍犯有一級謀殺罪，並判處死刑。在史卡利亞大法官撰寫的法庭意見中，認為第5條修正案賦予律師的權利是在援引該條

時（即請求律師時）附帶的；第6條修正案賦予律師的權利是在對抗式訴訟開始時（即在傳訊時）賦予的。傑克遜事件中的推定試圖將愛德華茲訴亞利桑那州事件中第5條修正案的反對自證其罪的權利與第6條修正案的獲得律師幫助的權利進行類比，本質上是不允許警察在附加該權利後進行審訊。分析本案的情況，如果被告蒙特霍沒有主張第5條修正案的律師幫助權，而是依賴第6條修正案的律師辯護權，則警方可以在宣讀其米蘭達權利後重新開始審訊。但是，如果被告主張其第5條修正案的律師幫助權，並且對抗式的訴訟已經開始，則在沒有律師在場和愛德華茲事件豁免的情況下，**除非由被告發起對話並且警方獲得豁免，否則警方是不得重新發起詢問的。**由於此一事實尚待釐清，因此法庭意見認為，應該給蒙特霍一個機會，主張他的道歉信依愛德華茲的判例仍然應該被壓制。**如果當警官向他提出陪同尋找凶器時，蒙特霍明確表示他有獲得律師幫助的權利，那麼除非蒙特霍主動發起審訊，否則就不應該進行審訊。**我們今天的決定推翻了傑克遜事件的判例，改變了法律格局，部分是基於愛德華茲事件已經提供的保護。因此，我們認為還押是適當的，以便蒙特霍可以尋求這種替代的救濟途徑。蒙特霍還可以在還押中尋求提出任何他可能提出的關於他不知情和自願對第6條修正案棄權的主張，例如，他認為棄權無效，因為那是基於警方對他是否被任命律師的不實陳述而起等等。州最高法院的判決被撤銷發回重審，雖然如此，批評者認為將第5條修正案的基本原理引入第6條修正案的背景，將「導致合法執法的努力與非法警察欺騙之間的界線變得模糊」，增加被告對抗取巧警察私訊取證的壓力。

（六）然而，被告在審判中承認在起訴後以及在兩人會面時向同案被告（一名政府秘密線人）所作的有罪陳述，是否侵犯了第6條修正案獲得律師協助的權利？此一問題在緬因州訴莫爾頓（Maine v. Moulton, 474 U.S. 159, 1985）事件可以找到答案，該案的被告莫爾頓（Moulton）在緬因州高等法院對接收汽車和零件盜竊的指控表示無罪，但他的同案被告科爾森（Colson）告訴警方，他收到了有關未決指控的匿名威脅電話，並表示希望與警方討論這些指控。在與警方會面之前，科爾森會見了被告，為即將到來的審判制定計畫，據科爾森稱，被告提出了殺害證人的可能性。後來科爾森和他的律師會見了警察，科爾森承認他與被告一起實施了被起訴的罪行，並同意出庭作證指控被告。科爾森還同意警

方在他的電話上安裝錄音設備，及同意記錄任何匿名威脅或受訪者的任何電話。從錄音電話中得知科爾森和被告將開會，為即將到來的審判制定辯護策略，警方於是徵得科爾森的同意，配備了身體有線發射器來記錄會議內容。儘管科爾森被指示不要在會議上詢問被告，但他的言論實際上導致被告作出了有罪的陳述。被告於是要求捨棄他向科爾森所作的錄音陳述，因為此侵犯了其根據第6條修正案和第14條修正案享有的獲得律師協助的權利，但被初審法院以這些錄音是出於其他原因，也就是**「為了蒐集有關科爾森先生受到的匿名威脅的資訊」**所錄製而駁回。緬因州最高法院推翻了這項判決並發回重審，其中關於向科爾森承認莫爾頓的錄音陳述，法院同意有「充分的證據」支持初審法院的裁決，但出於國家的合法動機可能涉嫌侵犯莫爾頓聘請律師的權利，當警方向科爾森建議使用身體有線發射器來記錄會議內容時，他們故意製造了一種知道或應該知道的情況，很可能導致莫爾頓在與科爾森會面時作出有罪的陳述，警方縱然有權調查針對科爾森威脅的證人，但不能因此使莫爾頓的認罪陳述因而豁免遭受違憲的攻擊。經緬因州政府上訴聯邦最高法院後，該院大法官布倫南宣讀了法院的意見，馬歇爾、布萊克蒙（Blackmon）、鮑威爾和史蒂文斯也加入了該意見，同意緬因州最高法院的意見，認為**引用被告在審判中承認在起訴後向科爾森作出的有罪陳述，以及在兩人會面為即將到來的審判制定辯護策略時所作的有罪陳述，確實侵犯了被告獲得律師協助的第6條修正案權利。**因為獲得律師協助的權利不限於參與審判；在審判之前剝奪一個人的律師協助權可能比在審判期間拒絕提供律師更具破壞性。獲得律師幫助的權利至少意味著一個人有權在針對他的司法程序啟動時或之後獲得律師的幫助，一旦賦予並主張了律師協助的權利，國家就必須尊重它。至少，檢察官和警察有明確的義務，不得以規避及削弱律師協助所提供的保護方式行事。第6條修正案保證被告至少在正式指控之後有權依賴律師作為他與國家之間的「中間人」，如果國家利用在沒有律師在場的情況與被告對峙，或故意創造這樣的機會，同樣都違反了提供律師協助的義務。

第五節　違法蒐集證據排除法則

一、違法蒐集證據排除的案例

（一）1914年維克斯訴美國（Weeks v. United States, 232 U.S. 383, 1914）事件中，聯邦最高法院對聯邦搜查官未有逮捕令狀下，進入維克斯的住居所進行搜索，並將蒐集到對維克斯不利的書信提出於審判庭作爲證據使用，經法院判決被告有罪後，維克斯以侵害其權利蒐集證據爲由提起上訴。聯邦最高法院的法庭意見一致認爲，**如果以不法扣押書信作爲告發市民之不利的證據使用，豈非有如將憲法第4條修正案自聯邦憲法消除一般**。聯邦搜查官扣押書信的行爲，及聯邦法官於使用書信作爲證據前拒絕維克斯請求返還書信之要求，二者均係侵害其憲法的權利，而將原判決撤銷發回重審。

（二）伯奇菲爾德訴北達科他州（Birchfield v. North Dakota, 579 U.S., 2016）是美國最高法院裁定搜查事件逮捕原則允許執法部門進行未經授權的呼氣測試，但不能對涉嫌醉酒司機進行血液測試的案件。最高法院認爲呼氣測試和血液測試都構成第4條修正案下的搜索，法院根據逮捕附帶搜索原則分析了兩種類型的測試，一方面權衡「侵犯個人隱私的程度」，另一方面權衡「爲實現逮捕目的所需的程度」。得出結論認爲，**呼氣測試並不涉及重大的隱私問題；而血液測試的侵入性則涉及較多隱私問題**。權衡這些利益後，最高法院以七比一的多數裁定伯奇菲爾德勝訴，認爲依據第4條修正案反對非法搜索的權利，請願人可拒絕接受未經授權的驗血。本件搜索事件未有逮捕行爲，亦非依第4條修正案授權要求緊急情況的例外。基於血液測試管理帶來的嚴重隱私問題，以及血液測試可用於獲取嫌疑人血液酒精含量（Blood Alcohol Content, BAC）以外的資訊，且**政府可以透過侵入性較小的方法（如用合憲的呼氣測試）來實現交通安全的目標，而不需要進行血液測試**。

（三）其他關於違法蒐集證據排除法則之相關案例，請參考筆者另著《自由心證法制新趨勢——從自由心證主義之發展軌跡談起》第74頁至第76頁所舉諸著例，以及第8條關於該法則適用之爭議。

二、關於違法取得證據所衍生的證據

（一）1920年藍波公司訴美國（Silverthorne Lumber Co. v. United State, 66）事件中，偵查機關將違法扣押之書類，於法院命返還於被告之前，預爲攝影，並於審判中提出該項照片，用以請求被告提出該書類之原本，美國聯邦最高法院認爲檢察官於法庭上不但**不能使用違法搜索所取得之證據，亦不能使用基於不法搜索間接衍生出之證據**，此即所謂之「毒樹果實理論」。嗣後，亦陸續有判決承認毒樹果實理論，認原來非法取得之證據，已經污染其他因此取得之證據資料，故衍生證據亦爲證據排除法則適用之對象[32]。

（二）**惟如另有獨立來源管道可資引用，則毒樹果實理論即無適用之餘地，是爲獨立來源之例外**（the Independent Source Exception），換言之，如果待證事實證明資料之獲得有兩個以上之獨立來源管道，而僅其中一個來源管道與原來之非法方法有關，該非法獲得之事實固應禁止使用，但該事實並非必須一概禁止使用，如可由其他獨立管道來源獲知，則毒樹果實理論即無適用之餘地。例如在默里訴美國（Murray v. United States, 487 U.S. 533, 1988）的毒品走私案中，警方接獲密報後派警於倉庫前埋伏逮捕被告，並強制被告打開倉庫，隨即看到幾桶大麻。之後，警方始向法院聲請搜索票，法院予以允許，警方據此重新搜索，將大麻予以扣押。則警方在前非法進入倉庫，進行搜索所發現之大麻，在程序上固屬違法，然基於法院所核發之搜索票，警方仍有權進入倉庫搜索，並發現證據，大麻之發現有獨立來源之證據取得管道，故所扣押之大麻仍具有證據能力；又如1963年之王申訴美國（Wong Sun v. U.S.）事件中，警察因毒品案，於非法逮捕被告，並將被告押送法院訊問，經交保後數日，通知被告前來訊問，被告自動到場，並經警員踐行告知義務後，坦承販賣毒品，惟拒絕於筆錄上簽名。聯邦最高法院認爲，因被告之行爲已經表示其意思之任意性，之前違法取證之污染已消失，故該證據資料不應被排除，然仍應審愼調查污染狀態中斷之原因是否出於任意，若因先前違法手段壓抑被告之心理，使被告產生恐懼而自白，則該自白仍應

32　周霙蘭，〈違法監聽所取得證據之證據能力〉，指導老師：吳陳鐶，頁2504。

予排除[33]。

三、違法證據排除法則之例外

（一）「善意之例外」（the good faith exception），乃違法取得證據出於搜查官之善意，例外地不適用排除法則之情形；此係指犯錯乃不可歸責於警察人員事由所導致，而因法官或立法者之錯誤使然。例如於1984年著名之美國訴李昂（U.S. v. Leon, 486 U.S. 897, 1975）事件，聯邦最高法院認為，警察基於對搜索令狀有效合理且善意的信賴（reasonable good faith reliance），相信法官所簽發之搜索票為有效，據此進行搜索，並扣押蒐集證據，嗣後，縱然該搜索票被認定為違法、無效，但該蒐集之證據仍然具有證據能力，得於公判庭上使用[34]。

（二）與此案一起被移送聯邦最高法院的麻薩諸塞州訴沙巴德（Massachusetts v. Sheppard, 104s. Ct. 3424, 1984）事件亦同。本案發生在波士頓市，一個叫沙巴德（Sheppard）的男子涉嫌殺害一名女性，他主張的不在場證明不能成立，反而他於事發當晚向友人借得的汽車裡有類似被害者血跡和毛髮附著，他和犯行相關的數樣事實被查出。該市的警官將之記錄並列舉應扣押物件作成宣誓供述筆錄，獲得檢察官之認可。但事不湊巧，因當日係休假日，一時找不到合適的令狀聲請書，而用麻藥事件的令狀聲請書加以必要的修正後提出於法官，法官進一步加上若干修正後簽署，將宣誓供述書添加其上，以之為正式之令狀交付警官，惟聲請書中扣押物件之記載欄內仍殘留印刷的麻藥等物，形式上作為麻藥扣押的令狀發行，但相信令狀有效的警官仍照宣誓供述筆錄記載之內容進行搜索，將附有沙巴德犯行的數項證據加以扣押。被告因此主張應將此等證據排除，州一審法院認為縱然令狀內應扣押之物品欠缺明示，有其瑕疵，但**警官善意認為有效而加以扣押，無排除之必要**。雖不為州最高法院所採，但經檢方提起上訴，為聯邦最高法院與李昂一案同樣認屬善意

33　周霙蘭，〈違法監聽所取得證據之證據能力〉，頁2504。

34　周霙蘭，〈違法監聽所取得證據之證據能力〉，頁2506；鈴木義男，〈證據排除の新局面〉，《判例タイムス》，No. 546，1985年4月1日，頁28。

的例外，認其據此蒐集之證據應具有證據能力[35]。

（三）「必然發現之例外」（the inevitable discovery exception），此例外狀況通常限定於武器或屍體部分，聯邦最高法院認為，縱警察人員為違法行為，惟其能證明經由不同途徑之某種合法行為，亦可發現該不可避免之證據時，則該證據具有許容性。例如尼克斯訴威廉姆斯（Nix v. Williams）事件中，警察於押回被告之途中，本不得詢問被告，卻對被告動之以情，勸導其說出實情，並引領警察至藏屍地點，因此發現屍體，聯邦最高法院認為，此案中，警察人員雖已侵害被告委任辯護人之權利，惟該屍體以其他途徑亦可發現，僅因被告任意性自白而提早發現，故該證據仍具許容性[36]。

（四）「違法污染狀態中斷之例外」（the purged taint exception），指被告於接受違法搜索等行為後，證據之取得係出於被告任意性行動，使最初具有之違法性污染狀態消失，而認證據具有許容性。如前述第（二）項所舉1963年之王申訴美國事件判例所示之情形。

（五）上開「善意的例外」法則，事後為我國刑事訴訟法第158條之2第1項但書所採[37]。至於所謂之「必然發現之例外」及「違法污染狀態中斷之例外」雖屬正當法律程序演譯出的證據法則，然從論理法則的法理加以思考，毋寧乃當然之事理，本無須格外加以標明，惟在複雜的證據法則中，將一些較無爭議的採證原則予以明示，仍有利於實務之運用，值得肯定。

　　事實上，我國及日本關於正當法律程序的觀念，追本溯源還是得力於學者對美國憲法上開規定的研究及引進有以致之。雖然美國憲法上開正當法律程序在強調保護人權，然其反面的意義正所以說明國家法秩序正當的意義所在。美國最高法院透過美國憲法有關正當法律程序的案例，使當事人主義的精神獲得發揚，職權主義逐漸修正，人權獲得重視，兩國原來的實體真實發現主義在兼顧保護人權的思潮下，受英美當事人對等原則的影響而有不同以往的面貌，於此同時英美的法制也隨社會的進步而不斷演變，從上開案例可以看出該國在憲法上明定「無論何州不得制定或執行剝奪合眾國（美國）公民之特權或赦免之

35　鈴木義男，〈證據排除の新局面〉，《判例タイムス》，No. 546，1985年4月1日，頁28。

36　周雲蘭，〈違法監聽所取得證據之證據能力〉，頁2505。

37　林賢宗，《自由心證法制新趨勢——從自由心證主義之發展軌跡談起》，頁121。

法律,亦不得於未經『正當法律程序』使任何人喪失其生命、自由或財產。並須予該州管轄區域內之任何人以法律上之同等保護」之下,在法制面首先確定其實質的正當程序,以確保國家權力作用之實質公平;從案例上可以看出該國最高法院藉此一憲法規定以闡明政府限制人民生命、自由、財產時應以行何種程序方屬正當。例如事前給予相對人通知及適當的聽證機會、審查適用法律之內容,確保其公平、合理、明確、限制最少,關於程序是否正當,可從法庭本身是否公正、有無告知當事人所擬採取的行動及理由,給予反駁行動之機會、獲悉不利證據、聲明證據及傳訊證人之權;選任辯護人、詰問對造證人之權、法庭應就提出之證據作成筆錄,並以書面載明事實及裁決之理由;在保障人權之外亦強調國家權力行使之程序公平。除有正當理由,經宣誓或代誓宣言,並詳載搜索之地點、拘捕之人或收押之物外,不得頒發搜索票、拘票或扣押狀;**不得強迫刑事罪犯自證其罪,亦不得未經「正當法律程序」使其喪失生命、自由或財產**;非有相當賠償,不得將私產收為公用,此等限制公權力,保護人權之「正當程序」。然而強調保護人權的同時,逐漸有「毒果理論」、「善意的例外」等保障公共秩序的案例出現,可以看出美國強調當事人主義、看重人權的同時,亦逐漸尋回維護社會公共秩序應守的底線。**「正當法律程序」用來保護人權的同時,也成為公共秩序維護不可或缺的另一道門檻!**

第六節　關於拒絕自陷於罪之特權

一、聯邦法院適用拒絕自陷於罪之特權的歷史沿革

(一)聯邦最高法院早期透過律師訴希區柯克(Counselman v. Hitchcock, 142 U.S. 547 at 585-586, 1892)事件的法庭見解認為,證人可以與被告犯罪者相同的,係在大陪審團面前主張拒絕自陷於罪之特權;任何證人訴追免責法的制定,必須將其與詢問相關聯的犯罪,從現在或將來的訴追中絕對地加以免除。換言之,此一判決被解釋為:**免予追訴不僅從證據的證言本身到證人的保護,凡經由賦予免予訴追而得之證言所顯示的犯罪行為(transactions)相關的一切訴追,均應包括在證人保護範圍之內。**

（二）該院在1896年布朗訴沃克（Brown v. Walker）事件的法庭意見中強調，**拒絕自陷於罪之特權應只爲保護證人自身，不應主張保護第三當事人；應主張從免於被訴追來保護證人，而不應只單純從其個人被責難及不名譽（personal odium and disgrace）方面來保護證人。**該案作證的鐵道公司審計員布朗（Brown）在拒絕陪審員詢問時，主張憲法第5條修正案拒絕自陷於罪之特權而被判法庭侮辱罪，該院認爲，其係爲他人不受訴追，主張此一特權並不適當。

（三）1954年艾森豪政府提案經聯邦議會通過的《共產黨控制法》（Immunity Act of 1954），規定於顛覆政府相關調查上，被召喚作爲證人，不得以自陷於罪之理由對詢問拒絕作答。該法律認可透過被強制作證下之證言所發現的犯罪活動免予訴追，雖然在議會作證之共產黨員指責認爲相對於失業及受公眾非難所給予黨員的無力感，然此法並無法使其免予訴追，不過聯邦最高法院於1956年的烏爾曼訴美國（Ullmann v. United States, 350 U.S. 422 at 438-439, 1956）事件中仍支持該法，**認爲此特權只關心一事，因自己之證言招來犯罪及科處刑罰的痛苦，若以之對證人強要則有其危險，訴追免責之制即在於解除這個危險，一旦拒絕自己負罪特權所認可的理由消失，即不存在自己負罪的特權。**

（四）1970年美國聯邦議會在其通過的《組織犯罪取締法》（Organized Crime Control Act）中，**承認在組織犯罪事件裡，將更加限制使用（use）免責權賦予證人。**聯邦最高法院在卡斯提加訴美國（Kastigar v. United States, 406 U.S. 441, 1972）事件中認爲，**政府可以根據刑法典第18篇第6002條的規定，透過授予證人免予起訴的豁免權以換取「使用和衍生使用」證人的證詞，以避免證人主張第5條修正案反對自證其罪的特權，強制不願意的證人作證。此項豁免被稱爲「交易豁免」，將提供比第5條修正案特權更廣泛的保護，在隨後的刑事訴訟中，控方有責任證明擬使用的證據來自合法來源，非強制作證。**

二、各州關於拒絕自陷於罪特權的適用

（一）聯邦最高法院於1908年及1947年兩度透過判決（Twining v. New Jersey, 1908；Adamson v. California, 1947）說明**第4條修正案正當法律程序的保障不適用於州之被告，容許州法院對於宣誓後立於證言台而不作證之**

被告作對其不利之認定,並於1931年、1944年、1958年分別在數個案件中認為,第5條修正案無論係聯邦官員強制下所作之證言於州使用,或州的官員強制下所作之證言於聯邦法院使用,均不得作為個人保護使用(參見United States v. Murdock, 284 U.S. 141, 1931;Feldman v. United States, 322 U.S. 487, 1944;Knapp v. Schweitzer, 357 U.S. 371, 1958)。直至1964年馬洛伊訴霍根(Malloy v. Hogan, 378 U.S. 1, 1964)事件發生後始改變立場,**將憲法第5條拒絕自陷於罪之特權適用於聯邦及州的刑事訴追程序**。布倫南大法官代表執筆的法庭意見認為,第14條修正案禁止各州侵犯免於自證其罪的特權,正如第5條修正案阻止聯邦政府否認該特權一樣。在適用防止自證其罪的特權時,同樣的標準決定了被告的沉默是否合理,無論他被傳喚作證的是聯邦訴訟還是州訴訟。

(二)1965年該院透過格里菲訴加利福尼亞州(Griffin v. California)事件進一步補強了馬洛伊案的說法,稱依憲法第5條修正案的規定,就連「與被告緘默的事實有關的訴追者評論,或者被告所以保持緘默的事實等,陪審裁判所裁判官均不得以之作為被告有罪或以之為證據來向陪審員解說」,因為對於證人拒絕證言相關事實加以評論,乃糾問式的刑事司法制度之餘緒,為第5條修正案所禁止。該一評論等同於給予行使憲法特權的法院處罰一般,經由伴隨行使該特權而來的犧牲,將削減拒絕自陷於罪之特權的功能。

三、與強制自白相關

筆者在《自由心證法制新趨勢——從自由心證主義之發展軌跡談起》一書中曾列舉如下數個與證據能力有關的案例,說明該國適用證據排除法則之情形,其中有關「正當法律程序」的案例如下:

(一)布朗訴密西西比州(Brown v. Mississippi, 1936)事件中即稱:「固然各邦得自由制定該邦的審判程序,但這種自由,應與立憲主義相符合,而受**正當法律程序**之限制,……正當法律程序條款要求各邦之行為,無論是出於哪個機關,都需與此自由正義的根本原則相符,這個自由正義的根本原則,乃我們文明社會及政治制度的基礎,……用拷問之法使犯人自白,依此判決罪狀,很明顯地否認**正當程序**,……自不能發生效力。」

（二）羅琴訴加利福尼亞州（Rochin v. California, 1952）事件中，被告羅琴將
　　所持有被發覺之虞的兩個麻藥膠囊吞下肚後，州警違反被告之意志將被
　　告帶往醫院洗胃，將該兩個膠囊強行取出，提出於法院作爲證據。聯邦
　　最高法院認爲：「政府的代理人爲了取得證據，強行進入被告居室，以
　　上開方法打開被告之口強行取出其胃內之物等一連串的行爲，連麻痺的
　　良心也不在乎的行爲，與拷問及酷似強暴行爲相同，爲憲法所無法緘
　　默。」**「法的正當程序」**爲歷史形成發展無法停止之原理，雖無法給予
　　明確的定義，惟應止於以違背堂堂正正「正義感」之方法使人入罪之程
　　度。「依本件之事實觀之，對被告有罪判決，係以侵害**法的正當程序**
　　之方法所致，因此須將原判決撤銷。」（Rochin v. California, 342 U.S.
　　165. Supreme Court Reporter 72 p. 205）。

（三）馬洛里訴美國（Mallory v. United States, 354 U.S. 449, 1957）事件中，
　　依1946年頒布的《聯邦刑事訴訟規則》（The Federal Rule of Criminal
　　Procedure）第5(a)條，327 U.S. 821規定，依逮捕令進行逮捕或沒有逮捕
　　令被逮捕的人，應立即將其帶到最近或任何其他附近的權責官員面前，
　　不得有不必要的延誤。然而本案**被告涉嫌強暴殺人罪嫌**，在下午早些
　　時候被捕，並被拘留在附近的警察總部，沒有人告訴他有權獲得律師
　　幫助或接受地方法官的初步審查，也沒有人警告他可以保持沉默，以
　　及他的任何陳述都可能被用來對付他。直到被告供認之後的第二天上
　　午，才被帶到地方法官面前接受詢問。聯邦最高法院認爲從逮捕被疑者
　　到辦理起訴事實認否手續（arraignment）之間，超過18小時的拘留及詢
　　問取得的自白，並以之作爲死刑判決的基礎無效。由於這種無理拘留
　　（unwarranted detention）導致誘人使用密集審訊，很容易落入「三度」
　　（the third degree）的罪惡（警察拷問），因此法院認爲，警方拘留被
　　告人的時間超過了可以隨時接觸到治安法官的時間，構成了「故意違
　　法」。爲了充分執行國會關於迅速提審的要求，認爲有必要拒絕接受在
　　非法拘留期間從被告那裡引出的有罪供述。

（四）不過由於此案招來大眾的不少抨擊，導致1968年聯邦議會通過了《防止
　　犯罪及關於街路安全綜合法》（Crime Control and Safe Streets Act），
　　允許使用該期間蒐集到的一部分證據，而非絕對地禁止使用其自白[38]。

---

[38]　Congressional Quarterly's Guide to the U.S. Supreme Court, 1979, p. 559.

（五）羅吉斯訴里奇蒙（Rogers v. Richmond, 365 U.S. 534 at 540-541, 1961）事件中，法蘭克福特大法官（Felix Frankfurter）在七比二的法庭意見中稱，歷來的判例認爲，以非任意的自白爲證據所爲之判決無法維持。並非以自白內容的眞實性爲理由，而係引出自白所使用之方法違反美國刑法執行之基礎原則之故，即使供述眞實或可靠，如果非自願，也應將其排除在證據之外。由於我們的刑事訴訟採取彈劾的訴訟制度，而非糾問的訴訟制度，因此國家必須獨自且自由地確保依證據來確定被告有罪，不許國家強制從被告口中取得自白來證明國家告發的事實。

四、與自白及辯護人相關

（一）聯邦最高法院在1958年以前的判例尙容許未賦予辯護人商談機會之嫌疑人所爲之任意自白爲證。不過自1964年馬西婭訴美國（Massiah v. United States）及埃斯科韋多訴伊利諾州（Escobedo v. Illinois）事件以後該院即改變立場，認爲對於正式被起訴之被告，不得在無辯護人在場的情形下，一邊合法加以詢問，一邊以其他方法說服被告自承犯罪。被控謀殺罪的埃斯科韋多被捕並被帶到警察局接受詢問，幾個小時後，他一再提出會見律師的請求均被拒。在此期間，埃斯科貝多承認謀殺，法院即以其自己負罪的供述爲據判決被告有罪。被告乃以被剝奪辯護人依賴權爲由向聯邦最高法院上訴。戈德伯格大法官（Arthur J. Goldberg）代表執筆的法庭意見稱，警察藉助於詢問程序引出被告自承犯罪，不給嫌疑人與辯護人商談的機會，且未有效地告知被疑者有憲法上絕對的緘默權，違反憲法第6條修正案的被告「辯護人援助」權，其於詢問中被引出的被告供述，不得作爲被告不利益之證據使用（Escobedo v. Illinois, 378 U.S. 478 at 490-491, 1964）。

（二）1966年米蘭達訴亞利桑那州（Miranda v. Arizona, 384 U.S. 436, 1966）事件的首席大法官華倫代表執筆的法庭意見稱，辯護人在場乃在爲政府方面所塑造的氛圍中保證無法強制取得供述的「適當防衛機制」（he adequate protective device）。

圖7-9　第14屆首席大法官厄爾‧華倫（Earl Warren）

圖片來源：維基百科，https://zh.wikipedia.org/zh-tw/%E5%8E%84%E5%B0%94
%C2%B7%E6%B2%83%E4%BC%A6。

五、關於平等保護

（一）格里芬訴伊利諾州（Griffin v. Illinois, 351 U.S. 12, 1956）事件中，伊利
　　　諾州法律規定被判刑之被告如需審判紀錄副本者須繳納副本費，否則不
　　　得索取副本，被告被判刑後，請求上訴，但因無錢繳納副本費無法取得
　　　副本，以致無法上訴，經聯邦最高法院以五比四判決伊利諾州此項法律
　　　違反憲法增修條款第14條的平等保護及正當程序條款而無效（Falter F.
　　　Murphy, op. cit., p. 82）。

（二）錢德勒訴佛羅里達州（Chandler v. Florida, 449 U.S. 560, 1981）事件，是
　　　美國最高法院裁定一個州可以允許對刑事審判進行廣播和靜態攝影報導
　　　的一個事件。1965年該院於埃斯特斯訴德克薩斯州（Estes v. Texas, 381
　　　U.S. 532, 1965）事件中，裁定媒體報導「侵犯了第14條修正案正當程

序條款所保障的公平審判的基本權利」[39]。本案兩名警察被指控盜竊邁阿密海灘一家餐廳，在媒體被允許轉播案件部分片段後，該兩名警察提起訴訟，反對報導該案件。於是媒體對罪犯審判的報導是否侵犯了第6條和第14條修正案保護的被告獲得公平審判的權利，便成為該案爭議的焦點，聯邦最高法院在被告佛羅里達州以八比零獲勝的判決中，首席大法官伯格為最高法院撰寫了意見，他引述埃斯特斯訴德克薩斯州事件，駁回了原告錢德勒關於媒體出現在法庭違反正當程序的主張。稱只要「不斷發展的技術」不侵犯被告的「基本保障」，媒體就不會侵犯一個人享有正當程序的憲法權利。且佛羅里達州最高法院維持的先前法規，在媒體對刑事審判的報導方面實施了嚴格的指導方針，「旨在保護被告獲得公平審判的權利」，該州的做法已對媒體的報導給予嚴格的規範，不影響審判的公平。然而任何引起大量宣傳的刑事案件都會帶來一些風險，這種宣傳可能會損害被告獲得公平審判的機會，在某些情況下陪審員存在偏見的風險並不能成為絕對禁止新聞的理由。伯格總結稱，正如大多數實驗一樣其中潛藏著危險，但除非我們得出結論認為憲法禁止在任何情況下進行電視報導，否則各州必須自行自由進行實驗（Chandler v. Florida, 449 U.S. 560 at 574, 1981）。

（三）到1996年大多數州通常由法官自行決定是否允許電視轉播審判，但聯邦法院仍然反對在刑事法庭上使用攝影機。監督下級聯邦法院的美國司法會議（Judicial Conference of The United States）於1996年3月投票決定允許上訴法官選擇允許電視報導上訴辯論，被視為朝向擴大公眾參與程度邁出的一小步[40]。

---

[39] 埃斯特斯訴德克薩斯州事件是美國最高法院推翻原告埃斯特斯的欺詐定罪的案件，認為與預審相關的宣傳侵犯了他的第14條修正案正當程序，在電視和廣播進行了現場直播。整個審判過程中允許新聞攝影，部分內容也進行了廣播。

[40] 按該決議不適用於聯邦最高法院，參閱Joan Biskupic and Elder Witt, Congressional Quarterly's Guide to the U.S. Supreme Court, 1997, p. 571。

第七節　關於起訴事實認否程序

一、起訴事實認否程序（arraignment）中的有罪答辯本非源自美國憲法或美國制定法而來，而係出於實務上對訴追方、法院及被告可以之作為交換請求給予寬大的科刑的利益考慮而漸漸形成。聯邦最高法院在布雷迪訴美國（Brady v. United States）事件中認可原本依規定可判處死刑之誘拐罪，經陪審勸導後被告作有罪答辯而放棄審判辯論程序，以確保免於死刑之宣告。認為此一有罪答辯的交易對國家及被告雙方均屬互利（mutuality of advantage）（Brady v. United States, 397 U.S. 742 at 752, 1970）。懷特大法官代表執筆的法庭意見認為，對被告來說，緩和對其惡行的指責可以早日開始進行矯正程序，審判所需費用獲得節省，對國家同屬有利。我們正確地從國家方面逐次給予有意認罪，且進一步作有罪答辯的被告以實質的利益，對美國而言不能說此舉違反憲法。

二、1971年該院於桑托貝洛訴紐約（Santobello v. New York, 404 U.S. 257, 1971）事件進一步認為，刑事訴訟程序中如將有罪答辯作為裁判程序之一環，則需伴隨給予被告合理且正當的安全保證。如果州答應被告有罪答辯給予宣告較寬大的宣告刑後，未能遵守約定時，州法院則需給予被告提供接受公開審判的機會。

三、但1973年該院於托利特訴亨德森（Tollett v. Henderson, 411 U.S. 258 at 267, 1973）事件中，則不容許有罪答辯之被告以有罪答辯被記入以前所生憲法上之權利被剝奪（認大陪審團之選定不公正）為由，對有罪判決提起上訴。

四、有罪答辯須出於任意。於亨德森訴摩根（Henderson v. Morgan, 426 U.S. 637, 1973）事件中，由於對被告未適當地告知，以致被告對自己承認殺害被害者正確的意圖並不理解，而作有罪答辯，被判二級謀殺罪，聯邦最高法院以有罪答辯不具任意性為由，將該判決予以撤銷。

五、在博登基徹訴海耶斯（Bordenkircher v. Hayes, 434 U.S. 357, 1978）事件中，從其法庭意見顯示，被告於是否作有罪答辯的交涉中，檢方若給予被告有選擇有罪答辯與否的自由時，若被告不接受有罪答辯而被判終身監禁，則被告以之為檢方的懲罰（vindictive）行動為由提起上訴，即不被准許。

第八節　關於受律師援助的保障

一、概說

根據美國聯邦憲法第6條修正案規定：「在一切的刑事訴訟中被告有權由犯罪行爲發生地的州和地區的公正陪審團予以迅速和公開的審判，……並取得律師幫助爲其辯護。」但傳統上除了聯邦犯罪中的死刑案件有其適用外，其他無論州或聯邦犯罪都是依賴自己聘請律師，其費用亦因自己的能力而定。至1932年於鮑威爾訴阿拉巴馬州（Powell v. Alabama, 287 U.S. 45, 1938）事件中，聯邦最高法院才宣告選任辯護人爲人民的基本權，第14條修正案的法的正當程序的保障條款，各州有義務爲死刑犯罪之被告給予辯護人有效的援助。1938年又擴大宣告依憲法第6條修正案，各州有義務對於聯邦犯罪的被告給予一位律師的援助（Johnson v. Zerbst, 304 U.S. 458, 1938）；至1960年及1970年中再擴大至州的重大犯罪亦有其適用（Gideon v. Wainwright, 372 U.S. 335, 1963）。

二、關於此一正當法律程序的相關判例

（一）聯邦最高法院在鮑威爾訴阿拉巴馬州（Powell v. Alabama, 287 U.S. 45, 1938）事件中就被告主張：「法院指派之辯護律師遲遲就任，使被告無與律師商談的機會，實際等於剝奪其受律師援助表示認可。」稱被告等人無知、無教養、年輕又爲公眾所敵視，又被監禁情況下，家人及友人均在別州居住，意思溝通困難，被告又犯有被剝奪生命危險之罪（被告強姦），法院未給予被告依賴辯護人合理的時間與機會，明顯剝奪其正當法律程序的保障。

（二）該院在約翰遜訴澤布斯特（Johnson v. Zerbst, 304 U.S. 458 at 467-468, 1938）事件中，布拉克法官代表執筆的法庭意見稱，由於第6條修正案承認對被告發犯罪者給予憲法上的辯護人援助權之故，才符合聯邦的各個法院有權剝奪被告生命、自由權之憲法本質及司法上之必要條件。如果被告無辯護人代理，又無能力獲知是否放棄憲法權利的話，那麼第6條修正案即成爲站在司法之前，阻擋被告生命或自由被判有罪及刑之宣告之物。

（三）1963年吉迪恩訴溫賴特（Gideon v. Wainwright, 372 U.S. 335 at 343-344, 1963）事件中，聯邦最高法院則將辯護人援助權經由第14條修正案的法的正當程序將第6條修正案的保障擴大適用於州的被告。該案主筆法庭意見的布拉克法官認為，美國係採當事人主義的司法制度國家，如果因為貧困之故而無法給予辯護人的話，對被告而言實無法保障其有公正的裁判，此乃我等所明白的事實。政府為了追訴被告須依賴法律家，有錢的被告為了防衛需依賴法律家，**刑事法院依賴律師應是一般的人們間非奢侈普遍的確信。**

（四）1972年聯邦最高法院在阿格辛格訴哈姆林（Argersinger v. Hamlin, 407 U.S. 25, 1972）事件中，對於州最高法院於被控非法攜帶槍械未給予律師辯護之被告判處六個月監禁，以除非提供律師，否則不得實際監禁刑事被告為由，將原判予以撤銷。

（五）聯邦最高法院在斯科特訴伊利諾州（Scott v. Illinois, 440 U.S. 367, 1979）事件中，則認為雖然依法最高可判處一年監禁，但實際被告僅被判50美元，即使適用的法規允許這樣做，國家也沒有義務提供律師，因此認州法院所為之判決並無不當。

（六）1972年柯比訴伊利諾州（Kirby v. Illinois, 406 U.S. 682 at 689-690, 1972）事件中，聯邦最高法院的法庭意見認為當事人主義的刑事訴訟制度從政府正式表示起訴，以政府與被告對立之場合固定為限，刑事司法程序才開始。被告自此點起須面對有組織的追訴機關，而陷入實體及程序刑法複雜的運作，此一時點即刑事訴追程序（criminal prosecutions）開始之時點，（即該）明確地適用第6條修正案辯護人依賴權的保障，**但如僅讓證人辨識包含被告的照片，被告並不在場時，則無需給予律師援助**〔美國訴阿什事件（United States v. Ash, 413 U.S. 300, 1973）〕。

（七）請求律師協助與其引用依據相關，如果只依憲法第6條請求律師協助，並不代表其已依憲法第5條請求律師協助，此從麥克尼爾訴威斯康辛州（McNeil v. Wisconsin, 501 U.S. 171, 1991）事件的法庭意見可以獲得此一結論。該案聯邦最高法院認為，第6條修正案所保障的聘請律師的權利，與上述米蘭達訴亞利桑那州事件聘請律師的權利是分開和不同的，因此，援引一方律師並不意味著援引另一方。此須特別注意，爰進一步介紹其內容如下：

1. 該案案情乃麥克尼爾被控在威斯康辛州西艾利斯市（West Allis）犯有

武裝搶劫罪，由一名公設辯護律師代表出席保釋聽證會。在因該罪名入獄期間，麥克尼爾因位於威斯康辛州拉辛縣卡里多尼亞村（Caledonia is a Village of Racine County）發生的一起謀殺案及相關罪行而接受警方詢問，他被告知他的米蘭達權利，並簽署放棄這些權利的表格後，承認自己在卡里多尼亞的罪行，隨後被正式指控犯有後一罪行，他請求排除其自白的審前動議被駁回，而被定罪；請求上訴亦被駁回。

2. 聯邦最高法院同意州最高法院的判決，認爲被告在初次出庭時對被指控的罪行請求律師援助，並不構成援引第5條修正案的律師幫助權，以阻止警方對不相關、未指控的罪行進行審訊。該院認爲，被告在司法程序中援引第6條修正案聘請律師的權利，並不構成援引米蘭達訴亞利桑那州（Miranda v. Arizona, 384 U.S. 436）事件中，源自第5條修正案關於不得強迫自證其罪的保證中聘請律師的權利（以下簡稱「米蘭達保護」）。麥克尼爾主張兩項權利之間的同一性實際上是錯誤的，**第6條修正案的權利直到對手司法程序啓動後才附加**，麥克尼爾在西艾利斯市搶劫案中援引這項權利並不妨礙承認他有關卡里多尼亞罪行的陳述，**因他在發表該項陳述時尚未受到指控**。此外，雖然米蘭達保護獲得律師幫助的權利並不針對具體罪行，並且一旦主張，就可以防止警方在律師在場之外，進行任何進一步的審訊，**鑑於兩項權利的不同目的和效果**，如果沒有各別主張，則不能從援引第6條修正案權利來推斷其主張，因爲第6條修正案權利的目的是在針對特定犯罪啓動對抗程序後，在與政府發生關鍵對抗時保護未受援助的外行人。換言之，儘管第6條修正案和第5條修正案都涉及獲得律師幫助的權利，但**第6條修正案保留被告與政府的「專家對手」會面的權利**，並與同樣熟練的對手會面；而**米蘭達保護的律師權則在防範警察固有的強制審訊，並確保犯罪嫌疑人自願向警方供述**。因此米蘭達保護聘請律師的權利並非針對特定罪行，因爲一旦嫌疑人援引米蘭達保護，警方就可能根本不能再接近他。

（八）關於一律師代表多名被告辯護的利益問題，聯邦最高法院在霍洛威訴阿肯色州（Holloway v. Arkansas, 435 U.S. 475, 1978）事件中，首席大法官伯格發表了六比三多數票的意見，認爲代表多名被告的一名律師不會自動剝奪被告的權利，但如果存在利益衝突，則可能會影響律師對一個被告不利，對另一個被告有利的證據的採納，或透過強調一個人的罪責來最小化另一個人的罪責。因此在一名律師代表多名被告辯護的情況下，

如果被告相互間有利益衝突的話，等於剝奪了被告根據第6條修正案獲得律師充分協助的權利，應為被告單獨選任律師為其辯護。

（九）關於律師有效協助的問題，如上所言，美國聯邦憲法第6條修正案規定：「在一切的刑事訴訟中被告有權由犯罪行為發生地的州和地區的公正陪審團予以迅速和公開的審判，……並取得律師幫助為其辯護。」此所謂取得律師協助為其辯護之協助必須是有效的，否則該一規定有可能成為具文。在下述斯特里克蘭訴華盛頓（Strickland v. Washington, 466 U.S. 668, 1984）具里程碑意義的案件中可以發現，該院認定第6條修正案規定的律師辯護權，如何因律師表現不佳而違反的標準：

1. 被告華盛頓（David Leroy Washington）於1976年9月的10天內策劃實施了包括三起殘酷的暗殺、酷刑、綁架、嚴重攻擊、謀殺未遂、勒索未遂和竊盜。在其他兩名同夥被捕後，被告向警方投案自首，並自願發表長篇供述，承認了第三起犯罪行為。佛羅里達州以綁架和謀殺罪起訴被告，並指定了一位經驗豐富的刑事律師。

2. 隨後被告在佛羅里達州初審法院對包括三項死刑謀殺指控的起訴書認罪。在認罪辯論中，被告告訴主審法官，儘管他犯下了一系列入室盜竊案，但在他瘋狂犯罪（殺人）時，他因無力養家餬口而承受著極大的壓力。主審法官告訴華盛頓，他「非常尊重那些願意挺身而出並承認自己責任的人」。然而在準備量刑聽證會時，辯護律師與被告談論了他的背景，但沒有尋找品格證人或要求進行精神病檢查。即在此類問題上依靠辯訴談話來獲取證據，以防止州政府對被告進行盤問並提供自己的精神病學證據。律師沒有要求提供出庭報告，因為涉及被告的犯罪歷史，避免削弱了之前沒有重大犯罪紀錄的主張。

3. 初審法官發現被告有多項加重情節，且沒有任何減輕情節，因此對每項謀殺罪都判處被告死刑。佛羅里達州最高法院透過直接上訴維持了被告的判決。隨後，被告向州法院尋求附帶救濟，理由是律師在量刑程序中於多個方面提供了無效協助，包括未能要求提供精神病學報告、調查和出示品格證人以及尋求出庭。初審法院拒絕了救濟，佛羅里達州最高法院維持了原判。

4. 被告隨後向聯邦地方法院提交了人身保護令聲請書，提出了眾多救濟理由，包括聲稱律師協助無效。證據聽證會後，被告被拒絕獲得救濟，因為得出的結論是，儘管律師在調查減刑證據方面犯了判斷錯誤，但任何

此類判斷錯誤都不會影響對華盛頓的判決。隨後美國第五巡迴上訴法院在一個由三名法官組成的陪審團中裁定，認為被告沒有得到有效的律師協助，將該案發回，但佛羅里達州對該裁定提出上訴。第十一巡迴上訴法院在概述了判斷辯護律師是否履行了調查非法定減刑情節的義務，以及律師的錯誤是否具有足夠的損害性，以證明有理由撤銷的標準後，將案件發回以適用這些標準，佛羅里達州就該裁定向美國最高法院提出上訴。

5. 最高法院判決承認第6條修正案存在律師的諮詢權，並且是必要的，以保護公平審判的基本權利。刑事被告需要律師的技能和知識，以便能夠成功地拒絕國家監禁或處決他們的企圖。因此，法院裁定，如果刑事被告無力自己聘請律師，則必須為其指定律師。律師必須在對抗系統中發揮作用，使系統產生公正的結果。因此，獲得律師幫助的權利就是獲得律師有效協助的權利。律師無效的主張有兩個組成部分：首先，被告必須證明律師的表現「有缺陷」，以至於律師沒有發揮第6條修正案保障被告的作用；其次，其所表現的缺陷必須嚴重到剝奪被告獲得公正審判的程度。

6. 該案代表最高法院法庭意見的奧康納大法官認為，對無效律師協助的要件須經過以下兩部分組成的測試：(1)律師的表現低於客觀合理標準；(2)律師的表現產生了一個合理的可能性，即如果律師表現充分，結果將會有所不同。

並稱，評估無效援助主張的法官應該高度尊重律師的決定，並避免事後審查。在通常情況下，被告必須證明律師的表現不佳對辯護產生了不利影響。為確保被告得到公平審判，因此被告必須證明，如果沒有律師的錯誤，訴訟結果有可能會有所不同。當被告質疑他的定罪時，他必須證明律師的錯誤導致陪審團無法對其有罪形成合理懷疑。換言之，他必須證明如果律師以他種方式為其辯護，量刑者會以不同方式平衡加重和減輕證據的合理可能性。

本案事實清楚表明，律師在量刑程序中及量刑前的行為，依上述標準並不能認定為不合理。他們（原審）也明確表示，即使假設律師的行為不合理，被告也沒有受到足夠的偏見，不足以撤銷其死刑判決[41]。

41　該案被告華盛頓最後於1984年7月13日最高法院作出判決上訴駁回兩個月後，即被處決。

（十）次年在埃維茨訴露西（Evitts v. Lucey, 469 U.S. 387, 1985）事件中，於
肯塔基州法院判定被告犯有毒品罪後，他聘請的律師雖然及時向肯塔基
州上訴法院提交了上訴通知，但由於律師在提交上訴摘要和紀錄時未能
提交肯塔基州上訴程序規則所要求的上訴陳述，而被上訴法院駁回了上
訴，隨後亦駁回了重新考慮的動議。肯塔基州最高法院維持原判，初審
法院駁回了撤銷定罪或批准遲來上訴的動議。被告隨後向聯邦地方法院
尋求人身保護令救濟，對駁回他的上訴提出質疑，理由是這剝奪了他在
上訴中獲得第14條修正案正當程序條款保障的律師有效協助的權利。聯
邦地方法院授予有條件人身保護令，下令釋放被告，除非聯邦恢復其上
訴或重審，美國上訴法院維持原判。聯邦最高法院布倫南大法官發表了
法院的意見（懷特、馬歇爾、布萊克蒙、鮑威爾、史蒂文斯和奧康納
大法官加入其中）稱，道格拉斯訴加利福尼亞州（Douglas v. California,
372 U.S. 353, 1963）事件認為第14條修正案保障刑事被告在第一次上訴
時有權獲得律師協助。在這種情況下，我們必須決定第14條修正案的正
當程序條款是否保證刑事被告在上訴中得到律師的有效協助。我們認
為，第14條修正案保證刑事上訴人在第一次上訴時享有某些最低限度的
必要保障，以使上訴「充分且有效」，參見格里芬訴伊利諾州（Griffin
v. Illinois, 351 U.S. 12, 20, 1956）的先例，這些保障措施之一是獲得律
師協助的權利，另參閱道格拉斯訴加利福尼亞州事件，我們認為，由第
6條修正案創建並透過第14條修正案適用於各州的審判級律師權利，包
含獲得律師的有效協助，本案提出的問題是，上訴一級的律師幫助權是
否也包含律師有效協助的權利？正如根據規則或習慣，筆錄可能是上訴
審查的先決條件一樣，幾乎每個外行人都需要律師的服務，以符合上訴
審議案情的形式提出上訴。律師必須能夠協助準備並向上訴法院提交案
情摘要，同時必須扮演積極倡導者的角色，而不僅僅是協助對上訴人的
主張進行獨立評估。參閱麥克曼訴理查森（McMann v. Richardson, 397
U.S. 759 771 14, 1970）（人們很早就認識到，獲得律師幫助的權利是
獲得律師有效協助的權利）事件，由於聘請律師的權利對於公平審判至
關重要，因此憲法不能容忍律師雖然名義上在場但無法協助被告就案情
獲得公平裁決的審判。因此，如果上訴人沒有得到律師的有效協助，則

首次上訴不會根據正當法律程序得到裁決[42]。

（十一）被告有無拒絕律師的權利？在法雷塔訴加利福尼亞州（Faretta v. California, 422 U.S. 806, 1975）事件中，美國最高法院認為刑事被告享有憲法權利，可以拒絕律師並在州刑事訴訟中代表自己。

該院的理由是：「獲得律師協助的權利以及無需律師幫助的相關權利不是法律形式主義……而在被告雖然是外行但有能力的情況下拒絕選擇程序。」正如選擇律師一樣，如果否認他在行使自由選擇時放棄其中一些保障措施的權利，反而是將一個人囚禁在他的特權之中。

聯邦最高法院大法官史都華代表的法庭意見即以首揭理由判決駁回。並稱州刑事審判中的被告有憲法權利，可以在他自願且明智地選擇的情況下拒絕指定律師並進行審判，但是這樣的被告事後不得抱怨他沒有得到律師的有效協助。史都華大法官認為承認這一權利似乎違背了最高法院判決的原則，也就是憲法要求任何被告除非他被賦予獲得律師協助的權利，否則即不能被定罪或監禁的原則，然而每一被告無論貧富都有權獲得律師協助是一回事，而國家可以強迫被告接受他不想要的律師的協助又是另外一回事[43]。

第九節　關於請求保釋的權利

美國立國以來聯邦法院對於死刑以外的犯罪被逮捕之人，為自己防禦的準備，均認可其有繳付保釋金請求釋放之權利。其憲法第8條更規定，不可要求過度的保釋金，以茲節制。一旦保釋期間失蹤或審理期間無理由未遵傳到庭，該保釋金即有被沒收的可能，但第8條修正案的規定僅適用於聯邦各級法院，不及於州法院。《聯邦刑事訴訟規則》（Federal Rules of Criminal Procedure）規定保釋金的金額依犯罪的性質、情況、證據的重要性、被告繳交的能力及一般的情況決定；1966年修正《保釋法》（Bail Reform Act），規定被告發死刑

---

[42] 參照Joan Biskupic and Elder Witt, Congressional Quarterly's Guide to the U.S. Supreme Court, 1997, p. 604的結論，認為律師未能在法定截止日前提交上訴聲明構成律師沒有向委託人提供有效律師幫助的證據。

[43] Congressional Quarterly's Guide to the U.S. Supreme Court, 1997, p. 602.

以外聯邦犯罪之人可以提出本人的誓約（personal recognizance）或無擔保保證書獲得保釋。關於保釋金是否過度的問題，聯邦最高法院在1951年史塔克訴波以耳（Stack v. Boyle）事件中曾有釋示，審判前請求保釋的權利乃在保證於審判時能出席、有罪時能服刑為條件下被認可，超過適合此一目的所合理算出的金額即為第8條修正案所謂「過度的保釋金」。「從所犯罪名之輕重與通常案件比較所定保釋金額是否較高，以符合本事件之要求，本係經由審問所需努力證明之事，……在欠缺此等資料之情況下，此等事件在審判前決定保釋金額多寡，是否符合制定法或憲法所定的標準，本庭認為很難準確（can not be squared）。……本件保釋金無適當的方法決定，申請人等的救濟，自可依據上訴人申請保釋金的減額中作決定。」（Stack v. Boyle, 342 U.S. 1 at 4-5, 6, 7, 1951）。但憲法第8條保釋的權利也非絕對，在1952年卡爾森訴蘭登（Carlson v. Landon），數名居留的外國人共產主義者驅逐出境相關的事件中，該院於被告申請保釋的最終決定，還是依據1950年《內國保安法》（Internal Security Act）加以拒絕。代表多數意見的李德大法官（Stanley F. Reed）稱，憲法第8條的保釋條款係從英國權利章典稍作修正後加以引用，英國權利章典並非在所有事件上合於請求保釋的權利條件加以考慮，而是單單就適合保釋的事件規定保釋金是否過度加以考慮而已。該等條文移植到美國權利章典時並無與此有別的其他說明，最高法院過去關於第8條修正案容許保釋的案例，並無妨礙聯邦議會定義該條之意，從而在刑事事件中可以判處死刑之場合，保釋並非一定強制，第8條修正案本身也並未說明所有逮捕均非保釋不可，吾人認為本件在此情況下第8條修正案並無容許保釋之義務（Carlson v. Landon 342 U.S. 524 at 545-546, 1952）[44]。

　　在1980年代最高法院兩次批准拒絕某些嫌疑人保釋（1984年對危險青少年、1987年對組織犯罪人）。首席大法官倫奎斯特甚至於美國訴薩萊諾（United States v. Salerno, 481 U.S. 739, 1987）事件代表法庭意見表示，第8條修正案並未提及可以提供保釋。他認為保釋的主要作用是透過防止逃跑來維護法院在判決被告有罪或無罪方面的作用，但第8條修正案並沒有否認政府因其他的原因，規範審前釋放的機會，並表示1984年《保釋改革法案》（Bail Reform Act of 1984）既不違反美國憲法第5條修正案的正當程序條款，也不違反第8條修正案的過度保釋條款，該法案允許聯邦法院在政府能夠證明個人對

---

[44]　Congressional Quarterly's Guide to the U.S. Supreme Court, 1979, p. 577.

社會有潛在的危險的前提下，可以在審判前拘留被捕者，符合美國憲法[45]。

第十節　關於不受二重危險的保障

一、美國訴蘭扎事件

　　由於二重主權論發展的結果產生了1922年美國訴蘭扎（United States v. Lanza）事件，該案被告蘭扎（Lanza）以違反華盛頓州禁酒法被判有罪，隨後又被以違反聯邦禁酒法為由起訴，經聯邦地方法院以違反「不受二重危險的保障」的理由駁回起訴，聯邦政府對之提起上訴，聯邦最高法院以六比三將該判決撤銷。首席大法官塔夫脫主筆的法庭意見認為，在美國存在兩個主權，兩個主權各有其淵源，同一個領土內就同一訴訟標的之處理，在聯邦及州各別的主權、互不干涉的基礎上，可以制定法律來禁酒，聯邦及州的各別政府為何種行為對治安和威信構成犯罪有其決定權，此乃其主權之行使，非他方主權之行使。其結果，聯邦及州各依其主權可以對其各自的犯罪加以處罰。第5條修正案亦如同憲法修正案的其他八個權利保障條款一般，只適用於依聯邦政府之訴訟程序，所以，第5條修正案所謂禁止二重危險乃指在聯邦政府的權限裡對於**同一犯罪相關的第一次審理之後，聯邦政府基於同一權限作第二次的追訴而言**。此一主權分離原則至1978年的美國訴惠樂（United States v. Wheller）事件依然存在。

二、關於被告上訴後判決的限制

（一）1957年格林訴美國（Green v. United States, 355 U.S. 184 at 187-188, 1957）事件，被告格林（Green）以一級謀殺被起訴，經審理結果被判二級謀殺，被告對此判決不服提起上訴，聯邦最高法院認為被告的上訴不能被認為對二重危險保護的放棄，因此上級法院不能再次以一級謀殺加以審理。足以顯示，美國憲法第5條修正案所謂「任何人不得因同一

[45] Congressional Quarterly's Guide to the U.S. Supreme Court, 1979, p. 691及維基百科所載關於 United States v. Salerno, 481 U.S. 739, 1987之說明。

　　罪行而兩次陷入生命或肢體危險」之禁止二重危險條款，乃在保護因較輕指控而成功上訴的個人免於因原始的指控而重審[46]。

（二）1937年帕爾科訴康乃狄克州（Palko v. Connecticut, 302 U.S. 319 at 325, 1937）事件裡，帕爾科（Palko）被判二級謀殺及終身監禁，康乃狄克州以適用法律錯誤提起上訴，上訴法院改判一級謀殺並宣告死刑，帕爾科認上訴法院的有罪判決有違不受二重危險及正當法律程序的保障提起上訴，聯邦最高法院認為，**正當法律程序的權利隱含於有序自由的基本權概念之中，因此可以透過增修條文第14條適用於各州**，但「不受二重危險的保障」不屬於此種「有秩序的自由權組合裡的本質極其重要的部分」（of the very essence of a scheme of ordered liberty），不能透過第14條修正案適用於各州。

（三）但1969年的本頓訴馬里蘭州（Benton v. Maryland, 395 U.S. 784 at 795, 1969）事件，該院則翻轉上開判例，認為一旦美國憲法權利保障條款的具體保障決定屬於「美國司法制度基本之物」（**fundamental to the American scheme of justice**）的話，同一個憲法的基準即適用於州政府及聯邦政府兩方。

（四）同一天該院在北卡羅來納州訴皮爾西（North Carolina v. Pearce）事件裡即認為，不受二重危險的保障乃對於有罪判決被撤銷後再審理（a new trial）的被告，科以較最初宣告刑更為嚴苛的法官權限的一種限制。

（五）但1973年該院在查芬訴史汀奇庫姆（Chaffin v. Stynchcombe, 412 U.S. 17, 1973）事件卻認為**最初宣告刑之後，以與被告行動相關的客觀理由不存在，且此等理由未在紀錄上記載為限**，法官在再審後始不得宣告較最初宣告為重之刑，且依最初宣告刑服刑之期間必須計入新的宣告之刑期內。

（六）1978年美國訴史考特（United States v. Scott, 437 U.S. 82, 1978）事件中，被告是一名密西根州馬斯基根的警察，被指控犯有三項毒品罪。在美國密西根西區地方法院受審之前，及在受審期間兩次，被告都以起訴前的延遲對他的辯護不利為由，請求駁回起訴書中的兩項指控，為法院所准。州政府對之提起上訴，最高法院認為，政府的上訴沒有侵犯其二重危險條款保護的利益。由於被告不依賴有罪或無罪的理由說服法院駁

46　Congressional Quarterly's Guide to the U.S. Supreme Court, 1997, p. 605.

回其第一項罪狀，而是對同一犯罪相關的裁判更正的危險作任意選擇之結果，因此對此決定提起上訴並不禁止。多數意見同時認為，**免除二重危險條款的保障，雖禁止政府二重起訴以壓抑個人，也不再保護被告個人任意選擇之結果。惟案件被駁回後提起上訴，並沒有剝奪被告免於一罪二審的權利。**

（七）1985年最高法院於西斯訴阿拉巴馬州（Heath v. Alabama, 474 U.S. 82, 1985）事件中允許一名被告因同一罪刑的兩個部分（謀殺妻子）在兩個不同州接受審判，其中一個州（謀殺案發生地）指控他犯下謀殺罪，第二個州（被告傾倒屍體的地方）也指控他犯下謀殺罪；最高法院大法官奧康納在該案所寫的法庭意見表示，由於二重主權理論，迫使我們得出這樣的結論：兩個國家對同一行為的連續起訴不受二重危險條款的禁止。她寫道：「建立在普通法的犯罪概念之上，即侵犯政府主權。當被告的單一行為侵犯了兩個人的『和平與尊嚴』時，透過違反各自的法律，他犯了兩種不同的『罪』。」在美國訴蘭扎（260 U.S. 377, 382, 43 S. Ct. 141, 67 L. Ed. 314, 1922）事件中認定，當一個人違反兩個不同州的法律而犯罪時，那麼這兩個州是否構成兩個不同的主權國家，或只是一個主權國家的問題，取決於州政府是否「從不同的權力來源獲得懲罰犯罪者的權力」。州政府提起刑事訴訟的「權力」來自單獨和獨立的權力和權威來源，這些權力和權威在加入聯邦之前最初屬於州政府，並由聯邦保留給州政府。憲法第5條修正案的二重危險條款並不禁止一個州起訴和懲罰某人已經在另一個州被定罪和判刑的行為。本案多數意見的結論是，被告違反了兩個不同州的法律，對每個州都犯下了單獨的罪行；因此，憲法禁止「因同一罪行」起訴或定罪的規定於此並不適用，而維持了原審對被告的定罪。

（八）在1990年代初的短短幾年裡，最高法院擴大了二重危險條款的適用，禁止對同一行為多重起訴，在格雷迪訴科爾賓（Grady v. Corbin, 495 U.S. 508, 1990）事件中，代表法庭意見的布倫南大法官表示，為了確定起訴所控犯罪的要件，政府必須證明構成該起訴的行為，二重危險條款即在禁止後續起訴被告已被檢控的罪行，以保護被告免受政府多次試圖因單一行為對他多次定罪。

本案被告科爾賓的汽車在紐約高速公路上撞上了迎面駛來的車輛，造成一人死亡、一人受傷，隨後他收到了兩張統一的交通罰單，指示他到鎮

法院出庭。其中一張罰單指控他酒後駕車，另一張罰單則指控他未能靠中間線右側行駛。當科爾賓在鎮法院對交通罰單認罪時，主審法官沒有被告知尚有涉及死亡事件或懸而未決的凶殺案在調查。隨後，大陪審團對科爾賓起訴，指控他犯有魯莽過失殺人罪、刑事過失殺人罪和三級魯莽攻擊罪。科爾賓以憲法二重危險等理由請求駁回起訴，但被縣法院駁回。隨後，他尋求禁止起訴令，亦遭到上訴庭的拒絕。然而，州上訴法院推翻了這一判決，認為州政府如果依靠先前的交通違法行為作為證明殺人和襲擊指控的必要行為，則第二次起訴將被禁止對第一次起訴的定罪。聯邦最高法院於本案持反對意見的史卡利亞大法官認為，二重危險條款保護個人**免於因同一罪刑，而非同一行為**受到第二次起訴，並認為本案無重複起訴。但三年後史卡利亞和本案的另外三名反對者及新任法官托馬斯（Clarence Thomas）加入的法庭意見推翻了1990年的裁決，認為兩種罪刑**包含不同的要素的話**，則允許多重起訴[47]。

（九）至1994年，聯邦最高法院則首次使用二重危險條款來取消稅收。該院以蒙大拿州對大麻及其他毒品以每盎司100美元徵收高額的稅金，並試圖對其中部一個種植大麻的牧場因毒品犯罪被起訴的家庭收取181,000美元具有懲罰性特徵的稅收，認為蒙大拿州對非法毒品徵稅是懲罰性的。大法官史蒂文斯代表的多數意見認為這項稅收稅率如此之高，只在刑事訴訟後才徵收，且是基於已經沒收和所銷毀的財產價值為徵收，明顯具有懲罰性的特徵，違反了憲法禁止多重處罰的規定。但倫奎斯特、奧康納、史卡利亞和托馬斯等人表示反對。

（十）兩年後的1996年，聯邦最高法院在沒收的民事訴訟中維持了已在刑事訴訟中被起訴的被告財產的扣押，該院將新事件美國訴烏瑟里（United States v. Ursery）與蒙大拿州事件加以區分，稱蒙大拿州的徵稅在功能上相當於對被告的連續刑事起訴。但於美國訴烏瑟里事件則認為，對物的**民事沒收，技術上針對某塊財產採取的行動**，並不構成二重危險目的的所謂懲罰（punishment），也不是刑事犯罪（United States v. Ursery, 518 U.S. 267, 1996）[48]。

47　Congressional Quarterly's Guide to the U.S. Supreme Court, 1997, p. 607.

48　Congressional Quarterly's Guide to the U.S. Supreme Court, 1997, p. 607.

第十一節　關於免受異常殘酷刑罰的保障

一、美國聯邦憲法第8條修正案雖規定在一切案件中，不得要求過重之保金，亦不得科處過重的罰金，或處以殘酷及逾常的刑罰（Excessive bail shall not be required, nor excessive fines imposed, nor cruel and unusual punishments inflicted.）。但何謂殘酷及異常的定義，從20世紀初以來即始終只按犯罪情節的輕重以比較衡量的方法作爲認定之標準。1910年的威姆斯訴美國（Weems v. United States）事件認爲，制定科處僞造可受公評公文書罪以15年重度勞役及其他數種制裁的法律，違反憲法第8條修正案（Weems v. United States, 217 U.S. 349, 1910）。1958年該院於特羅普訴杜勒斯（Trop v. Dulles）事件中，以判決撤銷軍事法院所爲戰時逃亡科處褫奪美國公民權之判決，認爲「剝奪國籍」（denationalization）乃第8條修正案保障在內的「文明化處罰原則」所禁止的殘酷及異常的刑罰（forbidden by the principle of civilized treatment guaranteed by the Eighth Amendment）。該案的華倫首席大法官認爲，憲法上所使用之「殘酷及異常」用語之正確範圍，尚無詳細的解釋，但作爲第8條修正案基礎的基本觀念，除了「人的尊嚴」（the dignity of man）別無其他。國家一方面有處罰權，另一方面則以第8條修正案文明化之規制來保證處罰權的行使，以罰金、拘禁，甚至死刑之執行對於極惡非道的犯罪行爲依次加以處罰固無不可，但除此等傳統刑罰以外，何種方法處罰在憲法上則有疑問。最高法院認爲第8條修正案的用語，本非精密的文字，該等用語含義之範圍並非不動之物（Trop v. Dulles, 356 U.S. 86 at 99-101, 1958）。

二、1947年聯邦最高法院在弗朗西斯訴雷斯韋伯（Francis v. Resweber）事件中，對被一度執行死刑但因機械故障未成之犯人弗朗西斯（Willie Francis），以第二度執行死刑爲違反第8條修正案「免受異常殘酷刑罰的保障」爲由提起之上訴作成判決，認爲因無法預見的事由妨害死刑之執行，並不可能對以後刑之執行加注殘酷。既無附加不必要苦楚的目的，也無包含計畫給予不必要苦楚的理由，科處上訴人痛苦、殘酷的程度，**並未達到剝奪法的正當程序所保障的程度，及公然被非難苦楚的水準**，而以五比四駁回其上訴。

三、1962年魯賓遜訴加利福尼亞州（Robinson v. California）事件中，該院首度對麻藥中毒中之被告科處徒刑之行爲認爲屬於不被容許的殘酷及異常刑

罰。代表多數法庭意見的史都華大法官稱：「任何州裡不會因有人罹患精神障礙、癲病或性病而認為屬於刑事上之犯罪吧！以現代人的知識對照加以思考，罹患此等疾病本身為刑事上犯罪的法律，一般普遍無疑會認為係違反第8條及第14條修正案科處殘酷及異常之刑罰吧！」（Robinson v. California, 370 U.S. 660 at 666-667, 1962）。

四、然而在1968年波威爾訴德克薩斯州（Powell v. Texas）事件中，同一個法庭成員卻以五比四駁回對在德州因為在公共場所酒醉被判有罪的被告波威爾（Leroy Powell）以德州的此項法律為科處殘酷及異常刑罰之法律為由提起之上訴。為該案法庭意見執筆的馬歇爾大法官稱，上訴人並非因慢性酒精中毒之身分而獲罪，而是因在公共場所於特定的機會下酒醉而判有罪，此與加州魯賓遜事件僅單純因身分而處罰者有別，本案並非試圖規範上訴人於家庭內隱私的活動，而係德州為上訴人在公共場所所為活動的刑事制裁，透過公共場所的活動，帶來上訴人及一般大眾雙方在安全衛生上實質有害之結果之故，換言之，其活動對共同社會的大多數人造成道義及美感的傷害有以致之。

五、綜觀美國聯邦最高法院於1968年至1978年間對於死刑判決的見解忽左忽右至為分歧，茲挑其顯著者介紹如下：

（一）1968年威瑟斯彭訴伊利諾州（Witherspoon v. Illinois, 391 U.S. 510, 1968）事件，聯邦最高法院認為各州不能將死刑反對者全員自死刑事件之陪審員中加以排除，否則即造成非共同社會之公正代表陪審團的結果。該案代表多數意見的史都華大法官所執筆的法庭意見稱，贊成死刑居少數的國家，以該論調者獨占地組成陪審團，並不能代表該共同社會之意見，同理，將死刑懷疑論者全員自陪審團中加以排除，該陪審團無疑是為少數人之意見所組成，伊利諾州為能科處死刑，異常地將對有意宣告死刑之陪審員提供予法庭，應非法所許可。

（二）1971年麥克高薩訴加利福尼亞（McGautha v. California）事件中，聯邦最高法院以六比三駁回死刑被告麥克高薩（McGautha）以違反法的正當程序為由提起之上訴，認為加州法律對特定被告科處死刑與否委由陪審團自由裁量之法律，並無違反憲法上開規定可言。大法官哈蘭代表的法庭意見認為，鑑於歷史、經驗和人類知識在建立明確標準方面的局限性，不能說在死刑案件中讓陪審團自由裁量決定生死的權力違反了憲法的任何規定。

（三）但僅一年之後，該院於福爾曼訴喬治亞州（Furman v. Georgia, Jackson v. Georgia, Branch v. Texas, 408 U.S. 238 at 305, 1972）事件裡，卻以五比四表示科處死刑的所有現存制定法為無效。多數意見認為，像喬治亞州及德州那樣的州法**對於科處窮極刑罰過於委由陪審團自由裁量，其結果會造成自由裁量權的行使成為反覆無常、放縱和怪異的（wanton and freakish）示範，此乃違反憲法第8條修正案禁止科處殘酷異常刑罰條款之規定。**多數意見中的道格拉斯法官認為：「在此等（允許判決死刑）法律下，不存在支配死刑選擇的基準，關係一位國民的生或死這樣重大的事情，受一人或12人反覆無常的心情所左右，……如此的制定法即含有差別，此一差別與『禁止殘酷和異常刑罰』所包含法的平等觀念要素難相一致。」布倫南大法官亦稱：「死刑乃異常嚴格地壓抑人性的刑罰，它存在恣意科處的強烈蓋然性。現代社會普遍排斥死刑。死刑與較不嚴厲的拘禁刑相比，並無理由可以相信更有助於刑罰目的，以是否合於人的尊嚴由法院來決定刑罰而言，死刑實際完全與人的尊嚴不合。」但持反對意見的伯格首席大法官卻稱：「如果立法機關懷疑死刑的功效的話，想要廢止死刑就可選擇廢止。如果立法機關沒有動作又未有可以說服的新證據的話，立法機關逆轉方向考慮到其正當的程度，自可維持原來的刑罰。事實審法官對於第8條修正案相關的決定，則無法站在如此柔軟又精密的區分加以應用。」（Furman v. Georgia, Jackson v. Georgia, Branch v. Texas, 408 U.S. 238 at 404, 1972）。

（四）**各州對死刑法律的因應及最高法院對死刑違憲看法的轉變**：由於受福爾曼訴喬治亞州事件的最高法院判決的影響，各州所定科處死刑的法律因為違憲而無效，因而開始一連串的研究因應之道，總共35州制定了新的「死刑法」，其中10州選擇對於一定犯罪非科處死刑不可的案件以裁量權的方法將死刑自判決中刪除。其餘25州分別作二階段程序（先決定有罪、無罪，其次對被認定有罪者決定科處死刑與否，於判決前設一程序允許提出證據）以之因應。聯邦最高法院終於在1976年對格雷格訴喬治亞州（Gregg v. Georgia）、普羅菲特訴佛羅里達州（Proffitt v. Florida）、朱雷克訴德克薩斯州（Jurek v. Texas）等數起事件裡拒絕對所有可能的情況下判決死刑的案件認為違憲。史都華大法官代表的多數意見認為，犯罪者故意奪人生命之場合，吾人不能說死刑為通常的謀殺罪和不均衡的刑罰。死刑乃窮極的制裁手段，是對窮凶極惡的犯罪最

適合的制裁方法（Gregg v. Georgia, 428 U.S. 153 at 187, 1976；Proffitt v. Florida, 428 U.S. 325, 1976；Jurek v. Texas, 428 U.S. 262, 1976）。又說：「吾人可以從該犯罪的情況、犯罪者的性格，及為求達到科處死刑判決所應遵循的程序如何，來判斷它並不是絕對不能科處的一種刑罰。」（Gregg v. Georgia, 428 U.S. 153 at 186-187, 1976）。

於此同時，該院對於喬治亞州、佛羅里達州、德克薩斯州及其他22州採取二階段程序科處死刑的法律亦認為合憲，史都華大法官對於福爾曼訴喬治亞州（Furman v. Georgia）事件以來存在的州法無效的盲點提出解釋稱，福爾曼（Furman）事件裡最高法院集中關心於擔心對被告作反覆無常及任性的、荒誕的科處死刑。該案訴訟程序面前擁有宣告死刑權限的人們對於犯罪的性質、情況及被告的前科並未授意加以注意，於此情況下陪審員只能以心血來潮的方式判處被告死刑。而新的刑之宣告程序與此相較，較能使陪審員集中注意於犯罪的具體性質及被告個人的具體特徵，除陪審員對於加重、減輕事由也能容許加以考慮之外，在陪審員被容許科處死刑以前，最少需認有一個制定法上的加重事由存在（這個限制總是根據立法機關的指導方針來決定），以此方法使陪審員行使的裁量權條理化，則陪審員即無法心血來潮任意下達死刑判決了（Gregg v. Georgia, 428 U.S. 153 at 206-207, 1976）！

（五）**強制唯一死刑的法律（mandatory death penalty）無效**：該院在上開判決的同一天（1976年7月2日），於伍德森訴北卡羅來納州（Woodson v. North Carolina）及羅伯特訴路易斯安那州（Roberts v. Louisiana）事件裡以五比四宣告，規定強制死刑的制定法乃在不熟知而放生的自由裁量權問題上貼上紙來修補的東西，在憲法上本就不足。其理由正是由於沒有給予考慮被告個人及特定犯罪餘地之故，如果拒絕承認各個犯罪者的性格、前科或特定犯罪之情況，又拒絕承認其重要性，則其中之一的程序正是帶來人類軟弱所由來的要素、將一面同情一面以此為由減輕的可能性，於考慮其擔負窮極死刑責任之際加以排除。吾人相信在死刑事件裡，作為第8條修正案基礎的「對人性基本尊敬」，乃科處死刑程序裡，憲法所不可或缺的一部，**將被告個人的性格、前科及特定情況加以考慮乃吾人的義務**（Woodson v. North Carolina 428 U.S. 280 at 304）。甚至在1978年洛克特訴俄亥俄州（Lockett v. Ohio）事件裡該院柏格首席大法官代表執筆的法庭意見，更以**決定應否科處死刑所可以考慮減**

輕的條件，限制過於嚴格爲由，認爲俄亥俄州的法律無效（Lockett v. Ohio, 438 U.S. 586, 1978）。

從此等判例可以看出，最高法院大法官對於國會立法權所爲違憲審查，仍有自己的基準，並非如早期的見解一般概尊重國會議員自行權衡時勢及公益作決定！此從各州於該院宣告唯一死刑之立法違憲後，採取之因應措施維持死刑之立法被最高法院嗣後的判決所接受即可知之。蓋立法規定唯一死刑實不若尚有其他刑罰可供選擇來得更具彈性，更能因應各種犯罪態樣給予犯罪者更適切的處罰；這未嘗不是最高法院在適用正當法律程序法則的經驗中所累積出來作爲一種轉變的契機。

（六）在1980年代至1990年代中，聯邦最高法院科處死刑以外的刑罰被認爲違反第8條修正案（殘酷刑罰）的規定者，例如魯梅爾訴埃斯特爾（Rummel v. Estelle, 445 U.S. 263, 1980）事件，依德州刑法第63條規定：「凡三次被判犯有低於死刑的重罪的人，在第三次被定罪時，應在監獄中終身監禁。」被告所犯三項罪刑被認爲相對輕微（欺詐性地使用信用卡獲取價值80美元的商品或服務、僞造了價值28.36美元的支票、以虛假手段取得120.75美元），1973年4月26日，初審法院對魯梅爾此等非暴力的犯罪卻判處無期徒刑，被認爲在制度上是殘酷和不尋常的處罰；同年該院裁定同意聯邦政府官員違反憲法第8條修正案時，受害人得對彼等起訴請求損害賠償（Carlson v. Green, 446 U.S. 14, 1980）。三年後的索勒姆訴赫姆（Solem v. Helm, 463 U.S. 277, 1983）事件中，鮑威爾大法官代表的法庭意見認爲，對犯了七次非暴力重罪的被告判處無期徒刑，且禁止假釋，對大多數人來說確實構成了殘酷不尋常的懲罰。這是該規定首次用第8條修正案來判斷監禁刑罰的輕重程度，然而至1991年聯邦最高法院透過哈梅林訴密西根州（Harmelin v. Michigan, 501 U.S. 957, 1991）事件，認對持有672克（23.70盎司）古柯鹼判處無期徒刑，且不得假釋〔按密西根州法規定，對持有超過650克（22.93盎司）古柯鹼毒品可處無期徒刑，且不得假釋〕，並不牴觸第8條修正案禁止殘酷和不尋常懲罰的規定[49]。

（七）**法默訴布倫南（Farmer v. Brennan, 511 U.S. 825, 1994）**事件：法默（Dee Farmer）是一名跨性別女性，1986年被判犯有信用卡詐欺罪，最

---

[49] Congressional Quarterly's Guide to the U.S. Supreme Court, 1997, p. 610.

初被關押在牛津聯邦懲教所，這是一所中等安全級別的男性聯邦監獄。1989年，法默被轉移到印第安納州特雷霍特美國監獄，這是一個安全級別較高的監獄，關押著「更麻煩的囚犯」。到達監獄後兩週內，法默在牢房內遭到另一名囚犯的毆打和性侵犯，而使她可能感染愛滋病毒。法默隨後在沒有律師的情況下向聯邦法院提起訴訟，指控她所在的兩所監獄的獄長和聯邦監獄局的其他官員侵犯了她第8條修正案的權利。她指出，監獄管理部門在將她轉移到有囚犯暴力史的一般男性監獄時故意漠視她的安全，因為知道她作為跨性別女性特別容易受到強姦。地方法院認為只有監獄官員「實際了解」潛在危險，未能防止囚犯襲擊才違反第8條修正案，但獄方缺乏這種了解，因為法默從未向他們表達過任何安全擔憂。第七巡迴上訴法院在一份簡短的備忘錄意見中確認了地方法院的意見，最高法院批准了法默根據第七巡迴法院裁決提出的調卷申請，以解決不同上訴法院之間關於評估官員「故意冷漠」的適當測試的分歧。最高法院以九比零的投票結果裁定，對囚犯受到重大傷害的風險「故意漠不關心」，可以使監獄官員根據第8條修正案承擔責任。第8條修正案要求監獄官員提供人道的監禁條件，包括提供「充足的食物、衣服、住所和醫療保健」，並採取「合理措施」確保囚犯安全。特別是，監獄官員有責任防止其他囚犯受到傷害。然而，為了證明侵犯憲法權利的行為，囚犯必須證明：1.有存在嚴重傷害的重大風險；以及2.監獄官員故意對囚犯的健康和安全漠不關心。也就是官員需認識存在可以推斷嚴重傷害的重大風險的事實，且必須得出該推斷。法默可以使用其他間接證據來證明官員知情，例如：獄警承認她在監獄中可能面臨「巨大的性壓力」。最高法院撤銷了上訴法院的判決，並將案件發回地方法院進一步審理以確認此事。雖然發回後該案的陪審團認為沒有足夠的證據證明法默受到性侵，但該案引起了人們對監獄中性侵犯（尤其是針對跨性別囚犯）的關注，也有助於刺激政策改變。九年後，國會通過了《2003年監獄強姦消除法案》（Prison Rape Elimination Act of 2003, PREA），並於2003年9月4日簽署成為法律。2012年，司法部宣布了實施此法案的法規，其中明確提到對法默案的跨性別者的具體保護。司法部解釋，對跨性別囚犯的安置決定必須根據具體情況作出判斷，且應考慮安置是否能夠確保囚犯的健康和安全，並認真考慮囚犯自己對自身安全的看法。

第十二節　關於民事之正當法律程序

一、與性別歧視相關

　　美國甘迺迪總統於競選時曾提出禁止基於種族、膚色、宗教、性別歧視的民權法案作為其競選政見，惟當選後未及推出即遭暗殺，詹森總統繼任後積極推動下乃有1964年《民權法案》（Civil Rights Act of 1964）的誕生（1964年7月2日頒布），是美國具有里程碑意義的民權和勞動法，該法禁止基於種族、膚色、宗教、性別和國籍的歧視，也禁止不平等地適用選民登記要求、學校和公共設施中的種族隔離以及就業歧視。

　　博斯托克（Gerald Bostock）為亞特蘭大都會區克萊頓縣的一名僱員，自2003年起擔任該縣少年法庭系統的官員，多年來有著良好的表現。2013年初，他加入了同性戀壘球聯盟，並在工作中宣傳志願服務。2013年4月，克萊頓縣對博斯托克控制的資金進行了審計，並以「行為不適合縣僱員」為由解僱了他。喬治亞州當時沒有法律保護LGBT〔女同性戀者（Lesbian）、男同性戀者（Gay）、雙性戀者（Bisexual）與跨性別者（Transgender）的英文首字母縮略字〕人群免受就業歧視。下級法院遵循第十一巡迴法院過去的先例，即1964年民權法案的第七章不涵蓋基於性取向的就業歧視，而駁回了原告博斯托克的起訴。於是原告向第二巡迴上訴法院提起上訴，該案因與另一件因性取向歧視的高空快車公司訴札爾達（Altitude Express, Inc. v. Zarda）事件相類似，而被該院合併審理，惟卻增加了巡迴法院意見的分歧，而於2019年10月8日與哈里斯殯儀館公司訴平等就業機會委員會（RG & GR Harris Funeral Homes Inc. v. Equal Employment Opportunity Commission）事件一起進行口頭辯論，這是與跨性別者相關的第七章歧視的類似問題。究竟該法案的第七章的保護是否涵蓋基於性取向的就業歧視，乃成為爭議的焦點[50]。

　　2020年6月15日，**最高法院以六比三的投票結果涵蓋所有三個案件，裁定基於性取向或性別認同的歧視，也必然是第七章所禁止的「因性別」的歧視。**根據戈蘇奇法官（Neil McGill Gorsuch）代表的多數意見稱，這是因為雇主歧

---

[50] 1964年民權法案是美國在民權和勞動法上的標誌性立法，其第七章規定任何雇主不得因為某人的種族、性別、年齡、膚色、國籍而拒絕僱傭或將其解僱，包括「性騷擾」（sexual harassment）行為，或在酬勞及其他就業條件方面對其歧視，否則被歧視者有權在聯邦法院中對其發起民事起訴，要求賠償。

視同性戀或跨性別僱員，接受一種性別僱員的某種行為（例如：對女性的吸引力），但不接受另一種性別僱員的某種行為而產生的差別待遇，而為該法所禁止。

該裁決與勞倫斯訴德克薩斯州（Lawrence v. Texas, 2003）事件和奧伯格菲爾訴霍奇斯（Obergefell v. Hodges, 2015）事件一起被譽為美國有關LGBT權利的最重要的法律裁決之一，許多法律分析人士因本案將戈蘇奇法官歸類為法定解釋中的文本主義者。

二、與年齡歧視相關

1990年修正通過的《反就業年齡歧視法案》（Age Discrimination in Employment Act, ADEA）被認為係對1964年民權法案第七章的一項補充，將該法擴大到年齡歧視方面，禁止對40歲以上的人以年齡為由加以就業歧視。同年又制定公布《身心障礙公民法案》（Americans with Disabilities Act of 1990）保護身心障礙者在公共服務、就業，以及公共場所出入便利等方面不受歧視。此外，近年來許多州並陸續通過有關「偏見（仇視）罪」（Bias or Hate Crime）的法律，以保障人民平等就業的機會，其依據的基本法除憲法第14條修正案及民權法案的平等法律保護（Equal Protection of Law）條款之外，就是所謂的正當法律程序條款之規定，據學者觀察，該等立法雖然涉及的範圍很廣，從選舉權、財產權到就業、住房、政府提供的福利補貼、服務設施等許多方面都包括在內，但並非任何一種歧視行為的受害者都可以直接訴諸法院。如果某一歧視行為本身並不構成民法的侵權行為，但違反了聯邦或州的某項民權法律，那麼除非該法律明確規定受害人有權直接向法院提告加害人，否則只能經由政府向此人或機構起訴[51]。

三、與僱傭程序相關

（一）第14條修正案並不要求在不續簽非終身制公立教師合約之前有舉行聽證會的機會，除非當事人能夠證明不續簽剝奪了他的自由權，或儘管沒有任期或正式契約，但他在繼續就業方面擁有財產權益。

51　林曉雲，發表於網路之〈美國民權簡介〉一文，2003年11月24日。

（二）州立大學董事會訴羅斯（Board of Regents of State Colleges v. Roth, 408 U.S. 564, 1972）事件，是美國最高法院就涉嫌歧視威斯康辛州立大學奧什科什分校一名非終身教師作成裁決的案件。

1. 1968年，羅斯（David Roth）被聘爲政治學第一年助理教授，固定任期一年，經雙方同意可延長任期。根據董事會制定的程序規則，大學校長通知羅斯他在下一學年不會被重新聘用，沒有給他作出這一決定的理由，也沒有機會給他在任何形式的聽證會上質疑這一決定。該委員會的僱傭規則只提供對僱用期限結束前被「解僱」的教師進行審查的機會，但並未將這些保護擴大到合約未續約的教師。

2. 羅斯向聯邦地方法院提起訴訟，聲稱他因發表批評大學管理的言論而受到懲罰。他表示，不重新僱用他的決定侵犯了他的第1條修正案言論自由權。他還聲稱，大學未能提供聽證會侵犯了他根據第14條修正案享有的正當法律程序權利。因此究竟僱傭契約到期不續聘的受僱人，校方有無提供不續聘聽證會予受僱人的必要，成爲雙方爭議的焦點。

3. 最高法院在史都華大法官代表的多數意見中，即以首揭的理由認爲，第14條修正案並不要求在不續簽非終身制公立教師合約之前，需提供受僱者舉行聽證會的機會，除非他能夠證明不續簽剝奪了他的「自由」權益；或儘管沒有任期或正式契約，但他在繼續就業方面擁有「財產」利益，而駁回羅斯的上訴。

（三）反之，公立學校職員在僱傭合約的有效期內，**除非根據憲法規定的正當程序**，給予被解僱者機會在被解僱之前回應對他的指控，**否則不得剝奪受僱人既存的某些實體權利**。

1. 克利夫蘭教育委員會僱用的一名保安勞德米爾（Loudermill），因未能在申請工作時揭示先前因重大盜竊罪被判重罪而被解僱，勞德米爾於是向克利夫蘭公務員委員會提出申訴，該委員會指定了一名裁判，該裁判於1981年1月29日舉行了聽證會。勞德米爾辯稱，他認爲1968年的竊盜罪定罪是輕罪而不是重罪，裁判建議恢復，但委員會全體成員聽取論點後，口頭宣布維持駁回決定，並於8月10日提出了事實調查結果和法律結論，8月21日透過電子郵件將結果告知勞德米爾的律師。儘管委員會的決定需要在州法院進行複審，但勞德米爾還是向美國俄亥俄州北區地方法院提起訴訟。勞德米爾聲稱，俄亥俄州法規從文字及適用上看均屬違憲，因爲它沒有爲被解僱者提供機會在被解僱之前回應對他的指控，

也沒有得到及時的解僱後聽證會，從而未經正當程序剝奪了他的自由和財產，但地方法院僅以勞德米爾未能說明可以給予救濟的索賠為由駁回其訴。

2. 經上訴到聯邦最高法院則認為，解僱前聽證會應該是對錯誤決定的初步檢查，本質上（其作用）是確定是否有合理的理由，相信對僱員的指控是真實的，並支持擬議的行動。由於所有到期的程序及回應的機會，依俄亥俄州法規定均由終止後的行政程序提供，而上訴人聲稱他沒有機會回應，依據美國憲法的正當程序條款規定，**除非根據憲法規定的正當程序，否則不得剝奪某些實體權利**。地方法院卻以上訴人未能提出索賠的申訴為由，迴避了上訴人對聽證會程序的要求（旨在未能給予上訴人了解解僱之理由及申辯的機會），錯誤地駁回了上訴（Cleveland Board of Education v. Loudermill, 470 U.S. 532, 1985）。

四、關於家暴事件隔離限制令之執行

城堡岩鎮訴岡薩雷斯（Castle Rock v. Gonzales）事件中，岡薩雷斯（Jessica Gonzales）因為家暴離婚事件獲得法院裁定准許，除探視時間以外將其丈夫西蒙限制在100碼外不得接近其妻及小孩，然而西蒙違反禁令帶走三名女兒，經岡薩雷斯報案後警察未有行動。事後西蒙出現在警局前與警察發生槍戰身亡，警察在西蒙車上發現三名女兒於西蒙到警局之前即已死亡。於是岡薩雷斯在美國科羅拉多地區法院對科羅拉多州城堡岩鎮及其警察局，以及與之交談過的三名警察提起訴訟，惟均被駁回，岡薩雷斯乃向科羅拉多州丹佛市第十巡迴上訴法院提出上訴。該法院初審駁回了岡薩雷斯的實質性正當程序主張，但發現有程序性正當程序問題而移送複審，結果仍然得出同樣的結論，並且還確認了這三名官員具有合格的豁免權，因此裁定不起訴。經上訴聯邦最高法院以七比二多數意見推翻了第十巡迴法院的裁決，恢復了地區法院的駁回令，認為根據科羅拉多州法律，限制令的執行不是強制性的；縱然存在強制執行的授權，也不會創造個人的強制執行權，根據州立大學董事會訴羅斯（Board of Regents of State Colleges v. Roth）事件的先例（如本節第三部分所舉），該權利可以被視為受保護的權利；**即使受保護的個人有權執行限制令，這種權利也沒有貨幣價值，因此不能算作正當程序條款的財產權而受到保護**。

舒特大法官寫了一份同意意見，理由是**限制令的執行是一個程序，而不**

是該程序所保護的利益，沒有理由對程序亦加以保護的必要（Enforcement of a restraining order is a process, not the interest protected by the process, and that there is not due process protection for processes.）（Castle Rock v. Gonzales, 545 U.S. 748, 2005）。此案公布後受到很多人權團體的批評，於2011年提交美洲人權委員會（Inter-American Commission on Human Rights, IACHR）[52]，該委員會發現「國家未能盡職盡責地保護岡薩雷斯和她的女兒免受家庭暴力，違反了法律面前的平等保護及不歧視的義務」，並表示：「美國未能充分組織其國家結構來保護岡薩雷斯的女孩免受家庭暴力，這是歧視性的，也構成了對她們生命權的侵犯。」

五、關於同性戀、同性婚姻的合憲性

（一）美國同性性行為在其歷史上曾經屬於違法犯罪行為，隨著時代的演變，1992年伊利諾州首先將之除罪化，直至2003年之前，總共有27個州、哥倫比亞特區，以及其他四個領地（territories）都已經通過立法廢止處罰，九個州根據法院判決推翻或廢止處罰的法律。四個州仍有禁止同性性行為的法律；10個州、波多黎各和美國軍方仍然有對所有性別通用的法律。2003年藉由勞倫斯訴德克薩斯州（Lawrence v. Texas, 539 U.S. 558, 2003）事件，最高法院以六比三否決了德克薩斯州的判決，表示私人的合意性行為受到「自由權利」的保護，這個自由權利隱含於美國憲法的正當程序條款（due process clause）之中，宣布各州政府不得禁止成年人間自願進行的同性性行為。這個決定影響所及，所有應用於非商業性質的、發生在私人場所的、兩個自願的成年人之間同性性行為即不違法。所有關於處罰此等行為的刑罰即為無效，於是同性戀在美國正式全國除罪化。

（二）繼同性戀除罪化之後，同性婚姻的合法化亦在美國風起雲湧、各地開花，據統計，在2015年以前，同性婚姻已經在36個州、哥倫比亞特區和關島經由法規、法院裁決或選民倡議建立。2012年1月至2014年2月間，密西根州、俄亥俄州、肯塔基州和田納西州的原告向聯邦地方法院提起

---

52 該委員會由美洲國家組織成員的代表組成，美國是正式成員，曾批准了章程文件，對美國而言乃為一項條約而受拘束。

訴訟，在所有地方法院都對原告作出裁決後，這些裁決被上訴到第六巡迴法院。2014年11月，繼當年第四巡迴、第七巡迴、第九巡迴和第十巡迴上訴法院作出一系列州級禁止同性婚姻違憲的裁決後，由於第六巡迴法院仍受貝克訴尼爾遜（Jack Baker v. Nelson）事件（按1971年明尼蘇達州最高法院判定該州禁止同性婚姻的法律沒有違憲，1972年聯邦最高法院駁回該案的上訴確定）的約束，並發現此類禁令符合憲法，以致在巡迴法院之間造成了分歧，聯邦最高法院於是進行審查，於2015年6月26日，透過奧貝格費爾訴霍奇斯（Obergefell v. Hodges）事件，以五比四統一了上開分歧，裁定基於憲法權利條款第14條修正案的正當程序條款和平等保護條款之規定，同性伴侶結婚應受保護，各州不得立法禁止，並要求各州向同性伴侶頒發結婚證，以及承認在其他司法管轄區有效履行同性婚姻，也要求所有50個州、哥倫比亞特區和島嶼地區以與異性婚姻相同的條款和條件履行和承認同性婚姻，以及所有附帶的權利和責任，從此在美國及其領土上確立了同性婚姻。

六、關於子女監護的問題

（一）2000年特羅克塞爾訴格蘭維爾（Troxel v. Granville, 530 U.S. 57, 2000）事件

格蘭維爾（Tommie Granville）和特羅克塞爾（Brad Troxel）育有兩個女兒。他們分手後，這位父親特羅克塞爾與父母同住，並定期帶女兒去父母家度過週末。特羅克塞爾於1993年5月去世，同年10月，格蘭維爾通知其父母，希望將探視次數限制在每月一次，其等於是向當地法院聲請獲得孫女更多的探視權。華盛頓高等法院判決祖父母每月有一個週末，夏季有一周可以探視，並且在祖父母的生日那天有四個小時的探視時間。格蘭維爾提出上訴，華盛頓上訴法院推翻了下級法院的裁決，駁回了祖父母的請求，認為限制非父母探視符合「父母在照顧、監護和管理子女方面的基本自由利益」（parents' fundamental liberty interest in the care, custody, and management of their children），案件經聯邦最高法院駁回特羅克塞爾父母的上訴而告確定。多數意見認為，父母作出關於子女教養的選擇，屬於組織家庭權利的一環（are among associational rights），受到憲法第14條修正案的保護，反對國家無端篡奪、漠視或不尊

重。國家沒有理由將自己注入家庭的私人領域，以進一步質疑合適的父母爲孩子作出最佳決定的能力，華盛頓高等法院的探視令違憲，並侵犯了格蘭維爾爲其孩子的最佳利益作決定的權利。

（二）雷諾訴弗洛雷斯（Reno v. Flores, 507 U.S. 292, 1993）事件

此爲美國最高法院處理的無人陪伴未成年人的拘留和釋放案件。1985年，來自薩爾瓦多的無人陪伴的15歲女孩弗洛雷斯（Jenny Lisette Flores）在試圖非法越過美墨邊境後被移民歸化局（INS）逮捕。無人陪伴的未成年人被帶到拘留所，在那裡她被關押在男女成年人之間，每天接受脫衣搜身，並被告知她只會被釋放給她的父母看管，1985年7月11日，人權和憲法法律中心及其他兩個組織質疑美國司法部對青少年拘留的條件，代表弗洛雷斯和所有被移民歸化局關押在美國西域（the western region of the United States）的未成年人提起訴訟，並聲稱「被告關於拘留和釋放無人陪伴的未成年人的政策、做法和規定在西部地區被移民歸化局監管」是違憲的。案件上訴到最高法院，裁定移民歸化局關於釋放無人陪伴的外國未成年人的規定，並未違反美國憲法的正當程序條款。該院認爲，因涉嫌被驅逐出境而被拘留的外籍少年只能被釋放給父母、法定監護人或其他相關成年人。

七、關於訴前扣押財產之問題

（一）即使政府只是暫時剝奪個人的財產，正當程序也要求通知和表達意見的機會。

1. 有條件銷售合約下的家庭用品購買者，他們對佛羅里達州法律（第70-5039號）和賓州法律（第70-5138號）的預判補充條款的合憲性提出質疑。這些規定允許私人當事人無需舉行聽證會或事先通知另一方，即可透過單方面簡易程序取得「預判令狀」，向法院書記官提出申請，並繳納相當於被扣押財產價值雙倍的保證金，即可請求治安官執行扣押財產的令狀。根據佛羅里達州法規，扣押財產的官員必須將其保留三天。在此期間，被告可以透過繳納財產價值雙倍的保證金來收回占有，否則財產將被轉交給令狀的申請人，直到相關收回訴訟的最終判決。在賓州，申請人無需發起收回訴訟或聲稱對該財產的合法權利，只需提交「財產

價值宣誓書」即可；並確保扣押後聽證會，因補遺而失去財產的一方，必須自行提起訴訟以追回財產；也可在扣押後三天內提交自己的反擔保，以重新獲得所有權。

2. 聯邦最高法院在富恩特斯夫人訴謝文（Fuentes v. Shevin, 407 U.S. 67, 1972）事件作成解釋，宣稱一個多世紀以來，程序性正當程序的核心含義一直很明確：「**權利受到影響的當事人有權表達意見；為了讓他們享有這項權利，必須首先通知他們。**」同樣重要的是，「必須在有意義的時間以有意義的方式授予」通知權和表達意見的機會，但佛羅里達州和賓州的法規都沒有規定在扣押之前發出通知或聽取意見的機會。憲法規定的表達意見權是政府在採取剝奪某人財產的行為時遵循公平決策程序義務的基本面向，這項要求的目的不是只為了確保對個人的抽象公平競爭。更具體地說，其目的是保護個人對財產的使用和占有免遭任意侵犯，從而最大限度地減少對財產的實質上不公平或錯誤的剝奪。上訴人根據有條件銷售合約獲得了繼續占有和使用貨物的利益，為了立即占有，同意支付除商品基本價格之外的一大筆融資費用。此外，當貨物被收回時，他們已經支付了大量的分期付款。顯然，他們對貨物的所有權權益是以高價購買並受合約保護的，卻因上開規定的程序被剝奪。當然，他們繼續擁有的最終權利是有爭議的。如果在聽證會上證明上訴人未能履行其合約義務，那麼貨物的賣方很可能有權收回貨物。但即使假設上訴人拖欠了分期付款，並且他們沒有其他有效的抗辯，在這裡也是無關緊要的。**聽取意見的權利並不取決於預先表明某人一定會在聽證會上獲勝**，無論關於繼續占有和使用貨物的合約權利之聽證會最終結果如何，援引第14條修正案的程序保障就足夠了，因為當事人沒有對案情進行充分的辯護，以援引正當程序條款的保護。足以證明對於權利受影響的當事人如果沒有給予表達意見的機會，即不符合正當程序的要求而違法。

（二）**政府在最初終止人民的福利和等待審查之前，為確定行政程序符合憲法的基本要求，需權衡個人保留其財產的利益，及官方行動可能造成的傷害、所使用的程序出現錯誤的風險，有無降低風險之替代方案及其代價、額外程序的成本及負擔，與政府在簡化程序中的利益等項目。**

1. 康乃狄克州法規（Connecticut General Statutes）第52-278e(a)(1)條規定，在提起民事訴訟時，原告可以要求法官扣押被告擁有的任何不動

產，使其無法出售或設定抵押，以確保原告訴訟後獲得執行。該法僅要求原告提交「驗證」（相當於宣誓書），說明維持其索賠有效性的可能理由，沒有要求事先向被告提供扣押通知、在扣押財產之前舉行任何聽證會，以及提出財產與訴訟標的物有任何關係，或顯示任何不尋常或特殊情況。1988年，迪喬瓦尼（John F. DiGiovanni）在康乃狄克州高等法院起訴多爾（Brian K. Doehr），要求賠償75,000美元。迪喬瓦尼提出要求扣押多爾的不動產，並提交了一份五句話的宣誓書，認爲他的主張有充分的依據。法官下令扣押，直到警長徵收扣押金後，多爾才收到訴訟程序通知。該通知告知多爾，如果他願意，他可以要求舉行扣押後聽證會。多爾向美國康乃狄克州地方法院提起聯邦申訴，認爲康乃狄克州判決前扣押程序侵犯了他的憲法權利，即正當程序權利。地方法院維持了該法規，但美國第二巡迴上訴法院推翻了該法規，認爲該法規違憲，因爲其在沒有證明特殊情況，且沒有舉行聽證會的情況下授權單方面扣押。

2. 康乃狄克州和迪喬瓦尼向美國最高法院尋求復審，最高法院懷特大法官宣讀了法院的意見（法院對案件結果以及意見的第一部分和第三部分達成一致的意見），認爲康乃狄克州判決前扣押程序的合憲性，必須透過馬修斯訴埃爾德里奇（Mathews v. Eldridge, 1976）事件中正當程序索賠的平衡測試來判斷。

關於聯邦最高法院1976年馬修斯訴埃爾德里奇事件的判例，乃要求政府在最初終止人民的福利和等待審查之前，爲確定行政程序符合憲法的基本要求，需要考慮包括：(1)可以取得的利益及可能造成的傷害；(2)出現錯誤的風險、替代程序的代價；(3)降低錯誤風險的額外程序與其成本和行政負擔，以及政府在簡化程序裁決中的利益等三個因素（詳如後述第十三節第一部分所舉最高法院關於本案之說明）。

3. 最高法院的意見又稱：康乃狄克州的法律造成了錯誤剝奪財產的巨大風險，無法經得起馬修斯案的審查。雖然扣押被告的不動產並沒有剝奪他們對該財產的使用權，正當程序還要求獲得扣押的原告必須爲被告可能遭受的損害提供保證金，但是，在徵收扣押之前，沒有向被告發出關於擬議扣押的通知，也沒有舉行扣押前聽證會（儘管原告的敷衍核實可能爲法官提供了少許的資訊）。加之沒有深入了解原告主張的有效性、沒有要求主張的標的物與所扣押的不動產有關，也沒有要求原告說明有特

殊情況,例如:被告試圖逃避支付任何可能作出的判決(the defendant was seeking to evade payment of any judgment that might be awarded),因此認爲有違憲法要求的正當程序(Connecticut v. Doehr, 501 U.S. 1, 1991)。

(三) **扣押前事先通知和聽證會的權利是憲法規定正當程序的核心。**

1985年1月31日,夏威夷警察對原告古德(James Daniel Good)的家執行了搜查令。搜查行動中發現了約89磅大麻、大麻種子、裝有大麻油的小瓶子以及吸毒用具。大約六個月後,古德承認銷售二級有害藥物,違反了夏威夷法律,被判處一年監禁和五年緩刑,併罰款1,000美元,古德還被要求將在該場所發現的3,187美元現金上繳給州政府。四年半後,美國向聯邦地方法院提起對物訴訟,要求沒收他的財產、房屋和土地,理由是依《美國法典》第二十一章第881(a)(7)條規定,該財產已被用於實施或協助實施聯邦毒品犯罪而須被沒收。

政府於1989年8月21日沒收了該等財產,未事先通知古德或舉行對手聽證會。被扣押時,古德將自己的房屋以每月900美元的價格出租給第三人,政府允許承租戶根據入住協議留在該處所,但指示向美國政府支付未來的租金。古德提出了財產索賠,並對政府投訴作出答覆,他聲稱,沒收行動未經正當法律程序就剝奪了他的財產,而且沒收行動無效,因爲沒有根據法規及時啓動。但地方法院批准了政府申請的簡易判決,並下達了沒收財產的命令;第九巡迴上訴法院部分維持原判,部分推翻,發回進一步審理。最高法院甘迺迪大法官代表的多數意見(五比四)認爲,在沒有事先通知和聽證會的情況下扣押古德的財產,違反了正當程序條款。政府認爲,當出於沒收目的而扣押財產時,只須遵守第4條修正案即爲已足,且根據毒品沒收法扣押不動產,證明了可以例外不適用扣押前通知和聽證會的通常程序。當財產被扣押並沒收時,第4條修正案規定了第5條修正案規定的全部程序。但法院認爲,政府在本案中採取的行動的目的和效果超出了傳統意義上的搜索或扣押。在這裡,政府扣押財產不是爲了保留不當行爲的證據,而是爲了維護對財產本身的所有權和控制權。我們過去的案例證明,造成這種後果的政府行爲必須遵守第5條修正案和第14條修正案的正當程序條款。我們在卡萊羅—托萊多訴皮爾森遊艇公司(Calero-Toledo v. Pearson Yacht Leasing Co.)事件中分析的核心事實是,遊艇是一種「如果事先發出沒收警告,就可以

被轉移到另一個司法管轄區、銷毀或隱藏的『財產』」，所有者可以輕易地斷喪政府在可沒收財產中的利益，因此特別需要迅速採取行動，這證明將通知和聽證會推遲到扣押之後是合理的。相反地，本案並無類似情形，**事先通知和聽證會的權利是憲法規定正當程序的核心**。這項要求的目的不僅是確保對個人的抽象公平競爭，更具體地說，其目的是保護個人對財產的使用和占有免遭任意侵犯——最大限度地減少對財產的實質性不公平或錯誤剝奪。我們容忍要求某些免除事前通知和聽證會的例外情況，但僅限於「某些有效的政府利益受到威脅，有理由將聽證會推遲到事發之後」的特殊情況。政府在沒收程序開始時的合法利益是確保在沒收判決之前財產不會被出售、銷毀或用於進一步的非法活動，但這些合法利益可以在不扣押標的財產的情況下得到保障。比如在沒收程序開始時，透過州法律授權的待決通知來阻止財產的出售；又如有證據表明業主在被告知未決訴訟後可能會毀壞其財產，政府可以在地區法院適當出示後獲得單方面限制令或其他適當的救濟。因此，在通常情況下，除了扣押之外，政府有多種手段來保護其在可沒收的不動產中的合法利益。在沒有事先發出通知和對手聽證會的情況下，沒有理由採取額外的步驟來主張對財產的控制（United Stated v. James Daniel Good Real Property, 510 U.S. 43, 1993）。

第十三節　關於行政之正當法律程序

一、與福利事務相關

（一）戈德堡訴凱利（Goldberg v. Kelly, 397 U.S. 254, 1970）事件，係紐約市南區居民凱利等在撫養子女的家庭計畫及在紐約州的一般家庭救濟計畫接受經濟援助，由於管理這些計畫的官員終止此一計畫前未事先通知並且舉行聽證會，認為剝奪了他們正當的法律程序而向地方法院起訴。地方法院認為，只有終止前的證據聽證會才能符合憲法的要求。該院經地方政府上訴到聯邦最高法院，最高法院裁定認為，福利是有資格領取者的法定權利，失去福利的個人有權在公正的決策者面前進行口頭聽證

會、有權與證人對質和詰問，並有權獲得書面陳述，說明所依賴的證據和決策的法律依據。依據美國憲法第14條修正案的正當程序條款，終止前的證據聽證會對於爲福利接受者提供程序上的正當程序是必要的。

（二）六年後該院在馬修斯訴埃爾德里奇（Matthews v. Eldridge, 424 U.S. 319, at 347-349, 1976）事件中，裁定雖認爲個人在社會保障福利中擁有法定授予的財產權，此類福利的終止涉及**正當程序**，但不需要終止前聽證會。該院認爲，在最初終止福利和等待審查之前，確定行政程序是否符合憲法，需要考慮三個因素：

1. 個人保留其財產的利益和受到官方行動可能造成的傷害。
2. 所使用的程序出現錯誤的風險爲何、如有附加或替代程序保障措施可能的代價有多高，以及需要多少額外程序方有助於降低錯誤風險。
3. 額外程序的成本和行政負擔，以及政府在高效及簡化程序裁決中的利益。

然而，在權衡了這三個因素之後，法院裁定現有的行政程序符合憲法，並認爲終止社會保障福利不需要提前舉行聽證會。

二、與吊銷駕照相關

在貝爾訴博森（Bell v. Burson, 402 U.S. 535, 1971）事件中顯示，依《喬治亞州的機動車輛安全責任法》（Georgia's Motor Vehicle Safety Responsibility Act）規定，發生事故的未投保駕駛者的註冊和駕照應被暫停，除非他提供擔保以彌補事故報告中聲稱的損失，且暫停之前舉行的行政聽證會應排除任何有關事故過錯或責任的證據。該州一名牧師的汽車被騎乘自行車的五歲孩子撞到，在行政聽證會上，該牧師被禁止提供任何證據證明他對這起事故沒有過錯，或者如果他吊銷執照，他的部門將受到嚴重阻礙。原告主張，該州的上開法律在吊銷許可證之前未能就他的過失或責任問題提供聽證會，亦即拒絕了他的正當程序要求，違反了第14條修正案，但被喬治亞州上訴法院駁回，並認爲過失或無罪與本案完全無關。喬治亞州最高法院拒絕複審，於是原告向聯邦最高法院提起上訴。最高法院布倫南大法官代表宣讀的法庭意見認爲，一旦頒發了許可證，就像申請人的狀況一樣，繼續擁有許可證可能對追求生計至關重要。因此，**暫停頒發的許可證涉及國家採取行爲裁定被許可人的重要利益。在這種情況下，未經第14條修正案要求的正當程序，不得收回許可證。**由於法定

制度使責任成爲國家決定剝奪個人執照的一個重要因素，**國家不得按照正當程序在事先聽證中消除對該因素的考慮**。即使在宣布暫停後，責任免除或非責任裁決也將解除暫停。除了緊急情況（本案不是緊急情況）正當程序要求，當國家尋求終止此類利益時，必須在終止生效之前提供「適合案件性質的通知和聽證機會」而將案件發回原審法院重審。

三、校內禁止宗教儀式的活動

阿拉巴馬州的一項法律授權教師每天上學日開始時留出一分鐘用於「冥想或自願祈禱」。賈夫弗里（Ishmael Jaffree）是阿拉巴馬州莫比爾縣的美國公民，也是在莫比爾縣公立學校系統就讀的三名學生的家長。他最小的孩子因爲拒絕祈禱而被同齡人取笑，另外兩個孩子遭受了各種宗教灌輸行爲，老師每天帶領班級齊聲念誦某些祈禱文；由於不參加祈禱，他的未成年子女受到了同齡人的排斥；賈夫弗里曾多次要求停止祈禱，但沒有成功。

1982年5月28日，賈夫弗里提起訴訟，將莫比爾縣學校董事會及多名學校官員和三名教師列爲被告，聲稱學校的此一活動違反了聯邦憲法第14條修正案適用於各州的第1條修正案。賈夫弗里尋求宣告性判決和禁令，以限制被告「在莫比爾縣公立學校，維持或允許維持定期宗教祈禱服務，或其他形式的宗教儀式」，該案最初的投訴沒有提到具體的法規，但經查該案涉及阿拉巴馬州公立學校的三項規定，包括：第1項（1978年）規定默哀一分鐘；第2項（1981年）增加了自願祈禱的選擇；第3項（1982年）授權教師與「自願的學生」一起背誦祈禱文。阿拉巴馬州南區地方法院作出了對被告有利的裁決，並維持了所有三項規定。第十一巡迴上訴法院也維持了1978年的規定，但推翻了1981年和1982年的規定，認爲州法律的這些規定違憲。

最後聯邦最高法院於華萊士訴賈夫弗里（Wallace v. Jaffree, 472 U.S. 38, 1985）事件以六比三裁定阿拉巴馬州該項關於1981年和1982年的法律違反美國憲法，但維持了1978年允許阿拉巴馬州公立學校默哀一分鐘的法律。史蒂文斯大法官代表撰寫的法庭意見首先指出，幾個州沒有比美國國會更大的權力來限制受第1條修正案保護的個人自由，第1條修正案的通過是爲了限制國會干涉個人信仰、崇拜和按照自己良心的要求表達自己自由的權利，第1條修正案要求，如果一項法規完全出於促進宗教的目的，則該法規必須無效。從紀錄顯示，阿拉巴馬州（1981年、1982年）通過的法律「並非出於任何明顯的世俗目

的」，由於該法律背後沒有世俗目的，僅擴大了之前已經允許冥想的法律，「唯一目的是表達州政府認可在每個上學日開始時進行一分鐘的祈禱活動。而這樣的認可並不符合政府必須對宗教採取完全中立態度的既定原則」，因此該院維持了有利於賈夫弗里的第十一巡迴法院的裁決。

四、關於非法移民居留的問題

（一）札提德士訴戴維斯（Zadvydas v. Davis, 533 U.S. 678, 2001）事件是美國最高法院關於移民判決的案件。札提德士（Kestutis Zadvydas）是美國的外籍居民，根據他的犯罪紀錄，他於1994年被下令驅逐出境。札提德士出生於德國，父母是立陶宛人，但他不是這兩個國家的公民，因此該二國也不會接受他。根據聯邦法律，一旦某人被命令驅逐出境，美國司法部長必須拘留他們，並在90天內完成驅逐出境。然而，總檢察長聲稱，如果逾期仍未完成驅逐出境，則拘留期可以無限期延長，直到該人被驅逐出境為止。1995年9月，在立陶宛和德國拒絕接受札提德士之後，他向美國地方法院提交了人身保護令狀的請願書。1996年，移民歸化局以其妻子有多明尼加公民身分為由，要求多明尼加共和國接受札提德士，但沒有成功。1997年10月，地方法院批准了該令狀，並命令他在監督下獲釋。政府提出上訴，第五巡迴上訴法院推翻了地方法院釋放的決定。

在此期間，另一起外籍居民被驅逐的案件被第九巡迴上訴法院裁定認可地方法院釋放被驅逐者的決定，該案的被驅逐者金何馬（Kim Ho Ma）是柬埔寨人，早先以難民身分獲得了美國的合法永久居民身分。金何馬在17歲時被判過失致死罪，並被驅逐出境。柬埔寨與美國沒有條約，因此不會接受金何馬，其因而被移民歸化局拘留了三年。1999年，金何馬向美國地方法院提交了人身保護令狀的請願書，該法院的一個由五名法官組成的合議庭將金何馬的案件與其他大約100起案件聯繫起來，下令將其釋放。政府提出上訴，第九巡迴上訴法院支持地方法院釋放的決定（Ma v. Reno, 208 F. 3d 815 9th Cir., 2000）。

第五巡迴上訴法院的札提德士事件和金何馬事件中的政府，均向最高法院提出上訴。由於兩個巡迴法院採取了相反的立場，只能透過最高法院的裁決來解決。

聯邦最高法院布雷耶大法官（Stephen Gerald Breyer）發表的法庭意見認為，總檢察長主張聯邦法規授予總檢察長在90天遣返期滿後拘留被驅逐者的權力，無需司法或行政審查。無限期的、可能是永久性的拘留是違憲的。布雷耶使用法定解釋的原則指出，法院必須推斷法律將這種拘留限制在完成將外國人驅逐出美國所必需的時間。由於拘留的目的是將外國人驅逐出境，一旦無法驅逐外國人，拘留的移民目的就不存在了。如果沒有對拘留的限制，法院將被迫宣布該法律違憲。雖然國會擁有全權根據其控制移民的權力來制定法律，但他們必須選擇「一種憲法允許的方式來實施該權力」，而政府的主張並不是這種允許的方式。法院裁定，必須在拘留六個月後舉行聽證會。**實質性正當程序**適用於居住在美國境內的外國人，如果沒有證據表明他們對社會構成危險或有脫逃風險，他們就不能被拘留（Zadvydas v. Davis, 533 U.S. 678, 2001）。

（二）在弗洛雷斯─維拉爾訴美國（Flores-Villar v. United States, 564 U.S. 210, 2011）事件中，加州聯邦地方法院根據《移民和國籍法》（The Immigration and Nationality Act, INA）判定弗洛雷斯─維拉爾（Ruben Flores-Villar）是在美國被驅逐出境的外國人。在上訴至美國第九巡迴上訴法院時，弗洛雷斯─維拉爾辯稱，移民和國籍法的相關規定違反了憲法第5條修正案中基於年齡和性別的平等保護條款。即聯邦法律根據孩子的母親或父親是否是美國公民，為在美國以外的非婚生子女獲得美國公民身分，制定不同的標準是違憲的。第九巡迴上訴法院適用最高法院在阮俊英訴移民歸化局（Tuan Anh Nguyen v. INS）事件中的判決，認為移民和國籍法對父親而非母親的其他更繁重的居住要求並未違反平等保護條款。最高法院在沒有回答問題的情況下，在一份未簽署的上訴法庭意見書（per curiam）中確認了下級法院的命令。

五、關於敵方戰鬥員身分之審查

哈姆迪訴拉姆斯菲爾德（Hamdi v. Rumsfeld, 542 U.S. 507, 2004）事件中，哈姆迪（Esam Hamdi）於1980年出生於美國路易斯安那州，成為美國公民。同年，他和家人移居沙烏地阿拉伯，據他父親說，哈姆迪於2001年夏末前往阿富汗擔任救援人員，但他在抵達後不到兩個月就被阿富汗北方聯盟俘虜。在美國入侵期間，北方聯盟將哈姆迪移交給美國軍事當局，但他被美國武裝部隊歸

類為敵方戰鬥人員，並因持續的敵對行動而在阿富汗被拘留和審訊。2002年1月，美國將哈姆迪轉移到關塔那摩灣。2002年4月，當官員發現他擁有美國（以及沙烏地阿拉伯）公民身分時，他們將他轉移到維吉尼亞州諾福克的海軍雙桅船，最後轉移到南卡羅來納州查爾斯頓的海軍聯合雙桅船。2002年6月，哈姆迪的父親埃薩姆・哈姆迪（Esam Fouad Hamdi）向美國維吉尼亞東區地方法院提出人身保護令狀申請質疑他的拘留。政府聲稱美國國會在911恐怖攻擊後通過的《使用武力授權》（Authorization for Use of Military Force, AUMF）中賦予政府這項權力符合憲法，是有效打擊恐怖主義戰爭所必須的，政府利用其拘留權確保恐怖分子不再構成威脅，同時繼續進行積極的戰鬥行動，並確保嫌疑人能夠得到充分審訊。維吉尼亞東區地方法院法官杜馬（Robert G. Doumar）裁定哈姆迪的父親有權代表他的兒子提起訴訟，並下令允許一名聯邦公設辯護人接觸哈姆迪。然而，在上訴中，第四巡迴上訴法院推翻了地方法院的命令，裁定地方法院未能尊重政府的「情報和安全利益」，應該進行適當尊重的調查，將案件發回地方法院。地方法院杜馬法官認為，政府提供支持拘留哈姆迪的證據「嚴重不足」，撤銷了政府駁回哈姆迪請願的動議，於是政府對杜馬法官要求出示證據的命令提出上訴。第四巡迴上訴法院再次推翻了地區法院的判決，認為哈姆迪是在外國衝突戰區的交戰區被俘的，任何法院都不適合聽取對他地位的質疑。根據美國憲法第2條授予總統的廣泛戰爭權力和權力分立原則[53]，禁止法院干預這一至關重要的國家安全領域。哈姆迪的父親向美國最高法院提出上訴，儘管最高法院的任何單一意見都沒有獲得多數票，但最高法院九名法官中有六名同意，**如果沒有透過司法審查強制執行的基本正當程序保護，行政部門無權無限期拘留美國公民**。奧康納大法官撰寫了代表法院判決的多數意見稱，儘管國會在911事件之後通過的使用武力授權中明確授權拘留敵方戰鬥人員，但**正當程序**要求給予哈姆迪一個有意義的機會（如通知指控和聽取意見）以證明他非敵方戰鬥人員。儘管持續的軍事衝突給行政部門帶來負擔，但在此種情況下，正當程序的保護，可不適用政府的舉證責任或禁止傳聞。奧康納建議國防部設立類似於AR 190-8（Army Regulation，美國陸軍條例）的事實調查法庭，以確定被拘留者作為敵方戰鬥人員是否值得繼續拘留（此為美國國防部以AR 190-8為藍本創建了戰鬥員身分審查法庭的由來）。而

53　依美國憲法第2條第1項前段規定，行政權屬於美國總統；第2項前段首揭，總統為海陸軍大元帥，並於各州民團被徵至合眾國服役時統帥各州民團。

關於拘留敵方戰鬥人員的行政權力，法庭意見認為，使用武力授權中明確授權拘留敵方戰鬥人員，法院關注的僅是行政機關的拘留（符合該定義）行為是否得到授權而已，司法機構不得在拘留方面服從行政部門。相反地，憲法賦予司法機構權力，以制約這一領域的行政權力。除非國會採取行動暫停其權力，否則人身保護令狀允許司法部門在維持這種微妙的治理平衡方面發揮必要的作用，作為對行政部門在拘留領域中自由裁量權的重要司法檢查。

六、關於過高懲罰性賠款的合憲性

北美寶馬公司訴戈爾（BMW of North America, Inc. v. Gore, 517 U.S. 559, 1996）事件是美國最高法院根據第14條修正案的正當程序條款限制懲罰性賠償的案件。

原告戈爾（Ira Gore）買了一輛BMW，後來發現這輛車在他買之前已經重新噴漆了。被告北美寶馬公司（BMW）表示，他們的政策是，如果能夠以低於汽車成本3%的價格修復損壞，則他們將把損壞的汽車作為新車出售。戈爾提起訴訟，阿拉巴馬州陪審團裁定4,000美元的補償性賠償（汽車損失價值）和400萬美元的懲罰性賠償，後來被阿拉巴馬州最高法院降至200萬美元。懲罰性賠償不僅來自戈爾的損害賠償，還來自寶馬在多年時間裡對廣泛的寶馬購買者的惡劣行為，在這些行為中，寶馬維修損壞的車輛，並將其作為新車出售給毫無戒心的買家。阿拉巴馬州最高法院的判決隨後被上訴至美國最高法院。史蒂文斯大法官代表的法庭意見認為，本案過高的懲罰性賠償違反了正當程序條款。對於懲罰性賠償，必須是合理及必要的，以維護國家在懲罰和威懾方面的合法利益。懲罰性賠償如果「嚴重過度」，那麼它們就違反了**實質性正當程序**，因此將判決廢棄發回阿拉巴馬州最高法院重審。

本案最高法院在作出這一決定時考慮了三個因素：（一）被告行為的應受譴責程度；（二）與給與補償性損害賠償金的比率（對原告造成的實際或潛在傷害）；（三）懲罰性賠償判決與可對類似不當行為施加的民事或刑事處罰的比較。除非「有必要阻止未來的行為」，則可以忽略這三個因素。透過這些因素，該院認為寶馬的行為並不是特別應該受到譴責（沒有魯莽無視健康或安全，甚至也沒有惡意的證據）。實際或潛在的損害賠償與懲罰性賠償的比率高得令人懷疑，而對類似行為的刑事制裁卻被限制在2,000美元以內，使得200萬美元的評估等同於嚴屬的刑事處罰。

發回重審後，阿拉巴馬州最高法院下令進行新的審判，認為它可能沒有充分重視寶馬行為應受譴責的程度，除非寶馬接受所判罰的懲罰性賠償中除50,000美元以外的所有款項。將懲罰性賠償金降至50,000美元，而被戈爾接受。

七、關於徵收私有財產之問題

（一）盧卡斯訴南卡羅來納州沿海委員會（Lucasv. South Carolina Coastal Council, 505 U.S. 1003, 1992）事件是美國最高法院為評估特定監管行為是否構成需要賠償的監管徵收而設立「總徵收」標準的案件。原告盧卡斯（David H. Lucas）在南卡羅來納州查爾斯頓縣棕櫚島（Wild Dunes）開發區的比奇伍德東區擁有兩塊海濱空地。購買該地兩年後，州政府通過的《海濱管理法》（South Carolina's Coastal Zone Management Act, 1977），有效地阻止了盧卡斯在房產上建造房屋，因為這會對公共海灘產生影響。盧卡斯提起訴訟，聲稱限制使用他的土地是在沒有公正補償的情況下徵用他的財產。下級法院同意並判給盧卡斯1,232,387.5美元作為對監管徵收的補償，南卡羅來納州沿海委員會提出上訴，該州最高法院推翻了判決。盧卡斯上訴聯邦最高法院要求推翻南卡羅來納州最高法院的判決，恢復初審法院的判決，並宣布海濱管理法構成徵收。南卡羅來納州沿海委員會辯稱，海濱管理法是警察權力的有效行使，因為海岸的海灘／沙丘地區是寶貴的公共資源，在該土地上建造建築物會導致該資源的侵蝕和破壞；所有財產都受到限制，即國家可以以「消除所有價值」（as to remove all value）的方式管制財產。聯邦最高法院在大法官史卡利亞所代表的多數意見認為：1.剝奪所有經濟上有益的使用，從財產所有者的角度來看，就是剝奪財產本身；2.當所有具有經濟利益的使用都受到限制時，很難假設立法機關只是在「調整」經濟利益和負擔；3.限制所有具有經濟效益用途的法規通常可能以土地作為公共服務的藉口；4.盧卡斯的土地被剝奪了所有經濟上有益的用途乃是事實；5.海濱管理法無法區分「防止有害使用」和賦予附近財產利益的規定；6.與答辯人的主張相反，所有權不受國家可以管制所有財產的經濟利益用途的限制。南卡羅來納州最高法院以錯誤地認為海濱管理法是對警察權力的有效行使，不構成徵收等理由，認為盧卡斯上訴有理，將州最高法院之判決廢棄，發回重審。

（二）凱洛訴新倫敦市（Kelo v. City of New London, 545 U.S. 469, 2005）事件
是美國最高法院作出的具有里程碑意義的判決，該案原告凱洛（Susette
Kelo）起訴康乃狄克州新倫敦市侵犯她的公民權利，因為該市試圖透過
徵用權獲得她的房屋財產，以便將土地用作「綜合重建計畫」的一部
分。原告主張該市濫用徵用權，而徵用權的權力受到第5條修正案徵用
條款和第14條修正案正當程序條款的限制，這一限制也適用於州和地方
政府的行為。且在沒有公正補償的情況下，也不得將私有財產用於公共
用途，此外，地方政府使用徵用權從一個私人所有者讓另一個私人所有
者使用也非適法。聯邦最高法院在判決中以五比四認為，使用徵用權從
一個私人所有者讓另一個私人所有者以進一步發展經濟，並不違反第5
條修正案的徵用條款。大法官史蒂文斯代表的法庭意見認為，徵用條款
允許城市使用徵用土地，因為社區將從符合「公共用途」條件的經濟成
長中獲得普遍利益，因此認為新倫敦市政府的徵收行為合憲。在法院作
出裁決後，該市允許一家私人開發商繼續其計畫；然而，開發商卻由於
無法獲得融資而放棄了該項目，爭議土地至今仍是未開發的空地。引起
很多議論，而使本案受到矚目。

2006年6月23日，即最初決定發布一周年之際，布希（George Walker
Bush）總統發布行政命令：「……為了造福於公眾，而不僅僅是為了
促進私人當事方的經濟利益，讓他們獲得財產的所有權或使用權。」指
示聯邦政府限制徵用權的使用。然而，由於徵用權通常由地方和州政府
行使，該行政命令在很大程度上是象徵性的。2005年6月27日，德州參
議員科寧（John Cornyn）進一步提出法案，即《2005年家庭、小企業
和私有財產保護法（SB 1313）》（Housing, Small Business, and Private
Property Protection Act of 2005 (S.B. 1313)）中規定：1.如果「公共使
用」的唯一理由是經濟發展，則禁止聯邦政府行使徵用權；2.沿海委員
會對州和地方政府「通過使用聯邦資金」行使徵用權施加同樣的限制，
以限制徵用權用於經濟發展。

八、關於持有槍枝的合法性

（一）美國憲法第2條修正案規定：「紀律良好的民團，乃保障每一自由州
之治安所必須，故不得侵害人民持有及攜帶武器的權利。」（A well

regulated militia, being necessary to the security of a free state, the right of the people to keep and bear arms, shall not be infringed.）。在哥倫比亞特區訴海勒（District of Columbia v. Heller, 554 U.S. 570, 2008）事件中，聯邦最高法院首次對此第2條修正案的含義進行了「深入審查」。經過長時間的歷史討論，法院最終得出結論謂，第2條修正案「保證個人在對抗情況下擁有和攜帶武器的權利」，這項權利的核心是「固有的自衛權」；「家是最需要保護自我、家庭和財產的地方」，並且高於所有其他利益，第2條修正案提升了守法的權利。基於這種理解，法院裁定哥倫比亞特區禁止在家中持有手槍的法律違反了第2條修正案。

（二）麥克唐納訴芝加哥（McDonald v. Chicago, 561 U.S. 742, 2010）事件是美國聯邦最高法院判決的關於槍枝管理的一件具有重要意義的訴訟案。最高法院最後以五票支持、四票反對的結果作出裁決，認為受到美國憲法第2條修正案保護的個人攜帶武器的權利，根據第14條修正案正當法律程序，同樣適用於各州。

在此裁定中，該院重申「第2條修正案保護為自衛目的持有和攜帶武器的權利」；「個人自衛是第2條修正案權利的核心組成部分」（原文強調）；並且「自衛是一項基本權利，從古至今都被許多法律體系所承認」〔引用哥倫比亞特區訴海勒（District of Columbia v. Heller, 554 U.S. 570 at 599, 2008）事件〕。

第十四節　關於墮胎的合憲問題

一、美國在半世紀前即有關於墮胎的爭議，德州婦女羅（Roe）在1969年懷上了第三胎，她不想要這個孩子，但德克薩斯州的法律規定只有在孕婦的生命受到威脅時才允許墮胎。她的律師代表她向美國聯邦法院起訴當地的地方檢察官韋德（Henry Wade），並指控德克薩斯州的墮胎法違憲而形成了有名的羅訴韋德（Roe v. Wade）事件。美國德克薩斯北區聯邦地區法院一個由三名法官組成的判決小組作出了有利於羅的判決，宣布德克薩斯州的相關墮胎法違憲，承認婦女的墮胎權受到憲法隱私權的保護，在懷孕首階段（三個月內）可合法進行手術。德州相關團體隨即將該案

上訴至美國聯邦最高法院，1973年1月22日，最高法院以七比二表決通過判決，認爲美國憲法第14條修正案的正當法律程序條款爲女性提供了基本的「隱私權」，故女性的墮胎權受憲法保護。但最高法院在判決中同時指出，墮胎權不是絕對，需要將其與保護婦女健康和產前生命進行平衡。並在判決中將墮胎權列爲「基本權利」，這意味著各地法院需根據最嚴級別的「嚴格審查」標準審議當地的墮胎法是否應繼續使用。至2003年美國國會通過小布希政府提出的聯邦《部分生產墮胎法》（Partial-Birth Abortion Ban Act），禁止國人採取「完整擴張與清除」（intact dilation and evacuation，簡稱intact D&E）墮胎手術後[54]，被認爲有違上開判例，遭三個地區法院、兩個上訴法院宣告違憲，引起社會許多爭議，於是2007年聯邦最高法院透過岡薩雷斯訴卡哈特（Gonzales v. Carhart, 550 U.S., 2007）事件在五比四的比數下，認爲該法僅對intact D&E墮胎手術（一般稱爲半生產墮胎）進行限制，而不包含最通用的D&E程序，係在極度限縮（narrowly）的情況下所訂定，並未對墮胎權給予過度的限制，且係符合州對於保持胎兒的利益所訂定，而宣告該法合憲。由於國會發現intact D&E在醫學上並非必要，因此即便某些醫療團體認爲是必要的，也無須訂定保護孕婦健康的例外規定。如果每當有「醫學上的不確定性」（medical uncertainty）出現，即要求作例外規定的話，會對醫學專業的立法施加過多的限制。但是法院則可保持著可能的彈性，於發生必須採取intact D&E，以保護婦女健康的案件出現時，仍可對該法的合憲性進行挑戰。就該案而言，法院認爲，被告並未證明國會缺乏「立法禁止墮胎」的權力，且若醫學界並未達成共識，國會仍有權立法。及至2022年6月由於大法官的組成成員趨於保守，密西西比州以該州於2018年通過的禁止懷孕婦女在懷孕15週後進行墮胎手術的法律違反了賓州東南部計畫生育組織訴凱西（Planned Parenthood v. Casey）事件中所確立的允許女性在懷孕前24週自由選擇墮胎的權利（該案法庭意見維持羅訴韋德案之決定）爲由，提起了所謂的多布斯訴傑克森婦女健康組織（Dobbs v. Jackson Women's Health Organization）事件，最高法院終於在該案裁定**墮胎不屬於美國憲**

---

54 據醫學報導，墮胎方式中有懷孕前三個月（第一孕期）的負壓吸引（或稱抽吸刮除術），由醫師在手術過程中將胚胎組織抽吸出母體外之墮胎方法；以及第二孕期所謂「部分生產式墮胎」（partial-birth abortion），在醫學上稱之爲「擴張和取出」（dilation & extraction, D&X）或「完整擴張與清除」手術。該法即在規範此種墮胎方式。

法保護的權利，因為憲法沒有提及，而且其實質性權利在該國歷史上並未「根深蒂固」，推翻了羅訴韋德案49年的判例。共和黨支持，民主黨則批評該決定，因而發生了對該決定的抗議和反抗議。依據民意調查顯示，大多數美國人反對該決定。

二、2013年，德克薩斯州通過了一項法律（HB）第2127號，即《德州監管一致性法案》（Texas Regulatory Consistency Act）[55]，對州內的墮胎診所施加了一系列的限制，要求墮胎提供者達到與門診手術中心相同的標準，並升級其建築、安全、停車場和人員配備，以滿足病房的標準。然而，婦女整體健康中心（Whole Woman's Health）等單位認為這些要求是不必要且昂貴的，也是在**試圖限制墮胎**，而不是為女性提供安全。於是對德克薩斯州衛生服務部〔代表專員海勒施泰特（John Hellerstedt）醫學博士〕提起訴訟，而形成2016年婦女整體健康中心訴海勒施泰特（Whole Woman's Health v. Hellerstedt, 579 U.S. 582, 2016）事件，聯邦最高法院即以五比三的票數裁定德克薩斯州不得限制人工流產服務的提供，因為人工流產服務會給尋求人工流產的婦女帶來不必要的負擔，並稱該法每項規定都對婦女尋求生存前墮胎的道路構成了重大障礙，每項規定都構成了墮胎權的過度負擔，每一項都違反了聯邦憲法。文中還提到，根據判決：「判斷法律是否對婦女墮胎權施加違憲負擔的任務由法院而非立法機關承擔。」（According to the ruling, the task of judging whether a law puts an unconstitutional burden on a woman's right to abortion rests with the courts and not the legislatures.）。

三、筆者認為，在行政、立法、司法三權分立的國家這是極其自然的現象，並不意味司法權凌架於立法權之上，日本於戰後新憲法受美國憲法的影響雖於第81條特別標示：**「最高裁判所為掌管所有法律、命令、規則及處分合憲與否最終決定權之終審裁判所。」**亦僅是看到美國聯邦最高法院處理涉及該國各州法律是否違憲的爭議所取得的經驗，乃於憲法中加以明文化而已，雖然從其最高裁判例內容顯示很多地方還是尊重立法機關的政策考量，但在攸關保護基本人權的憲法原則上，則偶有與立法機關不同的見解出現，如第六章第五節所舉諸例，吾人以客觀立場言之，亦不過發揮司法

---

[55] 德州監管一致性法案旨在將某些地方法律的權力交還給州政府。根據2013年6月簽署該法所載的意旨，該法案可讓州政府在勞工、農業、自然資源與財務金融等領域，制定凌駕於城市條例的規章。

在三權中之中立及制衡功能而已，此從其新憲法的立憲過程反思，麥帥當年亦不可能於美國憲法三權分立原則之外，要求日本設計出司法權獨大的憲法施行於日本，亦可相互印證得知。

第十五節　關於協助自殺的合憲性

美國華盛頓州於1979年通過《自然死亡法》（Natural Death Act）規定禁止協助自殺，格魯克斯伯格（Harold Glucksberg）及其他四名醫師、三名絕症患者和非營利組織Compassion in Dying對該法提出質疑，他們聲稱，協助自殺是根據美國憲法第14條修正案的正當程序條款受保護的自由利益。於1994年向華盛頓州西區地方法院起訴，為該法院所肯認，經第九巡迴上訴法院複審維持原判後，該州總檢察長向最高法院提出上訴，因而形成了華盛頓州訴格魯克斯伯格（Washington v. Glucksberg, 521 U.S. 702, 1997）事件，為美國最高法院一項具里程碑意義的判決，該院首席大法倫奎斯特執筆的法庭意見認為，由於協助自殺不是一項基本的自由利益，自英國普通法以來即沒有「深深植根於國家歷史」，不符合受保護的自由利益，因此不受第14條修正案的保護，推翻了巡迴法院的決定。該院認為，該禁令是合理的，因為它促進了諸如保護人的生命，和保護精神病患者和殘疾人免受醫療事故和脅迫等迫切的國家利益，也進一步保護那些因經濟或心理併發症而被迫結束生命的人。該院還認為，如果自然死亡法宣布醫生協助自殺是一項受憲法保護的權利，該法將開始走上自願甚至非自願安樂死的道路。同年該院於瓦科訴奎爾（Vacco v. Quill, 521 U.S. 793, 1997）事件中亦有相同的釋示[56]。不過此判例特別指出，禁止醫生協助自殺，並不侵犯臨終病人選擇死亡的權利，因為這與安樂死（euthanasia）乃不同的問題，該等法律（指紐約州禁止醫生協助病人自殺的相關法律）[57]旨在保護弱

---

[56] 根據美國之音2009年9月18日新聞報導，有11名臨終病患依華盛頓州後來頒布的《尊嚴死亡法案》（Death With Dignity Act）有條件地接受藥物死亡，使該州成為繼奧勒岡州之後第二個允許醫師為病患提供藥物協助死亡的州。縱然如此，仍未見聯邦最高法院改變先前的態度，此從其先前對人們選擇安樂死的自由給予尊重，以與協助自殺區隔的前開判例可以看出端倪。

[57] 紐約刑法第125.15條（McKinney 1987）（二級過失殺人罪）規定：「當一個人……(3)故意導致或幫助他人自殺時，即犯有二級過失殺人罪（二級過失殺人罪屬於C級重罪）。」第120.30條（煽動自殺企圖罪）規定：「當一個人故意導致或幫助他人企圖自殺時，他就犯了

勢群體，避免彼等在壓力下選擇結束生命，並不針對病患的選擇自由。

附錄 美國聯邦法院系統

美國法院（courts of the United States）由：一、美國聯邦法院；二、各州／領地的州法院兩系統所組成。美國聯邦法院構成美國聯邦政府的司法部門，並依循美國憲法與聯邦法律運作。各州與領地擁有個別的州／領地法院，並依循各自州／領地的憲法與州／領地的法律運作。美國聯邦法院分級如下。

一、普通法院

（一）**初審法院**：美國聯邦地區法院。
（二）**上訴法院**：美國聯邦上訴法院。
美國聯邦第一巡迴上訴法院。
美國聯邦第二巡迴上訴法院。
美國聯邦第三巡迴上訴法院。
美國聯邦第四巡迴上訴法院。
美國聯邦第五巡迴上訴法院。
美國聯邦第六巡迴上訴法院。
美國聯邦第七巡迴上訴法院。
美國聯邦第八巡迴上訴法院。
美國聯邦第九巡迴上訴法院。
美國聯邦第十巡迴上訴法院。
美國聯邦第十一巡迴上訴法院。
美國哥倫比亞特區巡迴上訴法院。
（三）**終審法院**：美國最高法院。

煽動自殺企圖的罪刑（煽動自殺企圖罪是E級重罪）。」又紐約綜合法（Consolidate Law／公共衛生／醫療保健代理人項下Article 29-C (2989)）亦規定：「不允許宣揚自殺、協助自殺或安樂死。」

二、以專業事務分配之司法管轄權的法院

擁有特定「原屬」司法管轄權的法院，除了以下法院之外，另外還有分別依據美國憲法第一章與第三章所設立的特別法庭：

（一）美國稅務法院。

（二）美國國際貿易法院。

（三）美國聯邦索賠法院。

（四）美國外國情報監控法院。

（五）美國破產法院。

三、擁有特定「上訴」司法管轄權的法院

（一）美國聯邦巡迴區上訴法院。

（二）美國軍事上訴法院。

（三）美國退伍軍人賠償上訴法院。

第八章
結語

　　美國憲法「正當法律程序」條款在經過200餘年實務上的一再適用及調整之後，已逐漸在眞實之發現及保護人權之間取得適用的平衡，雖然憲法對人權保障的條款加以特別的提示，使正當法律程序在刑事訴訟上有較多的解釋被提出，然法律對人權的保障並不因此而有所偏重，從本書所引上開判例及解釋文可以看出：無論美日或我國憲法，均在人民之自由及財產權的保護上找到相關的條文，運用大法官的解釋及最高法院的判決，適時地提供了符合時宜的判決及解釋，使所謂的正當程序與時俱進，引領法律朝向合理公平的理想前進，也適時地爲欠缺的規定彌補其不足之處，未嘗不是人類智慧的另一種體現！

　　正因爲大法官們的此項解釋法律的功能，我們在研讀各國歷來判例的同時，可以發現作爲各國根本大法的憲法於制定當初，因時空環境的因素所產生的憲法條文，經歷一段時間以後以現在的情勢及需要回頭再去檢視，即可以了解有些地方未必符合時宜，例如美國憲法關於擁槍的規定即是造成今天美國校園槍擊事件頻傳的罪魁禍首，形成治安與自衛、私益與公益、人權與國安取捨的兩難，讓美國總統及人民頭痛不已，還有很多因文化、地理、社會等因素適合甲地，但未必適合乙地之法制，亦所在多有，例如美國許多州關於墮胎合法化的問題規定不一，何者得當意見分歧，值得我們在師法該國法制時，有所警惕！

　　在人工智慧及資訊媒體傳播科技突飛猛進之今日，無論工業技術等物質文明方面，各國互相競爭，即在文化、法治、社會制度層面，亦無時無刻不在交互影響，雖然看得見的工業改良日新月異，有目共睹，但他國的良法美制則有賴各國人民及有識之士擇其適合國內民情者介紹引進，靠時間融合自己的文化及社會習俗，透過教育訓練，潛移默化後，成爲共識，方能採用。日本自明治維新之後，西化多年，工業科技進步，不亞於西方，但關於法治則從學習法國、德國而改學美國，經歷幾度變革，才成今日樣貌。其採美制雖迫於戰敗因素，不得不然，然其過程，還是經由學者多方辯證之後，透過學校教育，以及政府、媒體廣爲宣傳，才逐漸落實，並非一蹴可幾，心想事成，事事如

意。大正12（1923）年4月18日其國曾通過的法律第50號（1928年10月1日起施行）的陪審法，至昭和18（1943）年因為水土不服而宣告暫停實施，直至平成21（2009）年始改採由職業法官與市民參審進行共同評議裁決的「裁判員制度」，可為殷鑑，這是我們在研究及引進各國法制時所應該隨時謹記於心的選擇標準。

國家圖書館出版品預行編目資料

正當法律程序在實務上的運用／林賢宗著.
　　--初版.--臺北市：五南圖書出版股份
　　有限公司, 2025.02
　　面；　公分
　　ISBN 978-626-393-934-9（平裝）

1.CST: 中華民國憲法　2.CST: 憲法解釋
3.CST: 人權　4.CST: 比較研究

581.23　　　　　　　　　113017547

1T97

正當法律程序在實務上的運用

作　　　者 ─ 林賢宗(119.7)

編輯主編 ─ 劉靜芬

責任編輯 ─ 呂伊真

文字校對 ─ 楊婷竹

封面設計 ─ 姚孝慈

出 版 者 ─ 五南圖書出版股份有限公司

發 行 人 ─ 楊榮川

總 經 理 ─ 楊士清

總 編 輯 ─ 楊秀麗

地　　　址：106臺北市大安區和平東路二段339號4樓

電　　　話：(02)2705-5066

網　　　址：https://www.wunan.com.tw

電子郵件：wunan@wunan.com.tw

劃撥帳號：01068953

戶　　　名：五南圖書出版股份有限公司

法律顧問　林勝安律師

出版日期　2025年2月初版一刷

定　　　價　新臺幣380元

經典永恆・名著常在

五十週年的獻禮——經典名著文庫

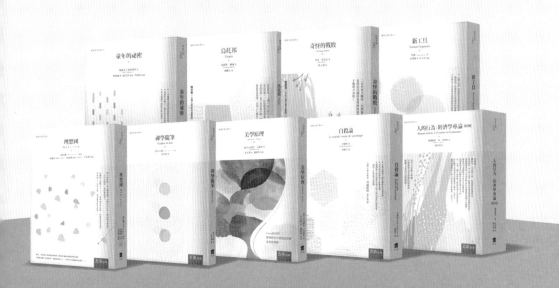

五南，五十年了，半個世紀，人生旅程的一大半，走過來了。

思索著，邁向百年的未來歷程，能為知識界、文化學術界作些什麼？

在速食文化的生態下，有什麼值得讓人雋永品味的？

歷代經典・當今名著，經過時間的洗禮，千錘百鍊，流傳至今，光芒耀人；

不僅使我們能領悟前人的智慧，同時也增深加廣我們思考的深度與視野。

我們決心投入巨資，有計畫的系統梳選，成立「經典名著文庫」，

希望收入古今中外思想性的、充滿睿智與獨見的經典、名著。

這是一項理想性的、永續性的巨大出版工程。

不在意讀者的眾寡，只考慮它的學術價值，力求完整展現先哲思想的軌跡；

為知識界開啟一片智慧之窗，營造一座百花綻放的世界文明公園，

任君遨遊、取菁吸蜜、嘉惠學子！